刘诗白 — 著

刘诗白选集

第四卷

社会主义所有制研究

四川人民出版社

图书在版编目（CIP）数据

社会主义所有制研究 / 刘诗白著. — 成都：四川人民
出版社，2018.12
　（刘诗白选集；第四卷）
　ISBN 978-7-220-10866-2

　Ⅰ.①社… Ⅱ.①刘… Ⅲ.①中国经济－社会主义
公有制－文集　Ⅳ.①F121.21-53

中国版本图书馆CIP数据核字（2018）第184869号

SHEHUIZHUYI SUOYOUZHI YANJIU

社会主义所有制研究

刘诗白　著

责任编辑	何朝霞　薛玉茹
封面设计	陆红强
版式设计	戴雨虹
责任校对	林　泉　申婷婷
责任印制	王　俊
出版发行	四川人民出版社（成都槐树街2号）
网　　址	http://www.scpph.com
E-mail	scrmcbs@sina.com
新浪微博	@四川人民出版社
微信公众号	四川人民出版社
发行部业务电话	（028）86259624　86259453
防盗版举报电话	（028）86259624
照　　排	四川胜翔数码印务设计有限公司
印　　刷	成都东江印务有限公司
成品尺寸	170mm×240mm
印　　张	24.5
字　　数	300千
版　　次	2018年12月第1版
印　　次	2018年12月第1次印刷
书　　号	ISBN 978-7-220-10866-2
全套定价	3000.00元（全13卷）

目 录

专　著　......185

论 文

试论经济改革
与社会主义全民所有制的完善①

一、经济利益问题从根本上说是所有制问题

为了适应以现代科学技术改造和装备国民经济的各个部门、大幅度地提高生产力的需要，企业经营管理的体制与方法的改革刻不容缓。企业改革的核心问题是保证企业（包括全民所有制企业和集体所有制企业）有充分的经济利益，充分依靠和发挥经济利益在推动企业去完善经营管理，加强经济核算，厉行节约，杜绝浪费，降低成本，大力进行技术革新和提高劳动生产率等方面的作用。为了维护企业的合理经济利益，要采取扩大企业职权及其一系列按经济规律进行自我管理的措施，这些措施涉及企业的生产、交换、分配等生产关系的多方面的调整与变化，但从根本上来说，是社会主义所有制的调整与变化。

---

① 原载《经济研究》1979年第2期。

恩格斯说："每一个社会的经济关系首先是作为利益表现出来。"①所有制是生产关系的基础，因此，经济利益的问题，从根本上说是所有制问题。在历史上，任何一个社会集团、阶级和个人要实现和维护他们的经济利益，首先都要解决所有制问题，这就是说，要确立和维护有利于他们的一定的生产资料所有制。此外，还要适应生产力发展状况与他们的经济利益的需要，使所有制形式有相应的变化。例如，生产资料资本家私有制是资产阶级榨取雇佣工人剩余劳动、攫取剩余价值以发财致富的基础，资产阶级为了维护他们的私利就要确立和维护这一私有制。随着资本主义社会生产力的发展和经济条件的变化，为了进一步攫取更大利润，资本家私有制在资本主义生产方式发展的各个不同时期，经历了多种形式。

无产阶级要争取和维护自身的经济利益，首先要通过社会主义革命，摧毁资本家私有制，确立生产资料公有制。此后，还要适应生产力发展的要求，继续调整与完善社会主义公有制。这是因为，在生产资料所有制的社会主义改造取得基本胜利，社会主义公有制建立起来后，所有制关系与生产力之间的矛盾仍然存在。社会主义公有制关系总还存在某些不完善的环节，更主要的是生产力的发展，科学技术的进步和社会主义物质技术基础的加强与新的变化，总会使原来的公有制的具体形式或局部环节变得陈旧，不再适合生产力发展的要求。社会主义所有制关系是决定生产、交换、分配诸关系的，它直接关系到劳动者整体、局部和个人对劳动成果的占有关系，从而关系到国家、企业、个人经济利益的正确结合。在社会主义公有制具体形式不适合生产力时，它也就会连锁地反映到企业生产、交换、分配的各个

---

① 《马克思恩格斯全集》第18卷，人民出版社，1964年，第307页。

环节上，使社会主义生产关系的许多方面产生缺陷，而在经济利益上就会出现或是损害国家利益，或是损害企业局部利益与个人利益的种种情况，归根到底，它就会阻碍社会主义物质利益规律的作用的充分发挥，不利于调动中央、地方、企业与劳动者的积极性。可见，在生产资料所有制的社会主义改造取得基本胜利后，全民所有制领域的改革并不是就此宣告结束。无产阶级为了维护自己的经济利益，保证国家、企业与个人利益的正确结合，还需要继续调整所有制领域与生产力不相适应的关系与形式，使它不断完善，而不能把全民所有制形式凝固化。

二、全民所有制企业经济改革实质上是所有制关系的调整

当前，全民所有制企业经济改革的核心问题是要保证企业有自身的经济利益，要给企业以维护自身的合理的经济利益所必要的充分的权利，使企业在国家的集中统一管理下最充分地发挥自身的积极性、主动性与首创精神，最大限度地挖掘内在潜力，多快好省地发展社会主义生产。

为了维护企业的经济利益，当前可以考虑采取以下一系列扩大企业合理职权的措施：（1）适当扩大企业从本企业获得的利润中提取企业基金的比例，企业有权将企业基金用于扩大再生产，增加集体福利和作为奖金及其他形式的补充劳动报酬。（2）把企业利润与职工的劳动报酬联系起来，经济效果大、利润多的企业劳动者的收入就要多些，经济效果小、利润少的企业劳动者的收入就少些。即允许企业职工有占有一部分企业劳动成果的权利。（3）保证和维护企业合理的适当的生产自主权，扩大企业在制订生产计划中的权利，允许企业在完

成国家计划后能为市场需要而生产。（4）扩大企业在产品交换上的权利，使企业之间互相直接挂钩，通过经济合同来交换产品。（5）扩大企业在支配劳动力方面的权利，企业有权根据技术革新与提高劳动生产率的需要决定职工编制和将多余劳动力交劳动部门分配。（6）扩大企业支配生产资料的权利，一部分多余的生产资料可以转交物资部门分配，非关键的生产资料可以通过商业渠道出让给其他单位。（7）企业作为具有必要的广泛的权利和具有相对独立性的经济核算单位，对完成国家计划、合同任务、流动资金以及固定资金的使用等活动承担经济责任，彻底克服将损失推给国家、吃"大锅饭"的做法。（8）实行民主管理，扩大和切实保证企业职工的民主权利，不断完善民主管理制度，充分发扬企业广大职工当家作主的责任感和社会主义积极性。总之，要使企业有一部分产品的占有权，有自身的经济利益，使企业有组织生产、交换、分配等经济活动的必要的、合理的权利，这样才能使企业从过去那种一切活动听凭"长官意志"的上级集中管理的束缚下解放出来，企业才能够充分发挥它的积极性，才能在国家统一的领导下，充分挖掘企业内部的潜力，大力进行技术革命和技术革新，节约生产资金和活劳动，大力提高劳动生产率，降低成本，增加利润。这样，我国全民所有制的国营经济就将因为有了强有力的经济动力的推动而欣欣向荣，充满活力地不断发展，这将大大地加速我国四个现代化的步伐。

怎样认识上述一系列企业改革措施？是把它仅仅当作是一般的管理方法与经营方法的改革？还是将它看作是所有制关系与形式的变革？这是我国当前社会主义革命与经济建设新阶段的实践中提出的、急需得到回答的一个重大理论问题。

我认为，以上一系列维护企业经济利益，扩大企业职权的调整，实质上是关系到所有制关系的调整，它归根到底是社会主义全民所有制的进一步发展和完善。只有从全民所有制的完善的理论高度来认识当前的企业改革，我们才能清楚地认识当前企业经营管理体制与方法的改革的性质，才能认识到这一系列的改革绝不是什么就事论事的局部措施，而是具有极大广度与深度的一场生产关系的革命。同时，只有从所有制的高度，才能有更加清醒的头脑和明确的方向去指导我们进行当前的企业经营管理体制的变革。

三、扩大企业的合理权利是否与社会主义全民所有制的本性不相容

有的同志认为，扩大企业权利与利益是与全民所有制的本性不相容的。他们认为，企业从利润中提取企业基金和企业占有与支配这一资金，就是使企业有了自己的"小家屋"，是与国营企业所有制的全民性质相违反的；将企业利润与职工的收入联系起来，使职工付出同样的劳动却因企业经济效果不同而在报酬上有所差别，是与全民所有制经济的按劳分配的要求相违反的；企业在生产计划中的一定的自主权利，是与全民所有制统一的计划性相违反的，等等。有这些看法的同志认为，国家和上级行政机关把企业一切经济活动管得死死的陈旧做法是天经地义的，仿佛就是全民所有制固有的要求。正是由于存在着这些糊涂观念，使一些同志对企业改革顾虑重重，缩手缩脚，对于广大职工与群众提出的改进企业管理的合理要求与建议无动于衷，不予支持，他们对扩大企业合理权利不积极，不敢也不愿开动脑筋，主动采取措施，探求和寻找扩大企业职权的方法与途径。可见，进一步从理论上阐明社会主义全民所有制的性质，绝不是玩弄概念，而是有

着重大现实意义的。

社会主义全民所有制最根本的特征是生产资料在社会范围内公有化，劳动直接体现了社会公共的利益，个人消费品的分配的基本部分直接从社会消费基金中实行共同分配，它与生产资料在部分劳动人民集体范围内公有化、劳动直接体现集体利益、从集体消费基金中实行个人消费品共同分配的集体所有制不同。全民所有制比集体所有制更加成熟，它是社会主义公有制的高级形式。

人类历史上任何一种所有制形式都不是一旦出现就具有成熟、完整的形式，而是要适应生产力的发展而逐步地由不完整的形式提高为完整的形式，由不成熟变为成熟。马克思主义经典作家将唯物辩证法的发展观用于考察历史上的所有制形式，深刻揭示了所有制产生、成熟和向更高级所有制转变的规律。①

社会主义全民所有制要适应生产力的发展而发展变化。大体说来，随着社会主义社会生产力的不断发展和提高到新的水平，社会主义全民所有制也就会有一个由低级阶段发展到高级阶段，并在将来转化为共产主义的全民所有制的过程。这一过程是生产资料公有化不断发展、不断提高的过程，是社会主义公有制不断成熟发展的过程。

社会主义全民所有制一旦产生，不可能就以完整的全民所有制的形态出现。完整的全民所有制的本质特征是生产资料的全民所有和产品的全民占有的统一。②不仅归企业使用的生产基金属于全民，归"社

---

① 马克思、恩格斯曾经详细分析了土地私有制关系由不完整的关系到"比较完整的所有制关系"的发展。参见《政治经济学批判大纲》第3分册，人民出版社，1973年，第94～96、117页；《马克思恩格斯全集》第19卷，人民出版社，1963年，第353～396页；《资本论》第3卷，人民出版社，1975年，第37章等。

② 本文只限于讨论完整的全民所有制的质的特征。作为量的特征，即全民所有制在社会主义所有制结构中的比重、地位问题未予论述。

会公开地和直接地占有"①，由社会共同使用，而且企业的全部劳动成果也属于全民，归社会直接占有，归全体人民支配，并且在全民所有制范围内统一分配。完整的全民所有制企业，是全民所有制经济体系中的一个具有相对独立性的基层单位，由于它的生产资料和产品一概是公共的，归全社会直接占有和分配，它的生产完全从属于社会的整体利益，不存在对本企业劳动成果的占有权与收益分配权，不存在特殊的局部利益。经济效果高、收益大的企业不能从企业创造的更大劳动成果中占有额外收益，劳动者也不能由此得到额外的收入，享受特殊的个人物质利益。这种所有制关系体现了生产、交换和分配公共化成熟阶段的特征，是与生产资料社会化的高级阶段相适应的。显然，这样完整的、成熟的全民所有制不可能在社会主义阶段出现，只有在共产主义社会才能成为现实。

社会主义全民所有制是不完整的全民所有制，它表现在：尽管全民所有制的国营企业生产资料属于全民所有，但企业产品却不是归全民完全地占有，而是存在着企业的局部占有；企业活动不是体现完整的全民利益，而是体现有部分的企业局部利益；企业劳动者不是完全从全民所有的统一社会基金中取得收入，还要从归企业占有与支配的企业基金中取得一部分补充收入。简要地说，生产资料的全民所有关系与产品的企业局部占有关系是社会主义全民所有制不完整的基本特点。这种情况决定于下述因素：（1）所有制形式总是要适合生产力的性质。如个体私有制是与手工劳动为基础的小生产相适应，资本家私有制是与机器大生产一定发展阶段相适应，社会主义全民所有制则是与现代生产力的水平相适应。将生产资料转归社会所有，确立社

---

① 《马克思恩格斯选集》第3卷，人民出版社，1972年，第319页。

主义全民所有制，是使所有制形式适合现代生产力的性质、合理地与有效地组织社会化大生产的经济前提。但是，社会主义全民所有制的具体形式必须适合现代生产力发展的程度，必须适合组织与管理社会主义大生产的要求。在社会生产力水平还不够高，生产的机械化、自动化，以及由此决定的劳动分工和协作还未发展到很高程度——换言之，在劳动的社会化还未达到应有的高度的条件下，还不可能使企业的生产资料与产品真正地和无差别地归全民直接占有与直接支配，真正地做到恩格斯所指出的那种"共同使用全部生产工具和按共同协议来分配产品，即所谓财产共有（重点为引者所加）"①，也就是说还不可能立即在全民所有制体系范围内实现生产资料的彻底的公有化。我国当前社会生产力水平还较低，加之国土辽阔，遍布各地的各种类型的全民所有制企业的物质技术条件差别很大，生产资料社会化和劳动过程社会化的程度不齐，有高有低，这就决定了全民所有制企业还不能立即实现完全的公有化。（2）社会主义按劳分配规律要求把企业的经营成果与劳动报酬联系起来。只有企业能从归自己支配的企业基金中支付奖金和其他补充报酬，才能使企业劳动者领回他们通过企业劳动者集体（即作为企业范围内社会结合的劳动力）实际上所提供给社会的有效劳动中归自己的部分，才能充分实现按劳分配规律。为此，就要求社会主义全民所有制企业在利润留成形式下占有自身创造的一部分产品，享有一定的收益分配权。（3）社会主义物质利益规律要求对经济效果大小不同的企业实行有奖有罚。使那些经营得好、经济效果大的企业能够获得更多的经济利益；经营管理差、经济效果达不到社会平均水平的企业得不到经济利益，甚至受到物质的惩罚。社会

---

① 《马克思恩格斯选集》第1卷，人民出版社，1972年，第217页。

主义物质利益规律要求承认企业经济利益的差别，并且把企业经济利益与企业职工的个人经济利益联系起来，职工个人收益同企业经营效果挂起钩来，促使职工个人从关心自身经济利益上真正关心企业的经营效果，以此充分发挥经济利益的动力作用。这也就要求企业有一定的产品占有权与收益分配权。总之，社会主义全民所有制企业保有一定的产品占有权与收益分配权，存在着局部的经济利益，是社会主义历史阶段的生产力水平和按劳分配规律、物质利益规律的要求所决定的，是不以人们的意志为转移的。

四、按照经济规律办事，进一步改进和完善我国全民所有制关系

既然社会主义全民所有制本身带有不完整性，因而，人们在探索和寻找全民所有制企业的具体形式、经营管理体制与方法时，即在组织国营企业的生产、交换和分配过程时，必须适应社会主义全民所有制的这一特点。这就要求保证全民所有制企业有自身的经济利益，正确规定企业经济利益的合理范围与界限，并且要创造必要的、充分的经济条件，使企业能为维护它的经济利益而充分发挥它的积极性。简要地说，必须在保证企业利益与国家利益一致的前提下，使企业有自身的经济利益可奔，并有可能为自身的经济利益而奔。要做到这一点，就必须从扩大企业的权利着手，保证企业有一定经营自主权。

列宁十分重视社会主义国营企业的合理的经营自主权问题。列宁在1921年总结了军事共产主义时期的经验教训，论述了当时由于经验不足，采用了按共产主义的供给制原则组织国营经济，从而使企业失去了经营积极性。列宁指出，为了发挥国营企业的经营积极性，必须实行经

济核算制，要避免亏损，取得盈利，容许企业有"本位利益"①。列宁指出："必须把国民经济的一切大部门建立在个人利益的关心上面。共同讨论，专人负责。由于不会实行这个原则，我们每一步都吃到苦头。"②列宁上述思想，实质上是通过给企业以经济利益来调整国营企业的所有制关系。在斯大林时期，由于过分强调国家的集中管理，一切权力集中于中央，企业缺乏应有的自主权，企业的积极性未得到充分发挥。这种情况不能不影响到苏联社会主义经济建设的发展。中华人民共和国成立以来，我国社会主义国营经济基本上是承袭了苏联高度集中的不完善的管理体制与方法。尽管在第一个五年计划时期就设置企业基金，作为企业"四项费用"，但是企业基金数额规定过小。另外，计划管理体制中，国家权力集中过多，企业缺乏应有权利。毛泽东同志及时总结了苏联的经验教训，在1956年就将扩大企业权利问题作为全民所有制企业经济关系调整的一个重要问题提出来。他指出："把什么东西统统都集中在中央或省市，不给工厂一点权力，一点机动的余地，一点利益，恐怕不妥。"还指出："各个生产单位都要有一个与统一性相联系的独立性，才会发展得更加活泼。"③毛泽东同志提出扩大企业职权，保证企业经济利益的主张，实质上是关系到社会主义全民所有制关系的调整。毛泽东同志将这一生产关系的调整，作为我国社会主义经济多快好省地发展的重要条件之一。

由于我们对社会主义全民所有制从理论上进行深入研究很不够，对于社会主义全民所有制企业为什么要有一定的自身的经济利益，一定的收益分配权与一定的经营自主权，还没有能够提高到社会主义全

---

① 《列宁全集》第33卷，人民出版社，1957年，第157页。

② 《列宁全集》第33卷，人民出版社，1957年，第157页。

③ 毛泽东：《论十大关系》，人民出版社，1976年，第8～9页。

民所有制的性质上来认识，人们还存在着全民所有制企业"不分你我"，理应一切利益归国家、归全民，一切权力理应集中于代表全民的国家或上级机关的种种传统观念，因而，在我国历次的经济管理体制改革中主要是着眼于中央与地方的权限划分，忽视了国家与企业利益的划分，毛泽东同志关于扩大企业权益的思想在实践中未得到贯彻。加之1958年刮起"共产风"，此后又否定企业经济利益，取消了企业基金，实行全收全支，完全违反了社会主义经济规律，扭曲了我国社会主义全民所有制。在这种情况下，企业失去了最重要的经济动力，也就丧失了搞好经营管理的积极性。我国许多国营企业经营管理落后，人力、物力浪费严重，技术革命与技术革新停步不前，劳动生产率低下，盈利很少甚至长期亏损，除了其他各种因素外，所有制具体形式的不适合与企业经济利益的被破坏是一个根本的原因。

国内外社会主义建设正反两方面的经验表明，在实现生产资料国有化以后，如何使社会主义全民所有制取得适当的形式，使企业的经营管理体制与方法充分体现社会主义全民所有制的性质，并且根据生产力发展的状况，使所有制关系不断完善，是一个十分重要的课题。由于社会主义建设还缺乏足够的经验，还需要在实践中不断进行探索，因而这一课题不容易一下子解决得十分恰当，往往不免要走些弯路，付出一定的学费。

为了在处理所有制关系上少走弯路，这就要求我们：（1）要从理论上搞清楚社会主义全民所有制的性质，揭示社会主义全民所有制关系发生、发展和不断完善的规律，这样才能为确立全民所有制企业的适当的形式与经营管理体制指出正确的方向。（2）要认真研究与及时发现全民所有制关系不适合生产力发展的具体环节，及时加以解决，使企业所有制关系不断完善，避免把全民所有制的具体形式凝固化与

绝对化。（3）要认真总结国内外正反两方面的经验，以我国社会主义
革命与建设的实践为标准来检验企业所有制关系，坚决改革企业所有
制领域中那些不适合生产力发展的陈旧的形式与关系，勇于探索，大
胆创新。

社会主义农业集体所有制
与物质利益①

　　社会主义农业集体经济是否应该讲求经济利益，这是我国当前贯彻党的十一届三中全会有关农村一系列经济政策，巩固和完善农村集体所有制经济，进一步发展农业生产所必须解决的一个重要理论问题。

一、集体利益是农业集体所有制生产关系的直接表现

　　农村社会主义集体经济是劳动农民组织起来，通过集体劳动来向自然谋取物质资料的经济形式，它是社会主义公有制经济的一种重要形式。农村集体经济组织是主要从事农业生产以谋取经济利益为目的的企业，是由组织在企业中的劳动者共同分享经济利益和承担经济责任的社会主义利益共同体。在集体经济中，生产资料归劳动者集体占有，并由他们支配和使用，企业的生产、产品的交换与分配，集体经济有充分的自主权。它作为一个独立的利益共同体，实行自负盈亏。

---

① 　《经济研究》编辑部编：《关于我国经济管理体制改革的探讨》，1980年。

它的再生产所需要的生产资料如机器、化肥、农具、耕畜、种子等，以及社员生活所需要的口粮与现金，均由集体经济自身的收入来开支；经营好坏以及由此带来的利益与损失也都由企业自身承担。因而那些经营管理好、生产发展快、增产幅度大、总收入多的集体单位，所实现的较大的经济利益就归集体享有，用于社队范围内的扩大再生产和提高社员的消费水平，而那些经营管理差、增产少，甚至减产歉收的集体单位，这种经济损失就归集体自身承担，它们不仅在扩大再生产上会遭遇困难，甚至连简单再生产也难以维持，社员的个人收入不仅不能增加，甚至还可能降低。以上情况表明，农村集体所有制社队的生产、分配、交换与消费诸关系，都直接体现了集体经济利益，并与组织在社队中的劳动者的利益息息相关。这种情况是农村集体所有制生产关系的特点所决定的。社会的经济关系首先是作为利益表现出来。社会主义农业集体所有制生产关系直接地表现为集体利益关系，这是农业集体经济组织这种社会主义的独立的利益共同体所固有的本性所决定的，是不以人们的意志为转移的。

二、集体利益是农业集体所有制经济发展的经济动力

马克思说："人们奋斗所争取的一切，都同他们的利益有关。"[①]谋取物质利益从来就是人类经济活动的动因，人类社会诸种不同的生产方式的发生和发展，也都是依靠物质利益这种动力的推动。在人类社会生产方式的发展过程中，我们看到，当某种社会生产关系能够充分发挥这种特定的物质动力作用时，这种生产方式就能得到迅速的发

① 《马克思恩格斯全集》第1卷，人民出版社，1956年，第82页。

展，而当某种社会生产关系已经抑阻这种特定的物质动力作用时，这种生产方式的发展，就会趋于停滞和走向衰亡。社会主义生产之所以能够比资本主义生产更快地发展，社会主义生产方式之所以能不断蓬勃发展和欣欣向荣，根本原因就在于社会主义经济产生了社会主义物质利益这一崭新的物质动力，并且能不断地创造条件来充分地利用和发挥这一物质动力。

社会主义企业讲求经济利益是否就是"提倡资产阶级道德"？是否就是"一切向钱看"？我的看法是否定的。因为从根本上说，社会主义物质利益与资本主义物质利益有着原则区别。

社会主义物质利益与以占有雇佣劳动者的剩余价值为内容的资本主义经济利益根本不同，它是以公有制为基础、以社会主义劳动为泉源、摆脱了人对人的剥削，归劳动者共同享有的崭新的经济利益。谋取社会主义经济利益不仅是社会主义企业的直接目的，而且是实现社会主义生产的根本目的——最大限度地满足不断增长的劳动者的需要的手段和桥梁。社会主义集体经济是以谋取集体经济利益为目的的企业，它充分利用与发挥集体利益这一物质动力的作用，发展集体生产和开展经营。集体经济是自负盈亏的经济，依赖自身的经济利益。这就决定了集体成员对集体利益的热切关心，集体利益在农业集体所有制经济中的动力作用也更加突出。

农业集体经济的集体利益表现在农村集体经济组织的收入（包括货币收入与实物收入）这一具体形式上。集体利益区别于全民利益（或国家利益），它的收入只能由集体占有和归本集体成员分配（它的消费部分），集体利益作为公共利益只限于集体经济范围内。这种共同利益的范围的狭窄性，表现了它较之全民利益还是不成熟的。但是，集体利益与全民利益同样是以公有制为基础、以集体劳动为源泉、摆脱了人对人的剥削的社会主义利益。它根本不同于资本家的私利，也与个体农民的私人利益有质的区别。特别是要看到集体利益中还包含全民利益的因素。这是由于社会主义制度下集体所有制与全民所有制之间存在着密切的联系：一方面全民所有制经济对集体所有制经济在财政上、物资上、技术上等多方面进行支援、扶持；另一方面集体经济又为国家提供税金，并在一定时期还通过价格"剪刀差"形式提供积累。集体经济收入这一范畴，除了主要体现集体利益外，也还要体现部分的全民利益。集体利益的这一性质与特点，表明集体所有制企业进行生产与经营活动，谋取自身的集体利益，不仅对集体经济是必要的，而且和社会整体利益也是一致的。充分利用和依靠集体利益这一动力的作用，不仅会大大地促进集体所有制经济发展和壮大，而且也会有力地促进全民所有制经济的发展。

中华人民共和国成立以来，我国社会主义集体经济经历了曲折的发展道路。林彪、"四人帮"的极左路线，破坏了集体经济的物质利益，使我国农业集体经济受到了破坏，集体经济中的物质利益的动力被严重地钝挫和压抑，这正是我国社会主义农业在长时期内停滞不前，农村集体经济每况愈下的重要原因。这一教训使我们更加深切地认识到社会主义农业集体经济中物质利益的巨大动力作用。在社会主义制度下，要使农业集体经济越办越好，不利用和依靠物质利益的动力作用是不行的。如果集体经济被捆住了手足，不能去维护与实现自身的经济利益，社会主义农业集体经济就会缺乏生机，就要萎靡下去。而只要我们能创造条件，充分发挥物质利益的动力作用，集体经济就能够日益巩固和壮大，显示出它在促进农业生产发展中的强大生命力。

三、维护集体利益的关键是承认农业集体所有制

维护集体经济的物质利益，关键在于真正承认和维护农村社、队集体所有制，尊重社队的自主权。

农村社、队是集体所有制经济组织，这被人们一致公认，在理论上没有分歧。但是，事实表明，在实践上承认农业集体所有制却往往还有很大差距。这表现在农业集体所有制经济的生产资料（如土地、河流、林木、农具、耕畜、机器及其他生产资料）与劳动力的支配权、生产与经营管理权、收益分配权、产品的市场出售权等。一句话，集体所有制企业的自主权往往受到侵犯、削弱，致使集体所有制在生产、分配与交换等方面的活动不能得到充分的实现，甚至还受到严重的破坏。国内外社会主义经济建设的实践经验表明，凡是违反客观规律的要求，采取不适当的干预和限制集体经济的错误做法，就会出现农业集体所有制遭受侵犯和被削弱的状况。我国在实现农业合作化以后，由于对如何进一步巩固和发展农村集体所有制经济还缺乏经验，特别是由于林彪、"四人帮"极左路线的干扰，曾经出现严重削弱和破坏社、队自主权的情况。例如，无偿平调社队土地、物资、林木或搞"穷过渡"，搞穷队共富队的产，侵犯社队生产资料的所有权；在农业生产计划的制订与执行上，按"长官意志"办事，大搞瞎指挥，侵犯社队的生产与经营自主权；任意调用和无偿占用生产队的劳动力，侵犯社队对劳动力的支配权；强行向社队摊派各种额外负担，占有社队劳动成果，侵犯社队的产品占有权；硬性规定社队的口粮和现金分配标准，侵犯社队的收益分配权；实行高征购和任意扩大派购，或签订合同时不尊重社队意愿，不允许社队完成计划后多余的产品在集市出卖，侵犯社队的交换自主权，等等。有的地方，甚至对

农产品任意调低价格，对农产品实行硬性调拨，实质是对农业集体经济实行剥夺，形成"上下左右齐伸手，四面八方挖墙脚"的状况，农业集体所有制遭受到严重的破坏。在这种情况下，就必然要破坏农业集体经济的物质利益，挫伤社队生产和经营的积极性、主动性与首创精神。

当前真正承认和维护社队的集体所有制，维护农村社队的集体利益，必须从尊重社队的自主权着手：（1）要承认和维护社队对其所有的生产资料的支配权，切实避免以"共产主义大协作"等名义无偿平调社队土地、物资、农业机械与占用社队自然资源的现象再度出现，要反对搞"穷过渡"，搞穷队共富队的产。（2）要改革与完善对农业的计划管理体制与方法，国家对农业生产的计划管理要与集体所有制的性质相适应，不能采取直接的计划调节；应主要采取间接计划；要依靠正确运用价格政策，对于产量零星、品种多样的三类产品，要依靠市场调节，要给社队以生产与经营的自主权。在社队的耕作制度、增产措施、田间管理等方面，更应该充分依靠社队自主管理，不能越俎代庖。要相信农民会种田，充分发扬民主，广泛听取与集中群众的意见，切实避免按"长官意志"办事和瞎指挥。（3）要尊重社队对本队劳动力的支配权。兴建水利设施和其他事业需要调用劳动力时，不能影响生产队对劳动力的需要。同时，要防止以各种形式无偿占用社队劳动的问题再度发生。（4）坚决制止将国家兴办的水利、交通、文教、卫生、农业科研等事业的费用向社队分摊和征收，维护社队对自己劳动成果的占有权。在分配上要取消对社队分配标准的过多干预，允许社队根据当年收入与社队具体状况，多产多分，承认不同集体单位在吃粮与现金分配上的差别，切实避免在富队与穷队的社员分配中实行"拉平"，维护集体经济的收益分配权。（5）要逐步完善工农产品间的交换方式，积极创造条件，将它转到真正的商品交换的轨道上来。要适当地缩小计划收购的范围，制止高征购，逐步取消派购，要根据价值规律的要求来制定农产品的收购价格，逐步提高农产品价格，以缩小和消灭"剪刀差"。要把收购合同建立在社队自愿的基础上，切实避免收购农产品时采用调拨的方式，同时，要允许社队在完成国家征购与收购任务后，将剩余的产品在集市出售。在向社队销售农业机器等生产资料时，不能将社队不需要的或不合格的产品强行搭配，将亏损转嫁给集体经济。总之，要通过完善工农产品间的商品交换，保证社队固有的商品生产者的地位，保证它的集体所有制的性质。

四、维护集体利益必须保证社队增产增收

集体利益具体体现在集体经济的收入上。农业集体所有制企业争取与维护自身的经济利益，具体地说就是要保证企业在服从国家的计划管理，坚持社会主义方向的前提下，能够从自身的具体条件出发，独立自主地从事生产与经营，创造更多的物质财富，实现更多的收入。

农村集体所有制企业的收入包括实物收入与现金收入。增产又增收是集体经济扩大再生产与增加社员个人分配的物质前提，是集体所有制企业巩固与发展的物质基础。特别是像我国这样的原先经济落后的国家，农业生产力水平和农民的生活水平很低，新建立起来的社会主义农业集体所有制经济家底十分薄弱，为了保证集体经济的物质基础能够迅速增强，社员的生活水平能够逐步地提高，更是迫切地要求集体经济能够做到持续地增产增收，日益富裕起来。

我国现阶段农村集体所有制经济是自给性生产与商品性生产的统一。社会主义大农业越发展，农业生产专业化与区域化越发展，商品

性生产就越发展。这不仅是因为更多的农产品将作为商品来生产和进入商品交换渠道，而且现代化农业的再生产将越来越依靠通过市场交换取得工业提供的生产资料，农民消费品多方面需要的满足也将依赖从市场交换取得。当前我国农村社队生产力水平很低，还带有很大的自给性，商品率低，现金收入占社队总收入的比重还较小。但是，随着集体经济的进一步强大，商品经济会日趋发达，现金收入在集体经济总收入中的比重将日益增大，这是集体经济发展的必然趋势。正因为如此，维护农业集体经济的物质利益，就要高度重视企业的现金收入。在集体经济的经营管理中就应该按照价值规律的要求办事。在农林牧副渔各项经营活动中，都应该核算与比较收支，讲求经济效果，避免亏损，争取更多盈利。应该在服从国家计划指导的前提下，允许社队因地制宜，充分利用自然资源与劳动资源，充分利用社队的经济条件，根据社会需要的状况，组织好商品生产，在社会主义的轨道上争取更大的现金收入。

林彪、"四人帮"推行极左路线，大肆宣扬"挣钱就是资本主义"，他们把那些善于组织集体经济，既完成了国家计划，又增产增收的好社队，说成是"金钱挂帅""集体资本主义"。他们大搞"以粮为纲"，破坏社队搞多种经营，使不少社队社员现金分配越来越少，农业生产每况愈下。这些流毒至今还未肃清，致使一些基层同志迄今仍然划不清集体经济经营活动中的资本主义与社会主义的界限，他们对社队长年贫穷见惯不惊，而对社队一旦富裕却总是顾虑重重。他们背着"忌富讳钱"的精神枷锁，不敢理直气壮地维护集体经济的合理利益，更说不上积极主动地去创造条件，使广大社队不能够在国家计划的指导下，充分发挥经营管理的积极性，以争取更多的收入。

我国社会主义现代化必须以农业基础的加强、农村集体经济的日益富裕为前提。当前我们许多社队家底薄、生产水平低、收入增长慢、积累规模小、社员的分配水平也低，农村集体经济组织一般说来还处在贫穷与力量单薄的状态，扩大再生产能力还较弱，在发生自然灾害的情况下甚至维持简单再生产都有困难。因此，保证集体经济增收增产已经成为当前进一步发展我国社会主义农业的重大而紧迫的课题。切实保证农村广大社队能做到持续地增产增收，直接地关系到农业扩大再生产，关系到八亿农民的休养生息和他们的生活的逐步改善，关系到社会主义集体经济的巩固和发展。广大社队持续地增产增收，也关系到国民经济中农轻重比例关系的协调和农业的基础作用的更大发挥，关系到当前的调整、改革、整顿、提高任务的完成。特别是广大社队经济实力的壮大，关系着农业现代化必要的资金积累。可见，保证集体经济办得越来越好，收入日益增长，使广大社队彻底摆脱贫穷，日益富裕起来，这不仅直接关系到八亿农民的切身利益，而且是全国人民的当前利益与长远利益之所系。它不仅是一个经济问题，而且是关系到维护和发展安定团结政治局面的政治问题。因此，摆在我们面前的重要任务，就是要认真总结我国农业合作化以来集体经济发展中的经验教训。要总结我国农村不少先进社队正确贯彻执行"以粮为纲，全面发展"的方针，加强社队经营管理，取得增产增收的经验；特别是要总结一些社队走农副工综合发展，使集体经济迅速壮大的宝贵经验，探索出一条适合我国情况的发展和壮大农村集体经济的途径。要大力推广这些先进经验，使农村广大社队都能做到增产增收，真正做到从实际上而不是在口头上关心和维护社队的经济利益，切实地为广大农民谋福利。

五、贯彻物质利益原则和加强政治思想教育

我们强调关心和维护集体的物质利益，充分发挥经济利益在促进农业集体所有制经济上所固有的动力作用，并不是否认广大农民社会主义觉悟的作用。马克思主义从来高度重视劳动者的政治觉悟在社会主义经济建设中的作用，并且坚持要在经济建设中充分发挥和依靠劳动者的革命觉悟。但是，马克思主义也从来不脱离与抽空劳动者的物质利益来孤立地谈论人们的革命觉悟。恰恰相反，马克思主义总是深入到人们的物质利益中来深刻地阐明劳动者的革命觉悟的经济根源。生产资料公有制把人们联合起来，使他们的整体利益、集体利益、个人利益根本一致。在社会主义制度下，国家的强盛、集体的兴旺，正是个人福利不断增长的来源，正是劳动人民中蕴藏着的社会主义觉悟的源泉。集体经济的成员，从他们的切身利益出发，不仅存在对集体利益的关心，而且也存在对国家利益的关心。把集体农民看成是唯一只关心私人利益，看成一有机会总是要走资本主义道路，这就否认了农村生产关系的质的变化，歪曲了新型的社会主义农民的形象。在农村小生产制度为社会主义集体经济制度所代替的基础上，对广大农民进行坚持不懈的社会主义、共产主义的思想教育，使他们进一步懂得"大河涨水小河满"，懂得社会整体利益是集体利益与个人利益的前提的道理，他们是能够将集体利益服从于国家利益的。他们中的先进分子更能够自觉地将国家利益、整体利益放在第一位。这种在处理与对待利益关系上先国家后集体、先整体后个人的社会主义思想觉悟，已经深深植根于广大农民的思想观念中，并在社会主义经济的发展中越来越显示其重要作用。

当然，必须看到，允许与提供社队集体为自身合理的经济利益而

积极地从事经营和生产，也会出现一些集体热心于自己的利益，将集体利益置于国家利益之上的矛盾。但是，这种矛盾是在生产资料所有制两种形式存在的条件下，社会主义经济利益矛盾的必然表现。只要党和国家坚持对群众的政治思想教育和采取正确的政策，使用适当的经济手段，完全可以正确调节这一矛盾，做到国家利益与集体利益相一致。

论社会主义社会所有制
的多样性①

　　社会主义社会（本文中均指不发达的社会主义，即从经济不发达的国家产生的社会主义社会的初始阶段）的所有制是单一性的，还是具有多样性，这不仅是一个重要的理论问题，而且是一个实践问题。国内外社会主义建设的实践经验表明，原先经济落后的国家，无产阶级夺取了政权并取得生产资料的社会主义改造的基本胜利，确立了社会主义经济制度的统治地位后，在一个很长的历史时期内，在所有制领域还必须有社会主义全民所有制、社会主义集体所有制、个体所有制和其他所有制形式并存。深刻认识社会主义社会多种所有制并存的依据，对于自觉执行党的有关经济政策，进一步完善我国所有制结构，充分发挥社会主义制度的优越性，搞活国民经济，加速我国"四化"建设，都有着十分重要的意义。

---

① 原载《四川财经学院学报》1981年第1期。

一、所有制的多样性是一切社会形态的共同特征

多种所有制的并存，并不只是社会主义社会所特有的现象，它是一切社会形态的共同特征，特别是在一切社会形态的初始阶段表现得最为鲜明。

所有制是生产力所由以实现和获得发展的社会形式。根据生产关系一定要适合生产力性质的规律，任何一种所有制形式的发生、发展和为更高的所有制形式所取代都不是偶然的，而是由生产力的性质与状况所决定的。马克思说："无论哪一个社会形态，在它们所能容纳的全部生产力发挥出来以前，是决不会灭亡的；而新的更高的生产关系，在它存在的物质条件在旧社会的胞胎里成熟以前，是绝不会出现的。"①马克思极其深刻地揭示了所有制变动有其客观的物质基础，是不能由人们任意加以选择和存废的。由于任何社会物质生产力的发展，总是具有不平衡性，如在工业与农业之间，城市与乡村之间，不同部门、不同地区之间，在生产力上不可能是整齐划一的，而是表现为高低不同的诸层次。特别是在新社会形态产生后的初始阶段，与这一新社会相适应的物质生产基础还要经历一个发展壮大的过程，才能在一切生产领域取代旧的物质技术基础并取得独占统治的地位，因而，国民经济不同领域生产力水平的参差不齐就更加显著。生产力水平的这种多层次性就决定了所有制的多样性，即一方面有适应于各个领域新的生产力的不同发展水平而在成熟程度上有差别的各种新所有制形式的并存，另一方面适应着生产力结构中新旧物质技术的并存而有新的所有制形式与残留的旧社会的所有制形式的并存。如奴隶社会

---

① 《马克思恩格斯选集》第2卷，人民出版社，1972年，第83页。

的初始阶段，一方面有不发达的家长奴隶制与发达的奴隶占有制的并存，另一方面又有奴隶占有制与氏族公社所有制的残余的并存。在封建社会，所有制的多样性更是十分显著。如我国封建社会就有封建的土地国有制、各种形式的地主土地所有制、封建商业资本家所有制、城市行会手工业所有制、个体农民所有制的并存，以及奴隶占有制残余的存在。资本主义社会在机械化大生产的物质技术基础上实现了资本家私有制在经济领域中独占统治地位，但是资本主义经济各个不同领域生产力的发展也是不平衡的，这也就决定了资本家所有制具有个别资本、联合资本、国家资本、国际资本等多样形式。此外，还存在小农、手工业者、小商的个体所有制以及前资本主义的土地所有制形式。即使是在当代生产力高度发展的资本主义国家，在所有制上也不是单一的，而是具有私人垄断资本、国家垄断资本、国际垄断资本，及中小资本等资本家所有制和零售商业、服务业的小生产、小经营以及家庭农户等个体所有制形式。

可见，任何社会形态，所有制都是具有多样性，而不是一刀切的，不是简单划一、纯之又纯的。多种所有制的并存，是社会不同领域、部门及生产力发展不平衡所决定的，完全是合乎规律的。正是这样，马克思十分明确地将社会经济结构的含义规定为"生产关系的总和"①，并经常使用复数的"诸生产关系"②的概念，显然地，马克思在这里提到的作为社会经济结构的"生产关系的总和"，也即是所有制关系的总和，即是多种所有制形式的总体。马克思不止一次地这样说："在人类的诸生产力里面发生了一个变化必定在他们底诸生产关

---

① 《马克思恩格斯选集》第2卷，人民出版社，1972年，第82页。
② 马克思：《哲学的贫困》，人民出版社，1955年，第173页。

系里面引起一个变化。"①这里提到的"诸生产关系"，也就是各种所有制关系组成的社会经济结构。而经典作家在他们分析研究资本主义社会和前资本主义社会的所有制时，从来是多方面地剖析了这些社会的多样的复杂的所有制形式，并由此去揭露社会的复杂的阶级对立关系。理论界曾经流行一种观点，即认为社会经济结构一词的含义是单一的，而不是多样的生产关系的总和。应该指出：这种观点是片面的、形而上学的，它是违反经济生活的客观实际的。

二、全民所有制与集体所有制的长期并存是社会主义社会所有制多样性的主要表现

社会主义社会的所有制也具有多样性，它首先表现为社会主义公有制不是单一的，而是有社会主义全民所有制与社会主义集体所有制的并存。这一情况是不发达的社会主义国家国民经济各个不同领域物质生产力存在很大不平衡所决定的。因为，这些国家，在取得革命胜利以前，由于资本主义机器大工业的发展，使工业生产社会化，从而为在工业领域建立社会主义全民所有制奠定了物质基础。而在农业中，由于资本主义经济很不发达，普遍存在着以手工工具和手工操作为基础的分散的个体生产，这就决定了个体农业的公有化只能通过合作化而逐步实现，而不能实行生产资料全民所有。归根到底，全民所有制是与工业中的发达的自动化、机械化大生产所代表的现代生产力相适应的，而集体所有制则是与这些国家农业及其他领域以手工工具

---

① 马克思：《哲学的贫困》，人民出版社，1955年，第173页。《马克思恩格斯选集》第1卷中译文是"人们生产力的一切变化必然引起他们生产关系的变化"。这一译文是不准确的，按德文原文生产力与生产关系均是复数，人民出版社1955年版"诸生产关系"的译文是准确的。

和手工操作以及简单的机械为标志的旧的技术基础相适应的。

社会主义公有制的两种形式并存的问题，早就被马克思和恩格斯所注意。马克思和恩格斯并不是给我们确立了一个单一全民所有制的社会主义模式。恰恰相反，他们严格地根据生产关系一定要适合生产力性质的规律，从西欧大陆资本主义国家物质生产力的具体状况出发，论述了社会主义公有制的成熟的，即全社会公有制与不成熟的，即集体所有制的同时存在的可能性。马克思和恩格斯在《巴枯宁〈国家制度与无政府状态〉一书摘要》《法德农民问题》等著作中就十分明确地指出，19世纪末西欧大陆法国、德国这样的还存在大量的小农经济的国家，一旦无产阶级革命取得胜利，除了要对资本家进行剥夺，将它们私有的生产资料收归全社会公有外，还要促使小农联合起来，建立起集体所有制，并逐步地把它们转变为更高级更成熟的公有制形式。可见，经典作家实际上论证了社会主义所有制形式多样性的问题。

社会主义所有制多样性问题的一个重要方面是集体所有制存在的长期性问题。在这个问题上社会主义经济理论长期未曾解决好。我国1958年以来，在"社会主义速成论"的"左"的思潮下，产生了所有制上的"及早过渡论"。这一理论认为社会主义公有制越"大"越"公"越优越，否认社会主义集体所有制长期并存的必然性，提倡在"公有制"范围内搞"一刀切""清一色"，巴不得及早地实现"全民化"。这种"及早过渡"的思潮导致了农村不断"并社""升级"，准备向全民所有制过渡，在城市商业、饮食业及某些手工业生产中把几乎全部集体所有制"过渡"到全民所有制。由于物质生产力远未具备，这种做法实质上是一种"穷过渡"，它使所有制超越阶段向前猛进，从而对生产力的发展带来很大的恶果。

马克思主义要求人们在评价某种生产关系时，应该唯一地根据生产关系一定要适合生产力性质的规律，立足于考察这一生产关系是否适合生产力来决定人们的取舍，而不能从某种"公平"的道德观念来评价生产关系的"优越性"与"合理性"。社会主义公有制是否优越，唯一的标准应该是看它是否适合当时当地的生产力，只要是适合生产力发展的，即使是公有化水平还较低，就是优越的，反之，如果公有化水平高，但是它超越了某时某地某一领域的物质条件，它不仅不能促进生产力，反而要破坏生产力的发展，就谈不上有任何优越性。要看到人为地加速和"及早过渡"了的所有制迟早要退回来，甚至退到更低的发展阶段，这种欲速则不达的情况在经济生活中是不乏见证的。那种认为所有制越大越公越优越的论点，实际上是用小资产阶级的"公平""合理"的理性原则与道德观念来评判和剪裁社会主义公有制。这些"左"的东西迄今仍然束缚着我们一些同志的思想，成为一种精神枷锁，使一些同志仍然对集体所有制在我国的作用认识不高，使他们在发展与完善集体所有制上束手束脚。

国内外社会主义建设的实践经验，特别是我们在集体所有制变革上经过的折腾，使我们进一步认识到要实现集体所有制到更高一级的公有制形式（现在还很难说它一定是向国家所有制过渡）过渡，首先要有现代化大生产的技术基础，要有物质条件的成熟。我国当前手工劳动尚在农业、商业、服务业等领域占主要地位，在轻工业中也还占相当比重。在我国这样的生产力落后的国家，这需要经历很长的、若干代人的时期而绝不可能一蹴而就。在我国城乡都转到现代化的大生产上来以前，在社会主义的物质基础达到很高水平和充分成熟以前，集体所有制经济将仍然是适合的，它在进一步发掘我国物力、财力、人力，特别是在吸收新增劳动力，实现向生产的广度和深度进军上，将起着分外重要的，甚至是为全民所有制经济所不能替代的作用。如科学理论与实践所证明，社会主义公有制不是单一的全民所有制，而是具有多样性的，以社会主义扩大再生产而论，除了首先是全民所有制经济的发展而外，还要表现为集体所有制经济的发展，不仅有原有的集体所有制单位的延续，而且还会有新的集体所有制单位的产生和增殖，不仅有城镇集体所有制单位的增加，在农村也可能有新的集体经济单位分化出来，这就要求人们在领导与组织社会主义经济建设中，要为集体所有制经济的发展疏通渠道和创造条件，而不能堵塞它的发展。十一届三中全会以来农村集体经济由于落实生产队自主权以及其他的措施而得到巩固，以及城镇集体所有制经济的普遍的兴办与发展，大大地推动了我国工农业生产的发展，增加了市场商品供应，繁荣了城乡经济生活，它不仅不曾削弱全民所有制，而却进一步促进了全民所有制经济的发展，这些表明了我国集体所有制经济拥有旺盛的生命力，证明集体所有制与全民所有制长期并存，是我国社会主义生产力发展的客观要求。

三、社会主义公有制与个体所有制的并存是社会主义社会所有制多样性的另一表现

社会主义社会所有制的多样性，还表现为社会主义一定发展阶段内社会主义公有制与作为它的补充的个体所有制的并存。具体地说，社会主义国家，除了有占绝对优势的社会主义全民所有制与社会主义集体所有制外，在农村还有集体农民的自留地经济和家庭副业和其他个体运营，在城市还存在手工业、商业、服务业中及其他行业中的个体经营。

从历史上看，个体所有制是以手工工具为基础的小生产与小经营，它广泛存在于前资本主义社会，并为奴隶制生产方式和封建制生产方式服务。以机器大工业为基础的资本主义生产方式摧毁了农民与手工业者的个体所有制，占领了它们原先的经济阵地，但是资本主义并不能彻底消灭个体所有制，在某些适于个体生产与个体经营的领域（如小手工艺、商品零售、生活服务等方面）仍然广泛地存在个体所有制。这种个体所有制也日益取得了新的内容，在当前它已经不完全是以手工工具、手工劳动为基础，而是采用了不同程度的机械化与自动化。当前发达资本主义国家农业中的个体所有制，越来越成为以现代化技术为基础的中型生产，正如人们所说：它已经不是"个体小农"而是"个体大农"。总之，个体所有制，作为劳动力与生产资料相结合的一种经济形式，它是很有生命力的，它能够为历史上各种生产方式服务。

社会主义固然是以生产资料公有制为本质特征，它不仅要消灭资本家私有制，而且要消灭个体所有制及其残余，但是要做到彻底消灭个体所有制，必须要有生产力的巨大发展，在不发达的社会主义阶段是难以完成这一任务的。在现代化的机器大生产尚未在国民经济的一切领域取代小生产与小经营以前，个体所有制就仍然是保证劳动力与生产资料相结合的一种必要的经济形式。因为它有利于充分利用零星、分散的生产资料，有利于闲散劳动力与新增劳动力的就业，有利于将社会闲散资金用于生产事业，有利于发挥小生产与小经营分散、多样、灵活的优点与满足人们多方面生活需要，有利于增加劳动人民的收入、改善人们的生活。总之，它有利于挖掘社会生产潜力，最充分和最有效地利用社会的人力、财力、物力等经济资源。在社会主义制度下，人们凭借社会主义公有制充分运用各种类型的大生产的生产力，又通过个体所有制充分发掘和运用各种小生产与小经营的生产力，这样就意味着多层次的物质生产力都得到了充分的利用，这样就能促使社会生产力最迅速的发展和物质财富的最大限度的创造。

个体所有制在一切社会主义国家都有其积极作用，但是由于各个国家的具体条件——如大生产的发展水平和在国民经济中的作用，公有制经济的积累能力，物质资源与劳动资源的状况等——不一样，因而个体所有制的作用就有所不同，一般说来工业化水平越低，个体所有制的作用就越大。像我国这样的底子薄、人口多、资源丰富的国家，尽管我们已经建立起社会主义工业化的初步基础，但是也要看到单靠社会主义公有制并不能达到最充分地发掘与利用我国的具有极大丰富的生产资源，特别是还不能做到充分利用10亿人口的大国所拥有的丰富的劳动力资源，从而有效地组成和发挥我国多层次的生产力的作用，因此，在我国条件下，个体所有制有着分外重要的作用。

既然个体所有制适合社会主义社会生产力发展的要求，因而它的存在就是不可避免的。这表明社会主义社会，特别是在它的初始时期，在所有制上也不可能纯然是公有制的一统天下，而会有社会主义公有制与个体所有制的并存。

社会主义社会的个体所有制是社会主义公有制的补充与助手。因为，在社会主义制度下，公有制经济占据绝对统治地位，并且将越来越巩固和壮大，成为社会不可动摇的经济基础。在这一先决条件下，个体所有制的存在，而且只是在国民经济局部领域内存在，它不影响社会主义公有制的独占统治的地位。特别是社会主义制度下的个体所有制，由于它日益增长地联结和依存于公有制经济，并且受到社会主义公有制的制约与渗透，从而越来越失去原来的完整的个体私有制的某些特征，而具有了某些社会主义的性质。根据它同社会主义经济联结的状况与紧密程度，它所具有的社会主义因素会有多少的区别，并将表现为个体所有、不完全的个体所有、半个体所有等不同的层次，显示出它的由个体私有制向社会主义所有制过渡的性质。由于个体经济还具有一定的自发性，从而与公有制经济还存在矛盾，但是在独占统治地位的公有制的限制下与国家的管理与调节下，这一矛盾能够被妥善地解决，因而社会主义制度下的个体所有制不仅不削弱公有制，还能弥补公有制经济的不足，并促进公有制的发展与壮大。历史是最好的见证，"四人帮"大搞"割资本主义尾巴"，收自留地，关闭集市，这些貌似革命的做法，不仅没有巩固公有制，反而使社会主义经济濒于崩溃，在某些地区造成资本主义泛滥。而近年来各地积极贯彻三中全会提出的农村经济政策，维护农民的自留地与家庭副业，不仅增加了社员的收入，改善了社员生活，而且增强了他们从事集体生产的积极性，促进了集体经济的恢复和发展，同时也增加了人民生活与轻工业生产所需要的农副产品的供应，对全民所有制经济的发展起了积极作用。这一正一反的经验教训，表明了个体所有制不仅不是起破坏作用的消极因素，而是社会主义经济的有效的助手与补充，是社会主义的辅助经济，是不发达社会主义经济的附属的与有机的组成部分。

我国在社会主义改造取得胜利后，由于经济工作中的过"左"的做法，特别是"四人帮"的极左路线的破坏，因而很长时期内对个体所有制的积极作用未能充分地加以利用。在当前实现社会主义现代化的新的历史时期，我们必须按照客观经济规律的要求办事，要充分地发挥个体所有制这种社会主义辅助经济的作用。为此，要从各地区、各领域的生产力的具体状况出发，寻找与规定个体所有制存在与发展的适当的范围，并在这一合理范围内，对个体所有制予以鼓励和扶持，以充分发挥它对社会主义公有制经济的补充作用。在我国农业机械化水平还很低，集体经济的劳动生产率还不高的情况下，特别是我国农村遭受"四人帮"极左路线破坏还需要休养生息的情况下，根据各个地区的具体条件，根据需要与可能，适当地扩大农村的个体经营（如在人少地多的地区适当扩大自留地、自留山、自留林、自留园、自留畜等），对于进一步活跃经济生活，恢复与发展农业生产是有积极作用的。就城市来说，在一定行业中允许个体经营（如小手工业、小修理、夫妻店、小商贩等）的存在，对于保持传统手工艺，为发展生产与生活服务，方便群众，增加就业，充分发掘与利用城镇劳动力潜力（如退休、伤残等不适宜参加集体劳动的人口），将原来的消费者变成生产者，都将起到重要的积极作用。在这一工作上，我们还做得很不够，还有必要迈出更大步子。

四、社会主义社会的其他所有制形式

社会主义社会的多种所有制结构，除了社会主义公有制、个体所有制而外，还包括一定的国家资本主义经济，如我国与外国资本共同举办的中外合资经营企业。除此而外，在国民经济某些领域，也可以保留与采取一定的国家资本主义经营。

社会主义制度，不允许雇工剥削，发展私人资本主义。但是在我国这样的生产力水平低，各地经济差别很大，但又幅员辽阔、生产潜力深厚的社会主义国家，公有制经济一时力量还有限，为了有利于引进国外先进技术、先进经营管理方法与掌握现代技术与工艺，为了充分调动国内一切积极因素，把经济搞活，在保证社会主义公有制经济占绝对统治地位的前提下，在某些领域内保持一定的国家资本主义经济或使用带有某些国家资本主义性质的经营形式、方法与措施是可以容许的。

在社会主义社会的经济结构中还存在某些过渡时期（指从资本主义到社会主义改造取得基本胜利，即小过渡时期）经济结构中的国家资本主义成分，这并非是不可思议的。因为，社会主义并不遵循着某种一成不变的模式来建立和塑造，而是一个表现出具有极其丰富、极其复杂的形态的、亿万劳动人民创造新社会的生气勃勃的发展过程。列宁说："事情的具体演变与任何人所能想象的不同，它要新奇得多，特殊得多，复杂得多。"列宁一再要人们在争取社会主义胜利的实践中切忌"只是无谓地背诵记得烂熟的公式，而不去研究新的生动的现实的特点"[1]。如果我们不是用某种纯之又纯的公有化模式来框现实的社会主义，而是从我国社会主义社会现实的生产力的状况与要求出发，我们就会进一步明确：

第一，从资本主义到社会主义的过渡时期与社会主义社会的初始阶段，尽管它是属于两个不同的发展阶段，但是它并不是像几何学上的分割线那样地截然和整齐，"一刀切"地将社会划分开来，却是存在着两个阶段的一定交错，即某种模糊的边际，而过渡时期经济结构的某些成分将继续残存于社会主义社会确立之后，正如列宁所说："无论在自然界或在社会中，实际生活随时随地都将使我们看到新事物中有旧的残余。"[2]这不仅是不足为奇，而且简直可以说是不可避免，是完全合乎逻辑的。

第二，社会主义社会的初始阶段，同过渡时期一样，社会主义建设的道路仍然不可能是笔直的，不可能不采取某种迂回前进的形式，

---

① 《列宁全集》第24卷，人民出版社，1957年，第24页。

② 《列宁选集》第3卷，人民出版社，1960年，第256页。

还不能排斥一切旧的经济形式与方法。

第三，社会主义社会的国家资本主义，是在社会主义公有制占据统治地位的条件下，在社会主义经济的更严格的限制与国家的严格管理与调节下的资本主义，它是走向消逝、接近消逝的国家资本主义的残余，它在范围上是有限的，只能在有利于公有制经济的限界内存在和发展，而不能自由泛滥，削弱社会主义经济的阵地。以上几个方面表明，社会主义社会经济中的国家资本主义，它不是过渡时期国家资本主义的简单地继续，而是具有新的特征，在保证社会主义公有制经济占绝对统治地位的前提下，在公有制经济的限制与国家的管理下，它将起着调动一切积极因素来加速社会主义建设、进一步活跃社会主义商品经济的作用，而不会改变社会主义经济发展的方向和影响社会主义制度的巩固。

除了上述所有制形式外，在社会主义经济发展中，随着不同的企业单位在产、供、销中的实行联合经营，出现了一种联合所有制，它表现为国营企业与国营企业联营的全民所有制的联合，国营企业与集体企业的联营的两种社会主义公有制的联合，集体企业联营的集体所有制的联合。这种所有制形式还是我国社会主义经济中的新鲜事物，它的性质、特点及其发展规律，尚须进一步探索。但是以上各类型的联合所有制都具有下列特点：（1）它把局限于各个不同企业中的联合劳动直接组织起来，成为联合企业更大范围内的直接社会劳动，从而发展了劳动社会化；（2）它在经营管理形式上，实行独立经营，自负盈亏；（3）它在组织领导方式上，由每家联营各方派代表共同组成最高权力机关，对企业生产与经营实行直接决策。看来，联合所有制今后在生产资料的支配和产品的占有关系上的进一步完善，将创造出一种更加适合于社会化大生产发展的新的社会主义所有制形式，并成为向更高的社会直接占有制过渡的形式。

五、调整与完善所有制结构，保证社会主义生产关系进一步适合生产力，加速"四化"的进程

关于社会主义社会所有制的多样性问题的讨论，具有重大的实践意义。从所有制的多样性出发，人们就必须将社会主义社会的经济结构视为是由各种所有制形式组成的所有制结构，而社会主义制度下生产关系适合生产力性质的问题将首先表现为所有制结构适合生产力性质的问题。基于此，在社会主义的经济建设中，无产阶级在自觉地运用生产关系一定要适合生产力性质的规律时，就首先必须根据生产力的状况，适当地调整各类所有制关系，寻求与保持最优的所有制结构。大体地说，应该使全民所有制的范围与社会物质生产力的高层次部分相适应，使集体所有制的范围与社会物质生产力的中级层次部分相适应。此外，还要使个体所有制的范围与物质生产力的低层次部分相适应。另外，还要保存必要的其他所有制形式。这也就是说：要在公有制占绝对优势的前提下，使多种所有制形式同时并存，各得其所，各显其能，共同为促进社会生产力的发展而发挥各自的积极作用。

在所有制问题上的"左"的思潮，表现为不懂得与不承认社会主义社会所有制形式的多样性，把社会主义社会的经济结构当作是单一的公有制，并由此来任意剪裁具有丰富多样所有制形式的客观实际，如在社会主义改造中过急地与不加区别地消灭城乡一切个体经济，在合作化后，不断地变革所有制，变小集体为大集体，甚至追求尽早实现全民化。特别是"四人帮"更是大搞"割资本主义尾巴"，在所有制上，大搞"一刀切"，极大地破坏了我国社会主义社会的所有制结构，

造成了所有制关系的不适合，由此带来了我国社会生产力的大破坏。

为了加速我国社会主义现代化，把我国目前很低的生产力水平迅速提高到现代化水平，必须改革我国目前生产关系中那些妨碍实现四个现代化的部分，在当前，调整与完善我国所有制结构，是完善我国社会生产关系的一项重要任务。在党的十一届三中全会以来，党中央制定了包括维护生产队自主权，发展城镇集体经济，维护社员家庭副业等一系列的经济政策，此后又做出放宽经济政策的重要决定，为我国所有制结构的调整和完善指出了方向。在当前贯彻国民经济"调整、改革、整顿、提高"的"八字方针"中，我们必须把所有制结构的完善作为一项重要工作来抓。为此，有必要进一步从理论上明确社会主义社会多种所有制并存的必要性。这样，将有助于我们从实际出发，按照生产力发展的要求，去维护和发展各种所有制形式，把我国社会主义社会的所有制结构调整得更加完善。这是加速我国"四化"进程的重要条件。

论社会主义制度下
个体所有制的性质①

正确认识个体所有制的性质，首先要区分基本的所有制与非基本的（即附属性）的所有制。基本所有制是决定某一社会经济性质的所有制形式，它是这一社会经济所有制的主体，正如马克思说，它"是一种普照的光，一切其他色彩都隐没其中，它使它们的特点变了样"②。非基本的所有制形式，是这一社会形态的某些从属性的生产领域的所有制形式，它依附于基本所有制，并与后者一道共同组成社会多样性的所有制结构。个体所有制就是一种从属性的所有制形式，它依附于各个社会形态中占支配地位的所有制形式，并打上这种社会经济形态的烙印。例如原始公社解体产生的家庭园圃个体所有制，尽管它是促使公有制解体的因素，但在产生初期，仍然是服务于和依附于土地公有制的。在奴隶制下的自由民个体所有制，尽管它不体现蓄奴制关系，但是它有利于占支配地位的奴隶占有制的存在与巩固，如

---

① 原载《经济问题探索》1982年第6期。

② 《马克思恩格斯选集》第2卷，人民出版社，1972年，第109页。

自由农民的农业生产是农产品的补充来源，自由民是军队的主体，它不仅为巩固奴隶制度服务，而且通过战争开拓奴隶来源，为发展奴隶制服务，这种个体所有制还带有某些奴隶制生产关系的性质。在封建制度下，农民的家庭所有制，实际上是封建大土地所有制的一个必要环节。列宁说："农民在自己分地上的'私人经济'，是地主经济的条件，其目的不是给农民'保证'生活资料，而是给地主保证劳动人手。"[1]我国秦汉以来的中央集权的封建社会长期存在着小农个体所有制，它把直接生产者固着于土地，以便持续地为国家生产封建地租（通过赋税的形式），因而，这种个体所有制是依附于和服务于封建的土地国有制的，并带有封建生产关系的性质。在资本主义社会，以大机器生产为基础的资本主义生产方式，一方面摧毁和扫灭了一大批原来的个体经济；但是另一方面它又把原有的个体经济和新产生的个体经济，直接或间接地纳入资本主义生产与流通体系，为资本主义大企业服务。例如资本主义大企业占领了生产和商业、服务业的主要领域，却把某些零星的领域让与个体生产者去经营，资本主义大垄断组织独占了商业中的阵地，特别是批发业，但是某些零售领域却存在大量的个体经营者，如个体花贩、个体报贩、个体加油站，等等。这种个体经济，就具有不同于封建社会的个体农民、个体手工业者经济的新特点，它越来越成为巩固和发展大资本家所有制的外部条件，成为依附与服务于资本主义经济的个体经济。而社会主义社会的个体所有制经济，它是依附、从属与服务于社会主义生产方式的，是受社会主义公有制的制约，因而它也就理所当然地要具有社会主义生产方式所决定和赋予的特征。

---

[1] 列宁：《俄国资本主义的发展》，人民出版社，1960年，第160～161页。

大体说来，社会主义制度下的个体所有制的特征是：

（1）它不是旧社会或土地改革后的个体经济的简单的继续与直接的残存，恰恰相反，它是社会主义公有制经济在城乡取代了个体私有制经济条件下的产物。如集体农民的自留地与家庭副业，是与集体所有制同时产生的一个新的所有制范畴，而大量城乡个体所有制则是社会主义社会发展过程中产生的"新个体"。（2）它是日益依附于社会主义公有制经济。尽管它还是直接立足于生产资料与产品的个体所有的基础之上，但是它已经不同于合作化以前。如集体农民的个人副业与自留地经营，表现为农村社会主义集体所有制体系内部的一个环节，而其他的城乡个体经济，其原材料来源以及产品销售越来越依存于国营经济与集体经济，因而在生产、交换等方面也将与社会主义公有制经济密切联系，日益地被纳入社会主义经济总结构之中，成为其外围的有机组成部分。（3）它带有不完整的性质。首先在占有生产资料的范围上是有限度的，如集体农民个人私有的林木，牲畜及其他生产资料的数量与经营的范围要受到国家有关法规的限制，作为家庭副业的重要条件——"自留地"，它不仅在数量上是有限制的而且所有权属于社会集体，经营自留地的农民不能将自留地出售、抵押和赠送给他人，这就体现了集体农民残存的个体所有制具有不完整的性质。在城镇个体经济中，不仅在生产资料的占有、使用劳动力的范围与数量（如机器、交通工具的类型与数量），经营的范围等方面也要受到国家有关政策与法规的限制，它的收入也要受到国家的调节。（4）它的经济活动要服从国家的管理与调节。由于这种个体经济是在强大的社会主义经济力量的包围下，它的活动必然受到社会主义的调节和限制，而不能完全地自由活动。归结起来，社会主义制度下的个体经济，是依附与从属于占统治地位的社会主义公有经济，是一种由个体私有制走向社会主义公有制的过渡性的生产关系。在社会主义公有制的制约、渗透与改造下，这种个体经济已失去了原来独立的和完整的个体私有制的某些特征，而具有了某些社会主义的性质。根据它同社会主义经济联结的状况与紧密程度，它所有的社会主义因素会有多有少的区别，并可以在理论上称之为基本个体所有，半个体所有等不同层次。

在社会主义经济理论中，对于社会主义制度下的个体经济的性质，长时期内未认真地研究与深入地阐明。一谈到个体经济，人们总是将它视为千百年来私有制社会中的那种完整的独立的私人经济或者看成社会主义经济制度尚未确立以前的，体现小私有者自发势力的独立的个体经济。理论上的模糊不清，引起人们把个体经济当作是与社会主义不相容的经济成分。这些错误论断，都是由于脱离具体的历史条件来孤立地谈论个体所有制的性质和重复经典作家对私有制社会中个体经济的某些论述，这种脱离时间、地点、条件来论述个体所有制性质，是一种形而上学的方法。

列宁说："在分析任何一个社会问题时，马克思主义理论的绝对要求，就是要把问题提到一定的历史范围之内，此外，如果谈到某一国家……那就要估计到在同一历史时代这个国家不同于其他各自的具体特点。"[1]把个体经济放到一定的历史范围内来考察，我们就可以看到，个体所有制并不是每日、每时地都产生资本主义。自从它在原始公社末期产生以来的漫长的历史年代，它不曾产生资本主义。我国封建社会一直存在个体小农与手工业者，某些时期还存在十分发达的小农个体经济，但是它并不曾引导资本主义，反而延续了中国的封建地

---

[1] 《列宁全集》第20卷，人民出版社，1958年，第401页。

主制经济。只是在近代，一方面有私人货币资本的积累，另一方面劳动者被剥夺了一切生产资料，把劳动力作为商品在市场售卖，在这样的条件下，个体经济才通过两极分化不断地产生资本主义。而在社会主义制度下，公有制已占居绝对统治地位，劳动者成为社会的主人，劳动力不再是商品。这种条件下的个体所有制经济就不再是历史上的那种曾经导致资主木义的个体经济，也不再是从资本主义到社会主义的过渡时期的那种"经常地，每日每时地、自发地和大批地产生着资本主义和资产阶级的"[①]个体经济，也不是"站在资本主义与社会主义间的十字路口的经济"[②]，而是依附、从属与服务于社会主义公有制的辅助性的经济。

在研究与阐明社会主义制度下的个体所有制的特征时，要看到：（1）这种个体经济业已在产供销上或直接或间接地与社会主义公有制联结在一起，并对公有制经济起着补充的作用，越来越成为社会主义经济总结构中的一个组成部分。（2）这种个体经济还在不同程度上带有私有制残余的性质，这表现在它具有生产资料占有的私有性、生产与交换的自发性、价格的波动性、个人收入的较大的差别性等个体商品经济固有的特征。无疑地，看不见个体所有制经济的这些特点是不对的，否认它有这些旧经济的特点，把它称之为社会主义性质的经济，也是一种脱离实际的主观的"拔高"。但是也要看到，尽管个体经济还带有这些小私有经济的残余与痕迹，这并不妨碍它能够卓有成效地为社会主义经济的发展服务正如任何新事物中包孕的某些旧因素能够为新事物的成长服务一样。（3）更重要的是要看到，在公有制

---

① 《列宁选集》第4卷，人民出版社，1972年版，第181页。

② 斯大林：《列宁主义问题》，人民出版社，1964年，第219页。

经济占绝对统治地位条件下的个体经济，它在性质上已经发生了或正在发生着新的变化：它已经不再是资本主义私有制经济中那种完整的个体经济，而且开始带有某些社会主义性质，在社会主义国家的管理与计划调节下，在公有制经济的渗透制约下，个体经济在生产、交换与分配等方面的自发性受到限制；在采取某些方式把个体所有制经济的产、供、销与公有制经济更有机地联结起来的情况下，可以赋予个体经济的活动以某些计划性，国家采取适当的管理与调节措施，可以使个体经济收入的私人占有性削弱，并体现一定的按劳分配的性质。

（4）作为附属与服务于社会主义公有制，作为社会主义经济总结构的一个组成部分，个体经济起着促进社会主义公有制经济发展的积极作用，看不见这种作用，甚至把它当作是公有制的破坏因素的观点是十分错误的。但是另一方面，个体经济作为私有制经济的残余和社会主义经济总结构的异质因素，它与社会主义公有制经济之间又存在着矛盾。例如个体经济固有的生产的分散性与自发性、价格的更大波动性，以及收入的私人占有性质等，特别是要看到，个体经济还存在发展的不平衡性，它不仅生产条件与经营条件不一样，而且在收入上也存在着差别。在市场机制的作用下，一些个体户会更富些，而另一些则不那么富裕，尽管这里已经不是资本主义制度下的那种贫富的"两极分化"，但是如果超过了一定的合理的限度，它就会成为削弱社会主义经济的消极因素。作为个体经济发展中难以避免的副产品——小业主性质的雇工经营，尽管在发展生产中暂时有积极作用，但是也具有消极因素。此外，在个体经济领域，个别的个体生产者因资产阶级旧思想的侵蚀而从事资本主义活动也是难以避免的。因此，我们必须看到个体经济存在条件下社会主义经济内部的复杂的矛盾，不承认和看不见这一矛盾，不采取有效措施来正确处理这个矛盾，个体经济领域内的消极因素就会逐步积累。当然，必须看到，个体经济与社会主义公有制经济的矛盾，一般地并不是资本主义与社会主义两条道路的对抗，也不同于合作化实现以前的个体私有者与工人阶级之间的矛盾，而是体现了社会主义劳动者之间的非对抗性矛盾。社会主义国家在加强对个体劳动者的政治思想教育的同时，通过采取经济手段，以及必要的行政管理措施，加强对个体经营的调节、管理与指导，完全能够有效地解决这一矛盾。

总之，社会主义制度下的个体经济，还在不同程度上带有个体私有制残余的性质，还不是社会主义公有制经济，但是它毕竟逐步具有社会主义的因素，这种性质上的新变化使它能够越来越适合于进一步发展与巩固社会主义公有制经济的要求，从而完全能成为社会主义公有制经济的助手与有效补充。

家庭承包经济性质初探①

　　党的十一届三中全会以来，由于实事求是的马克思主义的思想路线重新在全党确立，人们的思想获得了解放。在亿万农民的大胆创造与党中央的积极提倡下，我国农村多种形式的农业生产责任制，特别是家庭联产承包责任制迅速地得到推广。当前，一个以家庭承包（大包干）制为主导形式的集体所有制的承包经济正出现在我国的农村。

　　家庭承包责任制在所有制、生产、交换与分配等方面带来了哪些变化？它是集体所有制的合作经济，还是如某些同志所担心与疑虑的是倒退到个体经济？这是本文中所要加以探讨与回答的问题。

一、家庭承包责任制的基础——以家庭生产为特征的社会主义农业劳动方式

　　家庭承包责任制是现阶段体现了中国特色的社会主义集体所有制的合作经济。这种社会主义集体所有制的具体形式是与我国现阶段有

---

① 原载《社会科学辑刊》1983年第5期。

统有分而以家庭分散劳动为主的社会主义农业劳动方式相适应的。这里提到的劳动方式，是体现生产力的人的因素与物的因素，即劳动者与生产资料相结合的物质技术形式与生产经营形式。我们通常所说的农业生产与工业生产，工业生产中的手工业生产，工场手工业生产，机器大工业生产，粗放生产与集约生产，劳动密集生产与技术、知识密集生产等，均是指的劳动方式的不同形式。劳动方式取决于生产力，首先是取决于劳动手段的性质。

社会主义农业是组织在合社作内的联合劳动者的共同的农业。生产与经营，是"联合起来劳动的生产方式"①，它与个体农民所从事的以手工工具与个体劳动为基础的手工业生产方式是根本不同的，也是与发达资本主义国家个体农民以现代化的机器手段为技术基础的现代家庭农业生产方式是不相同的。

在社会主义制度下，农业生产力也是逐步提高的，从而农业的社会化——它表现为联合劳动范围的扩大，农业生产的集约化与生产规模的扩大——也只能逐步地进行，不可能一蹴而就。尤其我国，是在经济与技术十分落后的个体小生产的地基上实行农业合作化的。初生的社会主义农业，在社会化的程度上不可能有很大提高，不可能一下子就普遍建立起大农业合作社，和实行机械化的大农业生产方式，但是联合的劳动方式总是社会化的社会主义农业的特征。

对于马克思所说的社会主义的联合的劳动方式，必须有正确的理解。有关社会主义社会的一种十分流行观念，是把社会主义等同于"一大二公"，把社会主义的生产或劳动方式理解为大规模的生产与经营为唯一形式。人们几乎常常把社会主义生产当作是大工业生产、

---

① 《马克思恩格斯全集》第25卷，人民出版社，1974年，第685页。

大农业生产、大商业经营，把社会主义劳动当作大规模的集体协同劳动。人们更往往把现代化简单地与"大"联系起来，把"小"等同于落后，因而在工业建设中追求大企业，在农业中一心"办大社"，农业生产上实行"大兵团"，副业上搞万猪场、大茶山、大果园、大林场。这种关于社会主义生产就是大规模的劳动方式，就是集中劳动的观念，是十分片面的。

社会主义的联合的劳动方式，是指一定范围的联合劳动者与具有一定规模的生产资料相结合的生产形式。社会主义联合劳动方式中，组织在生产中的联合劳动者的度——即企业中劳动者数量或聚集的状况与使用的生产资料的规模，即生产资料与技术聚集的状况，乃是决定于特殊的劳动方式的性质，后者又决定于社会主义社会的物质技术基础的状况，特别是生产单位拥有的劳动手段的性质与状况，也决定于所加工的劳动对象的性质与生产活动本身的性质。如工业与农业，因为它们各自的加工对象、劳动手段、劳动方法等的不同，生产方式就不一样；农业中种植业，林、牧、副、渔等业，劳动方式就不一样；劳动手段性质不同，如使用手工工具与使用大机器体系的劳动方式就不一样，使用劳动密集方法与技术密集方法，劳动方式就不一样；以社会主义农业来说，劳动手段越是先进，越是成为现代化的机器与技术综合体，农业生产越是采用工业中那种大批量生产的方法，它将成为使用大量生产者与大量生产资料的大农业劳动方式。如果农业还是以手工工具为技术基础，那么，组织在生产单位中联合劳动者的数量，或是生产资料的数量，从而联合的劳动方式的规模都将是有限制的。

我国当前农村生产力水平还较低，农业劳动手段主要还是手工工具，畜力动力，农业劳动主要是手工劳动；加上经营管理水平不高，组织与指挥集体经营与劳动协作的能力还有限，这就决定了大规模劳动协作的劳动方式是不适应的。同时，以农业加工对象是有生命的动植物，农业生产中包孕着自然再生产，自然力的作用与动植物的生命活动的机制，使农业生产偶然因素多，需要因时、因地、因人制宜，机动与灵活地进行生产，因而一部分农活采用有效率的、经营良好的家庭劳动方式，可以充分发挥小生产的机动灵活性，以实现高产。此外，我国人多地少，耕地每人平均只有一亩多，农村劳动力充裕，这就使劳动者与生产资料的结合可以采用家庭劳动方式，主要依靠家庭的主副劳动，来从事小规模的农业独立经营。应看到，我国有着几千年来的家庭农业的传统，有着精耕细作的丰富经验与技术，它是使我国家庭农业劳动方式仍然能表现出较高劳动效率的精神因素。

可见，在当前我国农村生产力水平不高等具体条件下，农业中的家庭劳动方式仍然是组织生产力要素的有效方式，在对个体农民的社会主义改造取得基本胜利与农业合作化实现以后，在组织社会主义农业合作经济时，显然地，人们不能立即抛弃这种劳动方式，而是应该充分地运用它，发挥它在现阶段农业生产中拥有的一切生产潜力。具体地说，我国的社会主义农业中的联合的劳动方式，就不能是联合劳动者的单一的集体生产与经营，而要把联合劳动者的集体生产与经营，和一定范围内分散的劳动者个人家庭生产与经营结合起来。当前我国农村的家庭承包责任制，就是这种包孕着家庭劳动方式的社会主义的联合的生产方式。实践证明，这种有统有分的带有复合性的劳动方式，既能充分地发挥联合体中集体统一经营的优越性，有效地利用社会劳动的生产力，又能充分发挥劳动者个人家庭分散经营的优越性，有效地利用家庭劳动（或个人劳动）的生产力，因而它是适合我国现阶段农业生产力发展需要的社会主义农业劳动方式。

二、家庭承包责任制的所有制形式

家庭承包责任制是社会主义的集体所有制的合作经济，但它在所有制上具有下述特点：它是以生产资料集体所有制为基础，以集体所有制关系中存在与包孕着一定范围的承包者生产资料个人所有制和对农业基本生产资料部分支配使用权为特色，从而它体现了一种复杂的与多层次的集体占有关系，这种所有制关系是适应我国现阶段农业劳动方式的需要的。因为既然社会主义农业劳动方式，实行联合劳动者的统一生产与经营，就必须以生产资料的集体所有制为基础，而实行劳动者的家庭生产与经营，又必须使直接生产者有一定范围内的生产资料的个人占有制和必须将农业的基本的生产资料在一定时期内固定给经营者，由他们支配使用。可见，包孕着部分农民家庭占有关系的集体所有制，就是实现维护这种社会主义农业的联合劳动方式的经济形式。家庭承包责任制（大包干）在所有制关系上，就体现了上述这种农业集体所有制的性质与特点。

首先，家庭承包责任制仍然是以生产资料集体所有制为基础。如农业的基本生产资料的土地仍然是集体的财产，这是必须长期坚持，保持不变的。如果没有土地及其他基本生产资料的集体所有制，就不可能有社会主义的联合劳动，也就不可能有社会主义性质的农业生产与经营。

家庭承包责任制的所有关系中，还存在一定范围内的生产资料的农民个人所有。如农民有用以从事日常的农业生产与经营所必要的小型农业生产工具、运输工具，以及某些中小型农业机械等。生产资料是进行生产与经营的物质条件，将一部分生产资料特别是劳动手段转归农民个人所有，由他全权地支配使用、调度，是保证农民独立自主地进行分散的农业生产与经营的必要条件。家庭承包经济中，承包农民还拥有对土地的局部的支配使用权。承包土地种植的农民有效地进行家庭生产与经营，必须以经营主体——承包者个人或家庭——对土地的一定程度的自主支配与使用权为前提，对土地有部分的支配使用权，乃是保证承包农民卓有成效地从事农业生产活动的必要条件。

基于上述，我们看见，家庭承包责任制在所有制上，不仅存在着集体所有制与个体所有制这两个不同的层次，而且还存在着集体所有制内部的所有权、占有权、支配使用权的分离，从而体现了集体所有制关系的某种不纯粹与不完全的性质。但是必须看到，实行家庭承包制，尽管在生产关系上有新的调整与变化，但是它并未改变集体所有制的基本性质。这表现在以下三个方面：

（一）集体所有制占据主导地位，联合劳动者是占有主体

在家庭承包经济中，农业的基本生产资料——土地、水利设施、电力设施等仍然归集体所有，而且长期坚持不变。集体占有的对象是农业生产资料的最基本、最核心和决定性的部分，这也就决定了联合劳动者集体处在占有主体的地位，集体占有成为家庭承包制占有关系中的决定性因素。这种集体所有还表现在集体向承包农民的产品进行提留和在承包农民产品自有部分的由集体实行调节方面。可见，家庭承包制下，集体所有制绝不是如某些人所担心的是形存实亡，而是经济上得到了实现的现实的所有制关系。

（二）承包农民对土地享有部分的支配使用权，但是集体的支配使用权仍然存在

在家庭承包经济中，存在土地的所有权与支配使用权的分离，土地承包就是在于不改变集体所有权的前提下，向承包者让出部分的土地的支配使用权。但是，承包者只有部分的与不完全的土地的支配使用权，他不能对土地实行转让、出租、典当、弃置或破坏，对于包给他耕作的土地，他并不能像对待私有财产那样为所欲为地自由处置。另一方面，集体仍然在很大程度上掌握着对农业生产、农产品的交换与分配方面的支配权利，保证承包户的生产与经营活动体现集体的意志与利益，并使农业生产能够贯彻国家的计划指导与社会主义的生产和经营方向。因而，农业的统一经营，即集体对生产资料的支配使用权仍然存在。

（三）不是完整的生产资料的个人所有制

家庭承包责任制形式下，允许某些或一部分生产资料归个人占有，但是，这是被公有制经济所严格限制的不完全的个人占有，因为尽管农民可以购置农具、某些机器与运输工具等，但是无论如何，在农业生产资料中具有决定意义的土地却总是集体的财产，可见，生产资料的农民家庭或个人占有是不完全的。最基本、最关键的生产资料的占有权的缺乏，使它不能成为完全的占有主体与完全独立的经营主体，这也就是家庭承包经济区别于个体农民经济之所在。

归根到底，在家庭承包制下，集体所有制中固然包孕着某些个体所有制关系，但是它毕竟被限制在狭窄的范围内，并以某些因素、残片的形式出现，并不能改变集体经济的性质。在这里，集体所有制仍是矛盾的主要方面，是占有的主体，是"普照之光"，它决定家庭承包责任制的社会主义性质。诚然，这种集体所有制带有一定的不完全与不成熟的性质。但是，在不发达的社会主义阶段，在社会物质生产力水平还较低，农业的物质技术基础还未壮大的条件下，不完全不成熟的集体所有制关系的出现与存在，正是生产力的要求，标志着我国农村社会主义集体所有制在发展过程中走上进一步完善的阶段。

三、家庭承包责任制的劳动形式

当前家庭承包制的农业劳动方式，实行集中劳动[①]与分散劳动（家庭协作劳动与个人劳动）相结合，而以分散劳动为主的劳动方式。一方面，它在一定范围内实行集中的，多数生产者共同的劳动协作；但是另一方面，它又适应农业生产的特点，把农业、牧副渔各业大量日常的农活，由农民自行安排，以充分发挥分散劳动在农业生产中的适应性，这是我国农业劳动方式上的一大创新。实行这种劳动方式既有效地运用了社会主义农业中不可缺少的简单劳动协作的作用与优越性，又充分地发挥了分散的家庭劳动与个人劳动在农业生产中十分重要的作用。特别是在我国现阶段农村的具体条件下，以农民家庭或个人的分散劳动为主，主动性、灵活性，一方面可避免干活大呼隆和瞎指挥，以及动不动实行大规模集体劳动、按大兵团作战所引起的人力浪费；另一方面，由于直接生产者拥有充分的自主权、经济责任与利益，这样就能调动他们的积极性。亿万集体农民从此可以真正地因地制宜、因时制宜、因作物制宜地安排生产，在生产与经营中充分地发挥他们的聪明才智。因而，一旦实行这样的劳动形式，就使农活质量大大改进，劳动效率大大提高，不仅增加了生产，而且还解放出大量的剩余劳动力。正如农民所说的："集没有少赶，戏没有少看，粮没

---

① 集中劳动就是"劳动力本身集合在生产过程中"。见马克思：《资本论》第1卷，人民出版社，1975年，第366页。

有少打，钱没有少得。"我国的劳动密集型的农业经济效果才真正地开始发挥出来。

集中劳动或是分散劳动，是人类改变自然对象、创造产品所采取的不同的劳动形式。这两种不同的劳动形式，都属于生产力的范畴，它们在任何社会形态中都存在着。人们在生产中是采取集中劳动或是分散劳动，采取什么样的集中劳动：是简单的劳动协作，还是以分工为基础的劳动协作，这决定于生产力的状况，特别是劳动手段的性质与状况，也决定于劳动对象的性质。当然，它也要受到生产关系的制约。

在农业生产还是以手工工具、手工劳动、畜力动力为技术基础的情况下，社会主义农业劳动方式不可能是统统采取集中劳动，更不可能主要采取大规模的集中劳动，而是要采取一定范围集中劳动与分散的家庭劳动相结合。固然，随着社会物质技术基础的增强而日益发展的劳动的社会化，要出现使用先进农业机器体系的大规模的农业生产方式，如种植业、养殖业、畜牧业的机器大生产，从而要引起劳动的集中化，但是它绝不会很快地就消灭一切分散劳动的专业化的小生产与经营，而且还会在农业内部的广阔的生产领域内产生新的分散劳动形式。特别是像我国这样地少人多的国家，更有着利用分散劳动形式的更多的余地。因而，可以说，集中劳动与分散劳动相结合的劳动方式，将会在我国社会主义农业领域内长期存在。这也就表明，家庭承包制实行集中劳动与家庭分散劳动相结合，正是劳动方式适应生产力性质的规律所决定的。

乍一看来，家庭承包经济中实行个人分散劳动，似乎与个体劳动没有差别。但是只要我们着眼于家庭承包制的生产关系来进行分析研究，我们可以发现社会主义联合的农业生产方式中的集中劳动与分散劳动，在性质上都是社会主义的联合劳动。

社会主义联合劳动具有以下三方面的特征：（1）它是以生产资料公有制为基础的。组织在联合体（它的个别生产单位在现阶段就是国营企业或合作社企业）中的自由人的联合劳动。（2）它是从属于社会意志，由社会来调节的有组织的劳动，"社会化的人，联合起来的生产者，将合理地调节他们和自然之间的物质变换，把它置于他们的共同控制之下"①。（3）联合劳动是具有直接社会性的劳动，联合劳动既然是以社会公有制为基础，从属于社会的意志，并且由社会来有计划地组织与调节，因而，它就是具有直接社会性的劳动。

社会主义联合劳动的上述特征，不仅体现在社会主义全民所有制企业中，而且在一定程度上也体现在社会主义集体所有制的家庭承包经济中。这是因为：第一，家庭承包制并不取消社会主义的集体的简单协作，在某些农活的范围内，诸如抢种抢收等季节性很强的农活，诸如兴修水利、植树造林、农田基本建设，以及抗旱、抢险等需要投入大规模人力的活动，仍然要实行集中的劳动协作。第二，就分散的家庭劳动来说，它在主体性上仍然是社会主义的联合劳动。由于承包者均是同一集体所有制的合作社的成员，他们承担同样的责任（同等面积的土地承担同量的分粮与提留），拥有同样的生产条件（人均的土地）以及有同等的自由权，平等的按劳分配权。这种劳动，尽管带有分散的家庭劳动的外观，但在性质上却是体现了平等的权利、责任、利益的劳动，是体现有同样的公共利益的共同劳动，因而是社会主义性质的劳动。

分散劳动，主要地仍然是有组织的劳动。由于承包者承担规定的提留任务及其他集体的统一规定的责任，如遵守某些生产上的规定，

---

① 《马克思恩格斯全集》第25卷，人民出版社，1974年，第926页。

承担完成国家派购和履行各种商业合同的任务，这种情况意味着在承包者范围内的农业生产活动要受到集体的统率、控制与调节，从而这种分散劳动仍然带有一定的有组织的性质。当然，承包农民在按照集体的统一安排进行生产和完成上交提留的前提下，有权独立种植，因而他们的一部分农活是不受集体调节的，因而这部分分散劳动，是从属于市场调节和根据农民个人生活需要来加以安排，从而表现出某些个体劳动的性质，但是这部分劳动的范围，是可以加以规定和调节的。集体完全可以通过承包内容的调整与责任制的完善，来把它控制在局部的范围内。

分散劳动仍然是具有一定的直接的社会性的劳动。分散劳动既然是社会主义的联合劳动，是集体范围内的、有组织性的劳动，这就决定了它具有一定的直接社会性。在完善的承包制下，通过将国家计划以各种形式变成为承包者的责任，和他们自觉的活动目标，这样就使承包者独立自主地和分散进行的劳动被约束在承包合同规定范围内，使这部分劳动体现了国家计划的要求，从而成为具有一定直接社会性的劳动。

可见，家庭承包经济中的分散劳动（这里是指属于承包经济范围的劳动），仍然是具有社会主义性质的劳动，它是社会主义联合劳动的一种具体的和不成熟的形式。把这种劳动当作是私有的小生产者的个体劳动，是停留在事物的形式而忘记了对劳动的社会关系的剖析，从而不能对这种劳动的性质做出确切的判断。

四、家庭承包责任制的分配形式

家庭承包经济在产品分配上采用包干分配方式，劳动产品上交提留后（包括国家的公粮、集体的公益金、公积金与管理费）剩余归己。即"保证国家的，留足集体的，剩下都是自己的"。这种分配形式，废除了自从合作化以来农村集体经济中长期实行的工分制分配的传统形式，是社会主义农村集体经济分配形式上的一大革新。

包干分配，乃是与我国现阶段农业集体所有制的性质相适合的社会主义分配的一种形式。

包干分配中，首先要上交提留，即"保证国家的，留足集体的"，社会劳动产品首先要在生产者个人与社会（国家和集体）之间分配；"剩下都是自己的"，才进入劳动者个人分配。这里正如马克思所指出的，劳动者首先要"扣除他为社会基金而进行的劳动"①，然后才实行消费基金的按劳分配。包干分配的机制中，把社会扣除放在首位，劳动产品首先由社会公共占有，这里体现了包干分配的社会主义分配的性质。

包干分配中的"剩下都是自己的"，并不体现小生产者劳动产品的私人占有关系，而主要是按劳分配的一种特殊形式。马克思主义经典作家在阐明某种分配形式的性质时，从来是全面地分析消费资料的分配关系并且把消费资料的分配关系与生产条件的分配联系起来，也就是要在考察产品分配中的人与人的关系的总和中来阐明某种分配形式，而不能只是就分配谈论分配。根据这一方法，在阐明包干分配的性质时，就必须联系生产资料的所有制关系，联系家庭承包制下劳动产品分配中的全部关系，而不能仅仅只停留在农民对扣除提留后的劳动成果的自行占有这一形式上。

如上所述，包干分配中首先扣除上交国家与集体的提留，这是产

---

① 《马克思恩格斯选集》第3卷，人民出版社，1972年，第11页。

品的社会主义分配关系，它是社会主义集体所有制在产品分配中的实现。上交集体的提留，除了用于各种集体经营的生产事业的开支（包括管理费）而外，还要用于文教事业和维持五保户，这些都体现了集体所有制分配的性质。家庭承包经济中，劳动产品扣除提留后的部分，归承包者个人占有，但它在性质上仍然主要地体现了按劳分配关系。家庭承包经济的个人分配的机制是：

第一，按照集体单位土地的中准产量向承包者提取提留。为了进行土地承包，生产队要从本队的具体条件出发，找出与确定同等面积土地例如一亩（丰度不同的土地则换算为平均丰度的土地），劳动者在使用平均的技术、平均的劳动熟练程度与强度下，在承包期从事生产所获得的产量，可以称之为中准产量。这中准产量乃是集体范围内的社会劳动或平均劳动的体现和结晶，集体单位把这一产量作为联合劳动者必须完成的社会责任，即它向社会承担的劳动义务。在承包经济中，按土地单位计的中准产量正是计算与规定承包责任的标准。在包产到劳、到户的情况下，包产任务就是按中准产量来规定的。在大包干形式下，尽管不再明确规定包产任务，但却对每单位承包地规定了一定的提留数量，社员承包的土地面积与上交提留成正比，承包者要达到一般的分配水平，就必须按照平均的劳动耗费来进行生产，使生产达到中准水平，产量达到中准产量，可见，平均的中准产量尽管是作为确定承包条件，即作为规定上交提留数量，但是它实际上仍然是对承包人的生产起着约束作用，它促使承包者按照社会平均劳动来进行生产。

第二，家庭承包经济中，土地按每个劳动力人均面积相等的原则进行承包，使每个直接生产者在农业基本生产条件的拥有上处于平等地位。

第三，由于家庭承包制下，每个承包人占用的土地是相同的，假定他们使用的生产工具是大体相同的，假定自然因素的作用对每个承包者也是相同的，在这种情况下，假定承包人拥有一个平均的劳动力，即平均的熟练程度与劳动的强度和支付平均的年劳动量，即他们都付出平均的社会劳动，这样，各个承包者都会得到一个中准产量。在扣除相等的提留量后，他们都得到一个直接归自己占有的中准的自有产品。这样，每一个生产者创造与贡献给社会同样大小的产品，在扣除提留后，又领回同样大小的产品。尽管生产者个人分配不是采取将劳动成果上交与列入社会储存，又由社会进行按劳分配这种典型的形式，而是采取作为独立的经营主体和占有主体——承包者直接占有中准自有产品的形式，但是这只不过是形式方面的规定性，而按经济关系的实质来说，乃是集体农提供给社会的劳动量，在扣除为社会基金进行的劳动量后，又从社会领回来。这里的承包人对产品实行占有，实质是集体公有产品的分配，而产品的直接为个人占有不过是按劳分配在承包制下的转化形式。

我们以上对包干分配的分析，是假定承包人拥有的客观条件（土地条件、劳动工具条件、自然条件与主观条件）均是相同的，我们暂时舍掉承包经济中的复杂的因素而考察纯粹的包干分配，来揭示这种分配关系的本质特征。但是承包经济实际状况是复杂得多，例如承包者进行生产的主观条件（如劳动状况）、生产过程中自然因素作用的状况、占有与占用生产资料的状况、其他经济条件（如市场条件、运输条件等）等，均是不可能完全一样的，因而这些因素均可能对包干分配发生影响。我们引入劳动者主观条件来进一步考察包干分配的性质。

如我们所实际看到，农村生产队社员的主观条件是不可能一样的，他们的农业生产经验、技术熟练程度与劳动日数均是有差别的，

因而单位土地面积 投入的个别劳动量是不等的。

一种情况是承包者劳动更熟练，劳动强度更大和劳动日更多，他付出了更多的劳动量，获得更多的产量，可以称为高位产量。这个高位产量=中准产量＋收入增量，在扣除提留后，他就获得一个高位自有产量，它的数量=中准自有产量＋收获增量，如将它换算为劳动，就是归个人的劳动量=平均的归个人劳动量＋超额劳动量。

另一种情况是承包者投入劳动量不足，他得到低于中准产量的农产品，可以称之为低位产量。低位产量=中准产量－收获不足量，在扣除提留后，他就获得一个低位自有产量。低位自有产量=中准自有产品量－收获不足量。如将它换算为劳动，就是归个人的劳动量=平均劳动量－不足劳动量。

在家庭承包经济中，生产好，收获多，个人占有的产品量就大，社员占有的消费品因产量不同而不同，这在表面上是与个体生产者的占有方式相类似。但是实际上在很多场合，或在很大程度上，个人收入的差别乃是由于他们的投入的劳动的差别，也就是不出乎我们在以上所概括的两种情况。基于我们以上所做的分析，承包经济中个人占有收入的差别，实质上仍然是按劳分配、多劳多得。因为，收获高位产量的承包农民，他得到高位自有产量中的收获增量，来自他投入的超过一般社会平均水准的超额劳动量，而收获少，只得到低位产量的承包农民，他的自有产量中的低于平均占有水平，在于他投入的劳动量更少。这里，依然是"他以一种形式给予社会的劳动量，又以另一种形式全部领回来"。

可见，在上述条件下，"交够国家的，留足集体的，剩下都是自己的"这种表现为承包人自己占有产品的包干分配形式，并不是个体农民对产品的私人占有关系，而是社会主义按劳分配在家庭承包责任制下的特殊形式。

我们也要看见，家庭承包经济中包干分配，并不是纯粹的按劳分配，而是包孕着某些其他的属于社会主义性质的分配关系的新层次。以上我们对包干分配的分析，是以农民占有的生产资料相同为前提的。在这种情况下，承包农民获得的不同产量导致了他们的收入的差别，完全体现了投入的农业的劳动量的差别，因而这样分配体现了多劳多得，按劳分配。但是也必须看到，由于承包经济赋予农民以经营主体的地位与职能，他们可以用自己的资金添置拖拉机、农具和化肥，增加对土地的投资，由此提高土地的单产，从而农业的增产中就体现有追加投资而带来的级差收益的因素。而那些投资多的，增产大，从而增收的农民，他们的收入增量中也就包含了一部分由投资带来的这种级差收益。但是不能因此就否认包干分配的社会主义性质。因为，就当前农村情况来看，自有资金的差别引起的收入差别是不显著的，因而并不能改变包干分配的社会主义性质；而且在国家与集体对缺乏资金的农民采取各种必要的扶持措施，以及集体农民之间互相开展资金调剂的情况下，人们完全有可能把这种因占有投资级差收益而引起的收入差别，控制在一定范围内，特别是要看到承包经济中集体农民的投资性级差收益的新的特征：

第一，农民的生产资金，主要是来自自身的劳动收入，是他的消费基金的结余转化而来的，因而农民的自有资金，基本是自己的积累的劳动，是他自己的过去劳动在生产中的再次投入。

第二，承包户积累的劳动乃是物化的死劳动，它不创造价值，但它是以生产力的物的要素——劳动手段——的形式进入生产的，作为劳动手段，它与农民自己的活劳动相结合，成为创造使用价值，从而提高劳动的生产率的重要因素。因此，农民的积累的劳动进入生产，就通过增添生产过程中的生产力要素，而促进了更多的使用价值的形成。可见，积累的劳动不增加价值，但是却参与使用价值的形成，在农业增产中起了积极作用。

第三，马克思指出，在使用更有效率的生产资料的场合，使劳动成为加强的劳动，在这里，更先进的技术的使用往往是伴随着劳动的熟练与程度的提高，因而，劳动的形成价值的力量也同时提高了。在承包经济中，我们看见投资和农民在土地上的劳动智力性的加强以及农业新技术、新生产方法的使用是相伴随的，因此，农业生产中积累的劳动投入生产，也意味着有一定的新的追加活劳动的投入生产。当然，追加的活劳动引起的增产部分，不属于投资性级差收益的范畴。

第四，在包干分配中，农民占有投资带来的增产收益，当然不是按劳分配——除了上述劳动得到加强带来的增产部分除外——因为农民并未向社会提供追加劳动，但是由于积累的劳动参与使用价值的形成，成为农业增产的要素，农民占有这个增产部分，实质上乃是通过自己积累的劳动，增强活劳动的生产力，将体现这个新的劳动生产力的一个追加使用价值提供给社会，同时又从社会领回这个使用价值量。可见，这种承包经济中特有的产品分配关系体现的是一种社会主义的物质利益关系。

基于以上分析，我们认为，包干分配中，农民投资带来的收入，不属于按劳分配，但是在生产资金是自己积累的劳动的场合，投资收益归农民占有的分配形式，也仍然是带有社会主义的性质，这种分配关系是家庭承包关系体系的一个新层次。把这种收入分配关系不加分析地视为是无偿地占有他人的劳动是不恰当的。（为了揭示投资收益的本质关系，这里我们对商品价格因素引起的收入，例如承包者因占有投资增产部分而在有利的市场条件下，换取的货币形成的收入，未加以讨论。）

总之，包干分配是一种适合当前我国农村的具体条件的社会主义分配形式，这种分配形式对现阶段农村集体经济具有更大的适合性与优越性。正由于此，包干分配一旦实行，就彻底克服了多年来工分制形式下一直存在的吃大锅饭与平均主义，进一步贯彻了按劳分配，使广大农民得到了更大实惠，成为使广大农民的社会主义积极性不断高涨的重要杠杆。通过以上对家庭承包经济的所有制形式、劳动形式、分配形式的分析说明，我国以家庭承包责任制为主要形式的农村集体所有制的承包经济的形成，对我国农业生产力有很大的适应性。

因此，对于这种责任制形式必须长期加以稳定，而不能轻易地加以变动。但是也必须看到，我国初生的承包经济的具体形式也还有不完善之处，不可能是固定不变的，随着生产力的发展，它本身还需要不断地加以完善，由初期的不成熟的形式向更完善更成熟的形式发展。总的说来，农村承包经济今后的发展趋势是：在家庭承包制基础上，分工分业，通过专业承包使以家庭为基础的劳动方式沿着专业化、社会化和联合化的方向发展，从而进一步促进集体所有制的合作经济的巩固和发展。

论社会主义所有制具体形式
的多样性①

一、应该厘清所有制的内涵

政治经济学中的所有制概念，不是一个法权概念，而是属于经济范畴，它是生产资料的占有、支配、使用和产品分配关系，即生产关系的总和。这样，所有制也就是实现生产资料与劳动力相结合的社会形式。作为实现生产力诸要素（劳动力、生产资料、科学技术、经营管理）的稳固结合的社会形式，它是决定于物质生产力的水平，并且要随着生产力的性质与状况的变化而变化。由于任何社会的生产力都具有多层次性的特点，因而所有制就不能表现为单一的形式，而必然会有多种类别的存在，即既存在某一种基本所有制形式，又存在某些辅助的所有制形式（其中包括旧社会所有制形式的残余）。而就某一特定所有制类型来说，它也是体现于多样具体形式之中。

基于上述原因，社会主义社会的所有制也具有多样的形式，不

---

① 原载《社会科学战线》1985年第4期。

仅有作为主体的社会主义公有制与作为补充的个体所有制和过渡性的所有制（如国家资本主义所有制）的并存，而且社会主义公有制也具有不同的具体形式：不仅有社会主义全民所有制，也有社会主义集体所有制；此外，还有社会主义联合所有制。而公有制的上述三种类型中又存在不同的具体形式。例如，就联合所有制来说，它存在全民＋集体，全民＋集体＋个体，集体＋集体，集体＋个体等多种多样的形式。而且，就全民所有制来说，也存在许多各有特色的具体形式。如它在经营形式上，有国有、国营，国有、企业经营，国有、集体租佃，国有、个人租佃；在资金结构与分配结构上，有吸收了部分职工资金和实行按股分红的，有吸收集体资金、社会个人资金和实行按股分红的，有向其他企业进行投资和按股分红的，等等。显然，上述经营形式、资金结构、分配结构的差别，就不能不赋予全民所有制以某些新的特征。例如国有、集体租佃经营的商店，不仅有全民所有的生产资料，而且也有集体的财产，经营收入也主要归集体所有，这种全民所有制就具有某些集体占有的特征。吸收了部分职工资金而实行按股分红制的企业，这种全民所有制也就可以说具有某些个人占有的因素。可见，如果把全民所有制和全民所有制具体形式相区别，如果从生产关系的总和来考察全民所有制，那么，基于这一分析方法我们将发现，社会主义全民所有制也不是一个模式，而是具有多样的和丰富的具体形式。

二、多视角观察全民所有制的具体形式

全民所有制具体形式的多样性，是社会主义商品经济正常运行必然要出现的经济联合化的产物。我国传统的经济体制，是按照社会主

义产品经济的理论而建立起来的高度集中的体制，这是一种对企业实行由上级行政部门和地方管理的条块分割的管理体制，归同一部门、同一地区管的企业又由不同的职能单位（局、厅）分工管理。但管理上的分工却变成了条块分割，形成了不可逾越的行政壁垒和地区壁垒，它限制、阻碍生产力的发展所要求的生产的改组和经济联合化。另外，由于不适当地强调全民所有制是高级形式的所有制，集体所有制是低级形式的所有制，将二者的经济性质的差别视为是某种社会等级，不允许它们混同，要求各自对号入座，不允许全民所有制与集体所有制之间进行资金联合。特别是由于强调社会主义社会是单一的和纯粹的公有制，否认社会主义阶段个体所有制的作用和存在的必要性，从而排斥任何形式的对个人资金的利用。上述原因就使我国传统的体制带有封闭的性质，各种所有制互相割裂，画地为牢，缺乏横向联系和相互结合，成为几个彼此割裂的泾渭分明的纵向体系和绝缘式的结构。所有制的绝缘性，使企业的经济联合得不到发展，这种情况下全民所有制的再生产，表现为原有的占有关系的简单再现，再生产出来的全民所有制的具体形式不存在变化和发展。这种占有具体形式的"硬化"，抑阻了社会主义扩大再生产所要求的生产力诸要素在社会范围内的再结合，造成了企业组织形式与经营形式长期凝固不变的静止状态。

党的十一届三中全会以来，特别是近年来随着我国经济体制改革的深入发展，由于赋予企业以责、权、利，企业逐步成为自主经营的经济实体，它们在自身利益的推动下，在竞争压力的强使下，采取多样形式进行联合，在我国出现了经济联合化的热潮。经济联合不仅要冲破原来的"地区所有制"和"部门所有制"的界限，而且要冲破传统的不可逾越的所有制界限；它必然要改变传统的企业单一所有制模式，形成复合所有制模式；它必然要改变传统的单一的全民所有制企业和单一的集体所有制企业，出现全民所有制与集体所有制相结合的复合占有企业；它必然要改变传统的纯粹全民所有制和纯粹的集体所有制，出现带有其他占有因素的不纯粹、不完全的全民所有制和集体所有制。可见，联合化必然要引起公有制关系的再整编和重新结合，导致全民所有制具体形式的变化。过去人们囿于传统的所有制观念，对这种全民所有制具体形式的变化表示出疑虑，担心全民与集体的联合，会不会削弱与瓦解社会主义全民所有制。而事实证明并不是这样。经济联合发展了生产社会化，产生了一种新的合力——社会结合劳动的生产力，它使联合体的生产迅速发展，积累大大增长，其结果是进一步加强了全民所有制。可见，全民所有制具体形式的变化，乃是企业独立自主地进行和生气勃勃的社会主义扩大再生产中公有制的再整编和再结合的表现，是社会主义生产关系再生产的具体的表现形式。如果把全民所有制桎梏于僵硬不变的模式之中，全民所有制经济就会失去其生机。

三、衍生全民所有制形式多样性的原因

全民所有制具体形式的多样性，是社会主义商品经济顺利运行中企业资金运动的必然结果。在社会主义商品经济中，生产资料所有制表现为对资金（资产的货币形式）的占有。在全民所有制的场合，资金归国家所有，企业经营（支配与使用）。资金本身具有流动性，它应当在运动中不断地增殖，资金的闲置与流动的呆滞，意味着资金使用效益的降低，国家积累的减少和社会生产资源的浪费。

在以全民所有制企业自主经营、自负盈亏为特征的社会主义商品

经济中，扩大再生产具有双重形式，一种形式是国家直接组织的扩大再生产。这种自上而下来规划和组织的扩大再生产形式决定资金的纵向流动。例如一部分企业资金（剩余产品价值的税金部分）通过预算上缴财政，这是资金的向上流动形式；集中于国家手头的资金又由财政下拨用于建立新企业，这是资金的向下流动形式。社会主义商品经济中，扩大再生产还采取另一种形式，即企业自主的再生产形式，这是由企业依靠自有资金独立地进行的扩大再生产，这种形式决定了资金的横向流动，这就是：（1）企业将闲置自有资金（包括其他资金）存入银行。（2）银行向企业提供贷款用于企业的扩大再生产。（3）企业将闲置的自有资金用于其他企业投资，或者是根据市场需要和经过管理部门的平衡后，由企业再建立新企业或者是组织和参加联合企业。此外，银行也可以向企业投资，或者是与企业共同组成新的联合企业。（4）全民所有制企业在保持所有制性质不变的前提下，吸收本厂职工投资（例如允许职工投资占企业资金20%左右），也是资金横向运动的一种补充形式。资金的横向流动是十分重要的，它是社会主义商品经济中资金流动的主要形式，发展和充分利用资金流动的这一形式乃是搞活社会主义资金流通，充分满足企业自主扩大再生产对资金的多方面的需要，搞活全民所有制企业所必要的。这一资金的横向流通就不可避免地要冲破部门、地区和所有制的界限，产生资金联合，即形成体现各种不同的所有制的交错和结合的新的全民所有制形式。

我国传统的体制下，一方面企业缺乏独立性与自主性，不具有自我扩张能力，它表现为缺乏自有资金范畴和不存在企业资金自我增殖运动的机制。另一方面，在条块分割之下，归口管理的各个企业的资金（资产）互相独立，互相排斥，不能互相吸引，形成资金的自由联合。这种资金横向流动的缺乏，乃是传统经济体制下，缺乏不同所有制的互相交错与结合的运动的原因。而在近年来，随着经济体制的改革，我国上亿个城乡企业有了经营自主权，它们相互之间不仅能发展自主的商品流通，而且逐步地开始发展自主的资金流通，特别是在发展经济联合中，为了形成资金的集中，出现了不同所有制相互结合。此外，企业在采取各种形式（包括用股份形式吸收职工的资金）筹集和扩大生产资金中，也使它的原本的所有制（全民所有制或是集体所有制）具有新的特点。从当前我国的经济生活中，我们看见，资金流通的放活，正在推动不同的所有制之间相互交错和结合的运动，这也是全民所有制具体形式日益多样化的原因。

四、所有制形式衍生演变的历史过程

必须指出，社会的基本所有制与其他的所有制类型互相结合而产生新的所有制具体形式，并不是只出现在社会主义经济中，而是人类历史上各个社会形态中都存在的共同现象。在原始公社制的后期，已经出现了土地的氏族公共所有与土地生产物的家庭占有相结合的氏族公社所有制形式。在原始公社向奴隶制的过渡时期，家庭私人占有因素逐渐扩大，从而出现作为公有制与私有制的双重结构的村社所有制，此后，这种所有制结构在中世纪农村长期存在。在古代亚细亚社会，还存在土地的专制国家所有制和公社所有制相结合的形态。值得人们注意的是作为西方封建制典型形态的庄园经济，就其所有制来说，既是庄园主的土地所有制，也还存在着依附农民的份地——农民实际上的、不完全的土地占有。资本主义商品经济中，我们更看见各种生产资料私人占有的互相交错和所有制具体形式的变化。由于资本主义制度下，生产资料的所有制表现为对货币资本的占有，货币的同质性使它具有打破行业、地域、所有制界限而集聚的可能性。另一方面，由于生产的扩大要求有资金的量的扩大，它不仅要借助自身资本的积累，而且要求联合他人的资本。以上两个方面，使资本主义扩大再生产过程中，不同的私人占有主体进行联合和资本家联合占有形式的产生成为不可避免。在资本主义的发生期，就有作为私人所有者联合的合伙经营形式，而股份公司更是一种资本主义的联合占有形式。这种资本家联合占有具有多样的形态，它包括资本家的联合、大资本与中小资本的联合、资本家所有制与个人所有制的联合。这种资金的联合占有形式，一方面体现了诸不同类型的资本共同生长，另一方面是大资本对小资本和职工个人资金的廉价利用和支配，它体现了金融资本对社会资本的垄断和控制。

可见，资本主义所有制的具体形式也是要随生产力的发展而变化的。在资本主义发展过程中，我们看见，适应生产集中和资本集中的要求，原先的资本家个人占有形式会转化为资本家联合占有形式，不发达的资本家联合占有形式会转化为发达的、资本家群体联合占有形式。在资本家所有制这一质的规定性范围内，打破原先的私人占有的界限，形成和发展各种资本家联合占有形式，是资本主义扩大再生产过程中生产关系再生产所固有的形式。

以上情况表明，任何一个社会形态所有制的具体形式从来不是凝固不变的，某种社会基本所有制，在它的质的规定性不变的范围内，具体形式也是会有变化的。这种所有制具体形式的变化，生动地体现了生产关系一定要适合生产力性质的规律。

五、用发展和创新眼光看待所有制的新实践

马克思主义的社会主义经济理论，是在总结实践经验的基础上向前发展的。我国经济体制改革以来，生气勃勃的社会主义建设，使我国经济生活发生了深刻的变化，社会主义生产关系的具体形式有了新的发展。我们不必讳言我国社会主义所有制具体形式的新变化，而是应该对这些变化予以科学的解释。

作为20世纪30年代建立的苏联社会主义经济体制模式的解释的传统的社会主义所有制理论，将社会主义所有制归结为全民所有制和集体所有制两种基本形式。这种使用抽象法，从丰富的具体抽出简单的规定这一点来说，当然是正确的。但缺点是分析由此止步，未能进一步由抽象上升到具体，进一步去分析全民所有制与集体所有制的具体形式，和从总体上，即生产资料的所有、占有、支配、使用的总和来表现出全民所有制（以及集体所有制）的特征。因而，传统的社会主义所有制理论，带有所有制法权范畴论的色彩，它未能从生产关系上深刻地揭示出社会主义所有制的全部底蕴和本质规定性，这是传统的社会主义所有制理论局限性的一个方面。

传统的社会主义所有制理论，带有静态分析的特点，它只是确立了一个全民所有制（或是集体所有制）的理论模式，而未能进一步分析这两种所有制形式的发展与演变，特别是它把具有多样形式的公有制体系，在理论上归结为一个简单的与互不相干的全民所有制和集体所有制的二元结构。不曾分析在生产力向前发展中两种占有关系的交错，公有制与其他前社会占有形式（例如个体所有制）的交错。一句话，不曾分析和阐述社会主义公有制的运动及由此产生的各种有血有肉的公有制的结合形态。把所有制简单化和凝固化，是传统的社会主

义所有制理论局限性的一个方面。

上述具有片面性的、简单化的社会主义所有制理论，已经不能对我国社会主义商品经济中处在发展和变化并具有丰富形态的社会主义所有制，予以周详的和科学的理论阐明，也不能为我国生气勃勃的改革和经济建设的实践提供理论指导。因为基于上述传统的观点，人们把全民所有制与集体所有制都视之为纯之又纯的，从而自然地会在实践中排斥经济联合。例如，在全民与集体联合办厂时，人们就担心这样做会不会引起"肥水外流"，会不会引起全民所有制蜕化为集体所有制。特别是人们排斥通过股份制（按股分红）来吸收和筹集资金的做法，担心这样做会搞乱社会主义公有制的传统格局和削弱社会主义公有制。针对社会主义所有制理论上的上述缺陷，为了进一步阐明社会主义所有制具体形式变化的规律，要求我们在理论分析中贯彻科学抽象法，不仅要从具体到抽象，指出和剖析社会主义所有制的本质特征，而且更重要的是还要由抽象上升为具体，分析这一所有制的具体形式，要分析和揭示社会主义所有制的具体形式发展和变化的规律。这也就是说，要求人们把马克思主义的政治经济学的方法论，用于分析中国社会主义建设的实际，进行创造性的探索，抛弃陈腐的传统观点，形成和发展正确反映具有中国特色的社会主义所有制新理论。

社会主义所有制理论新探[①]

我国经济体制改革的一项重要任务，就是要探索和确立一个适合中国生产力性质的社会主义社会所有制结构。为此，就必须深入探讨社会主义社会所有制的性质和特征，建立起科学的社会主义所有制理论。

一、社会主义所有制的多元性

所有制的复杂性与表现为结构的多元性，可以说是一切社会形态的共同特征，尤其是一切新社会形态的初始阶段的鲜明特点。这种情况是由生产关系一定要适合生产力性质的规律的要求所决定的。对任何一定的社会形态的生产力来说，都存在着一个一般水平和"共性"。但是，社会现实的物质生产力状况绝不是那样的整齐划一，在不同领域中是参差不齐的，如工业与农业，城市与乡村，不同部门和不同地区，它们的生产力的具体状况就不可能一样。在物质生产力表现出不平衡性即具有多层次的场合下，社会的所有制就将表现为多种

---

① 原载《光明日报》1985年8月3日。

结构形式。这种所有制结构的多元性，无论在奴隶社会、封建社会，还是在资本主义社会的初始阶段，都表现得十分突出，而在社会主义社会不发达的阶段更具有鲜明的特点。

我国是一个人口多、底子薄、原先经济发展较为落后的社会主义国家。以原子能为标志的现代物质生产力，以蒸汽机为标志的近代生产力，以手工磨与水碾为标志的中世纪的生产力，甚至以刀耕火种为标志的原始生产力的杂然并存，而且这种生产力的多层次性更将在一个较长时期存在。这样也就决定了具有中国特色的社会主义社会所有制结构是占据统治地位的公有制与带有私有制性质的所有制形式（个体所有制、国家资本主义性质和其他过渡性的所有制）的长期并存。也就是说，我国社会主义所有制结构在很长时期将带有多元性。

二、社会主义公有制的多样性

公有制多样性的提法与所有制多元性的提法不同，它是指那些并不体现根本性质差别的所有制形式的并存，是公有制内部的差别，它们属于公有化程度高低的差别。例如，无论是全民所有制或是集体所有制以及联合所有制，它们只不过是公有化程度的差别。就经济联合体来说，由于参加联合的主体的性质与比重及其分配方式等具体情况的不同，有些联合体更接近全民所有制，有些联合体带有更多集体所有制因素，等等。

确立社会主义公有制多样性的概念，就是为了从理论上表明：（1）在不发达社会主义社会，公有制是一个多样性的复合结构，是以全民所有制为主导，由集体所有制、联合所有制和其他公有制形式组成的，是公有化程度由高到低的多层次、多阶梯的占有关系体系。这种公有制关系的复杂性是与生产力的不平衡与多层次相适应的。（2）社会主义所有制多样性的概念，意味着集体所有制和其他联合所有制将同全民所有制长期并存，这些公有制形式都是社会主义公有制体系中的稳定因素。（3）社会主义公有制形式多样性的概念，在方法论上是动态的所有制理论，是从社会主义商品性再生产的运动中来考察各种占有关系的组合、交错和互相渗透，从而进一步分析和揭示社会主义公有制的丰富的具体形态。（4）根据社会主义公有制形式的多样性这一概念，人们将能从各国的情况出发，确定各种公有制形式的比例，建立最优的社会主义公有制结构，从而使社会主义所有制最充分地适应生产力发展的要求。

三、现阶段集体所有制的不成熟性

如果严格地依据生产力决定所有制形式的规律，我们不难发现，不发达社会主义的集体所有制必然带来不成熟的特征：

（一）生产资料的集体所有制与个体所有制相结合

根据现阶段农村生产力水平，我国的社会主义农业劳动方式应该做到把集体生产和一定范围内分散的家庭生产结合起来。但是，要体现这种双重的劳动方式，必须实行生产资料的集体所有制和个体所有制相结合。一方面，作为农业的基本生产资料的土地，以及水利设施、电力设施等生产条件和劳动手段仍然属于集体所有，这样才能使直接生产者承担社会和集体规定的责任；另一方面，必须将一部分生产资料特别是劳动手段转归农民个人所有，由他全权支配使用、调度，这样才能发挥家庭经营形式所拥有的机动性、灵活性和对自然条件的适应性等优点。

（二）集中劳动与分散劳动相结合

我国家庭承包责任制的农业劳动方式，实行的是集中劳动与分散劳动相结合，并以分散劳动为主。一方面，它在一定范围内实行集中的多数生产者共同的劳动协作；另一方面，它又适应农业生产的特点，把农林牧副渔各业大量日常的农活，由农民自行安排，实行分散劳动。这种劳动方式既有效地运用了社会主义农业中不可缺乏的简单劳动协作的作用，又充分发挥了具有灵活性、机动性的家庭劳动与个人劳动的作用。

（三）产品的按劳分配与个人占有相结合

家庭承包经济在产品分配上所采用的包干分配方式，具有利益的直接性和按劳分配的充分性的特点。但是，包干分配使那些投资多、增产大，从而增收的农民，能够占有由投资带来的级差地租。这种借助生产资料而得到的收入，并不都是体现他们的劳动差别，因而对产品的占有中毕竟体现有小生产者个人占有的因素。所以，包干分配已经不再是那种纯粹的按劳分配。

上述情况表明，我国农业经济组织形式是以存在着较为复杂的生产关系为特征的，它不仅存在集体经营与个人经营两个层次，而且还存在集体所有制与个体所有制这两个层次。显然，这是一种带有一定的不成熟的性质和带有某些过渡性的集体所有制。

四、社会主义全民所有制的不完全性

对于一个原先经济落后、物质生产力水平低的国家，幼年时期的社会全民所有制不仅不是完全的，而且注定带有某些不完全的特征。

（一）社会主义劳动的性质决定了全民所有制企业保持产品局部占有的特征

在社会主义条件下，劳动除了它的主导的公益性的特征而外，并具有部分私益性，还是个人谋生的手段，对这种劳动还需要实行物质鼓励，即在分配中将个人收入与劳动投入量联系起来。为此，它不仅要求对个人实行按劳分配，多劳多得，而且要求社会产品具有部分的企业占有性，并实行一定程度的多产（盈利）多得。这就决定了现实的国营企业的全社会公共占有制还体现有某些企业局部占有的性质。

（二）局部占有因素的存在，使现阶段的社会主义全民所有制表现为并不是纯粹的全社会占有，而是有某些局部占有因素与之并存

这是一种集体占有关系渗透于全民所有制体系内部的占有形式。所有制关系总是表现为物质利益关系，在上述的所有制形式下巧妙地实现了全民（国家）、企业（集体）和个人利益的结合，因而能够真正地做到最大限度地调动广大劳动者（包括企业内的与整个社会的）的积极性，促使社会生产迅猛发展。

（三）全民所有制与集体占有关系在内部的结合，是以全社会占有为主体和以企业局部占有为补充的一个复杂的所有制内在层次结构

一方面表现为集体占有关系与全民所有制在企业内部的结合，另

一方面表现为全社会范围内全民所有制与集体所有制在外部的结合。这种全民所有制内在结构的复杂性将因为商品经济再生产中资金联合化——例如实行经济联合或是企业向社会集资和实行股金分红制——而更为加强。

总之，现阶段全民所有制的内在结构包含着集体占有因素，它是全民所有制的幼年时期所必然会采取的形式。因此，关于社会主义全民所有制不完全的观点，为建立适合我国生产力水平的全民所有制模式，提供了理论依据。

试论农业家庭生产方式①

一、新型家庭生产方式的兴起

随着近年来我国农村联产承包制的发展，农村的生产关系和生产组织发生了意义重大的调整和改革，许多年来已退出经济舞台的家庭生产又被引进社会主义合作制经济之中。如当前广大农村专业户和承包农民都纷纷办起家庭农场（包括养殖场、林场、牧场、渔场、园艺场）、家庭加工厂、家庭服务业，甚至家庭幼儿园，成亿个农民家庭成为从事商品生产与经营的基本单位。这种生产与经营的家庭化也出现在小城镇和城市，表现在工业、商业和服务业等领域的个体经济的发展。我们当前正面临着一个崭新的家庭生产方式的兴起，这是20世纪80年代中国社会主义经济振兴中的引人注目的画面。

本文着重讨论农业家庭生产方式的问题。这里所说的家庭生产方式，是马克思所说的"劳动方式"，即"谋生的方式"②。它是指人

---

① 原载《经济研究》1985年第8期。

② 《马克思恩格斯全集》第23卷，人民出版社，1972年，第99页注。

们在生产中采用什么样的生产工具、生产工艺和采用什么样的生产组织，这种含义的生产方式是生产力与生产关系的接合部和中介环节。在马克思的著作中，对家庭生产方式，例如对农村家庭生产、城市行会手工业家庭生产，都有许多精辟而详尽的论述。[①]

一提到家庭生产方式，人们往往将它当成是封建农民家庭经济或是个体经济，这是一种习常的误解。作为一种劳动方式的家庭生产方式，存在于迄今为止的各个社会形态，它以各种不同的所有制为基础，具有不同的社会经济性质。例如，最早的家庭生产方式，是出现于原始氏族公社后期的父系家长制家庭经济，这是一种包括着同一父系的若干家庭的大家庭生产方式，在生产关系上，它把土地公有制与产品家庭所有制结合起来，带有向私有制过渡的性质。此后，在奴隶制社会和封建社会，都存在个体农民的家庭生产方式。西欧中世纪的庄园经济中，存在着以农奴占有份地为基础的家庭生产方式，它不是独立的个体农民经济，而是封建所有制的一个必要环节。中国几千年的封建社会中存在着小农的家庭生产方式，它是作为东方封建土地国有制的必要组成部分的依附农民的家庭经济。中世纪城市作坊也是一种行会手工业的家庭生产方式。资本主义社会的家庭生产方式，有的是独立的个体经济，有的是依附于资本家企业的、是资本主义生产的"厂外部分"，它属于资本主义"厂外制度"的范畴。

社会主义制度下，家庭生产方式是一直存在的。我国农业合作化以后，集体农民以自留地为基础的家庭副业经营，就是社会主义的新型的家庭生产方式，不过它是萎缩的、受到限制的、自给自足的。近年来，随着农村经济体制改革深入发展和城乡商品经济向纵深发展而

---

① 《马克思恩格斯全集》第46卷上，人民出版社，1979年，第495、499、508页。

出现的家庭生产方式，具有几种不同的类型：（1）承包农民的家庭生产方式。它是以土地的集体所有制和部分生产资料的农民个人所有制为基础，属于合作制经济的范畴。（2）承包农民联合的家庭生产方式。当前一些开拓性的农业生产，特别是一些家庭工业或家庭作坊，采用了部分农民将他们的资金、土地、劳力、技术等联合起来的形式，是一种合作经济的新形式。（3）个体经济性质的家庭生产方式。它表现为不从事承包土地的专业户依靠自有的资金来从事的商品生产与经营。由于商品经济发展的需要，这种个体经营者在产前、产后、产中的某些环节上正在联合起来，并由此使这种经济带有不同程度的合作经济的性质。以上的种种情况表明，现阶段我国的家庭生产方式已经不同于历史上的农民与手工业者的个体生产，而是联结和依附于公有制，带有不同程度集体所有制性质的新型的家庭生产方式。

二、家庭生产方式的历史回溯

家庭生产方式作为一种劳动方式，它直接地表现为：一是劳动者与生产资料生产技术性的结合的形式；二是直接生产过程中劳动者互相结合即特殊的劳动组织形式。因而分析家庭生产方式的特征，不能只是看它所依附的生产关系，还必须分析上述两种结合的方式，特别是作为实现上述两种结合的物质基础的生产工具的状况。大体来说，按照生产工具、生产方法、劳动组织的性质，人类历史上的家庭生产方式可以分为以下几个类型：

第一，原始的家庭生产方式。它以原始手工工具（石器）为基础，以家长制家庭成员间缺乏分工或原始的自然分工为特征。

第二，古代的和中世纪的家庭生产方式。它以青铜器、铁器和风车、水碾的使用为物质基础，以自给自足的男耕女织式的家庭劳动分工为特征。

第三，近代的家庭生产方式。它以农业中的马拉农具，工业中的简单机器生产（如纺织业中的家庭生产，使用资本家供应的缝纫机）为物质基础，以使用密集的，包括妇女儿童在内的家庭劳动为特征，这种家庭生产方式的典型形式是19世纪美国的家庭农场。

第四，现代的家庭生产方式。它以现代的发达的机器体系的使用为物质技术基础，以使用少数家庭劳动力和一部分家庭外的劳动力的集约型生产为特征。它的典型形式乃是当代资本主义发达国家的家庭农场，它已经拥有与工厂相匹敌的物质技术基础，甚至占有比工厂更多的固定基金。在城市则是以现代技术装备为基础的家庭经营，如当代发达资本主义国家的设备完善的加油站和家庭工厂。

第五，新型的家庭生产方式。第二次世界大战后，特别是20世纪70年代以来科学技术革命的新发展，引起了一种新型的家庭生产方式的出现。由于现代科学技术使生产手段微型化，从而不需要巨额的资金（例如一台微型电子计算机售价只要100多美元），也不需要有很大的生产场所，因而它从技术上和经济上都能应用于家庭生产之中。如果说，现代的家庭生产方式还需要有较大量的资金，需要以较大规模自然生产手段的积聚（农业中大量的土地，例如美国家庭农场面积多达1000余英亩，欧洲多数为500英亩）和物质生产手段的积聚为前提，因而这种现代家庭生产方式不可能在那些地少人多的国家取得充分的发展和表现出它的积极作用，那么，我们看见，当代科技革命和正在出现的未来的21世纪新技术的渗透，应用于家庭领域，就赋予带有局限性的家庭生产以新的生机。因为借助上述耗费少、效率高的新技术，人们可以无须占有庞大固定基金而拥有强大的技术生产力。由于这种新的技术、工艺方法能充分发掘和利用自然生产力（如种子的优良品种能更充分发掘土壤生产力，优良畜种能充分发掘草地的生产力，遗传工程应用于农业则能充分发掘与利用动植物蕴含的内在的生产力）。因而，在家庭生产方式的基础上，也有可能实现生产资料与劳动力的最佳结合，能够创造出一种投资少、产出大、效率高的生产形式。再加之家庭生产方式以其生产的灵活性，对市场的较强适应性等，从而使它在商品经济中成为有经济效益的。

以上的分析表明，家庭生产方式可以立足和依附于不同的所有制，可以依靠和使用不同的物质技术条件，因而这种生产方式可以存在于不同的社会形态下和为发展不同水平的生产力服务。

在这里，我们有必要提到以往流行的对家庭生产方式的传统观念，即将家庭生产方式当作是落后的和必须加以淘汰的生产形式的观点，如关于小生产"先天软弱性"，小生产永远是落后的，缺乏任何优越性的观点，关于社会主义大生产无条件优越于小生产的"一大二公"的观点等。这种观点对家庭生产方式做了脱离历史条件的分析，具有片面性。固然传统的家庭生产方式由于它的生产装备的薄弱与生产方法的落后，无法与机器大生产相抗衡从而是缺乏竞争力的，这种条件下的家庭生产方式面临着被消灭的悲惨的命运和要趋于没落，但是事实表明，家庭生产方式本身是有弹性的，它也在吸取社会进步的果实以增强其适应性，当代资本主义发展中的一个新情况，就是科学与技术的新成就引入家庭生产方式之中，从而使这一十分古老的生产方式具有了现代化的面貌和重新获得了生机。例如，1984年的美国个体经营户已达800万户，比1982年增加100万户，达到历史上最高水平。可以说，近年来许多发达资本主义国家生产结构的变化，都展现出家庭生产方式再次复兴之势。

三、现阶段家庭生产方式的潜力与活力

在人类历史上，某种生产方式在它所由以存在的物质生产力（首先是生产工具）尚未发生根本变化以前将继续存在，而不会因社会所有制形态的变化而变化。马克思说："劳动方式连同劳动组织和劳动工具在某种程度上是继承的。"[①]家庭生产方式也应该是如此。对于一个原先经济落后，农村中还是以手工工具和手工劳动为基础的国家，在实现了农业合作化以后，人们也不能为所欲为地废止家庭生产方式和不经过任何过渡形式一步建立起"一大二公"的农业大生产方式。而是应该适应较低的物质生产力的性质，在合作制的基础上继续地利用家庭生产方式，充分地发挥它的积极作用。

我国的农业合作化过程，尤其是在后期，存在着公有化步子过快、过急的缺陷，特别是在合作社形式上，追求和实行单一的纯集体所有，采取了并不适合我国国情的苏联式的集中劳动、工分分配的农业劳动组合模式。这种农业生产组织，在生产关系上在某些范围内还存在一定的积极作用的个体占有关系，过早地加以消灭；在劳动方式上，则是将还有生命力的家庭生产方式匆匆地加以破除。例如，高级社就是一种社会主义农业大生产方式，高级社不仅在土地归集体所有的基础上进一步将农民占有的耕畜、大农具等公有化，而且对农民自留地经营、个人副业、个人集市交换等实行严格的限制，任意规定家庭养殖和种植的内容和范围，例如一些地方只允许农民养5只鸡、10只兔等，而自留地上只能种菜而不能种粮食，不能经营商品农作物。这一切就使家庭生产方式

---

① 马克思：《经济学手稿（1857年—1858年）》，《马克思恩格斯全集》第46卷上，人民出版社，1979年，第499页。

残缺不全，处于萎缩和濒临消亡的状态，甚至说不上是一种真正的"副业"。在十年动乱时期，在"四人帮""割资本主义尾巴"的口号下，家庭生产方式更进一步受到破坏。

显然地，这种在农业生产方式上拔苗助长、贪大求公的做法，违反了生产方式发展的继承性和渐进性，它人为地削弱和取消农村家庭客观上尚存在的一定的生产组织职能，这样就只能挫伤直接生产者的积极性，这正是我国20世纪50年代以来很长一段时期内农业生产发展缓慢的一个重要原因。

我国农村体制改革的实践表明，要保证社会主义农业的顺利发展，不能采取简单地破除小生产，而代之以大生产的方法，而应该在坚持土地等基本生产资料公有制的基础上，继续运用家庭生产方式，使之不断提高生产经营水平，并将此种生产方式作为现阶段社会主义农业生产方式的基础。我国农村的家庭联产承包责任制之所以是适合我国国情的社会主义合作经济的新形式，正在于它在农村合作制经济中充实家庭生产方式的物质内容，并且在农民家庭生产与经营的基础上，通过发展多方面、多环节的合作，把现阶段作为主导的家庭生产方式与正在萌芽的联合的生产方式结合起来。在家庭联产承包制下种植、养殖和工业加工等方面的基本的物质生产活动采取家庭生产方式，某些农业生产活动如灌溉、发电、植保，某些农田基本建设，例如水利、道路等建设以及产、供、销、储运等个别的活动，则是采取联合生产方式。这样，就既发挥了家庭生产的积极作用，又发挥了联合生产的积极作用。这种复合性的生产方式，由于把集体所有制与个人占有巧妙地结合起来，使国家、集体、个人的物质利益关系得到正确处理，从而开拓了亿万农民的永不枯竭的社会主义积极性的泉源。同时，由于它找到了在我国实现社会主义农业生产方式由小生产到大生产逐步过渡的恰当的形式，从而开辟了农业中生产力迅速发展的道路。

我国当前的家庭农场、家庭工厂，一般还是建立在手工工具和手工劳动的基础上，机器采用还不普遍，因而它仍然在很大程度上带有传统的家庭生产方式的特征，是一种手工劳动、密集劳动和粗放型的生产，是一种投入劳动多、产量较小、劳动生产率较低的生产方式。因此，它有其固有的局限性，这些缺陷也会影响和抑阻农业生产力的进一步发展，为此，必须采取各种措施，逐步使家庭生产方式得到发展、提高和完善。比如：

第一，适当扩大农业家庭生产占用土地的规模。农业家庭生产方式的重要物质基础是土地，占用适当数量的土地和有效地利用土地，是家庭生产有一定效率的重要条件，土地细分，农场过于狭小，家庭生产将无法提高效率，从而不经济。由于我国农村人多地少，家庭承包土地面积小，在四川成都的家庭农场占地不过5亩～6亩（每户以5人计）。但是允许土地转包，鼓励土地向种田能手集中，就可以适当扩大家庭占地规模。例如，在南方逐步使家庭占用土地达到40亩～50亩，细小家庭生产方式（mini family mode of production）将由此获得一定的规模经济效益。

第二，采用现代化劳动手段，增强家庭生产的物质基础。现代化的家庭生产方式是以机器——现代劳动手段为基础，而要使传统的家庭生产方式发展、提高和过渡到现代化的生产方式，就必须用机器来代替手工工具。我国在扩大土地转包和保证农民家庭能占用适当的土地面积以后，再通过增加投资和使用适当的农业机器，增添汽车、动力船只这样的现代劳动手段，家庭生产方式将因为物质基础得到改造和增强而大大提高它的劳动生产力。

第三，采用科学方法，充分发掘和利用自然生产力。科学是直接生产力，特别是在以有生命的动植物为对象和自然再生产有重要作用的农业领域，科学能发掘有生命的自然（动植物）和无生命的自然（土地）的生产力，并由此实现高产，逐步把传统的粗放农业转变为投资少、产量高的现代农业。增加科学技术要素的投入，可以增加生产的技术密集程度，提高生产的集约性，使家庭生产方式获得新的生产力。当前，世界新的科技革命正在引起生产方式的深刻变化，如果我们积极地创造条件，使当代新的科技革命的成果，如微型电子计算机和其他新农艺与新生产方法应用于家庭生产之中，这一古老的生产方式未尝不可能重新焕发出青春。

第四，加强家庭经济的经营管理，提高家庭生产的经济效益。社会主义制度下的家庭生产方式，已不是传统的自给自足的家庭生产，因而它必须使产品适销对路，发挥小生产的灵活性与对多变的市场的适应性。为此，就必须提高生产者的经营管理能力，这是增强家庭生产方式的竞争能力和使它在社会主义商品经济中提高效益的重要条件。

以上所述表明，社会主义制度下的家庭生产方式，在形成生产力诸要素的有效的结合，提高劳动生产率中，拥有很大的弹性。哈佛大学珀金斯（Perkins）教授预言家庭经济发挥增产效果期间只能有7年，这一推测很难说是准确的。我们相信，只要人们采取正确的措施，对家庭生产的物质条件、科技要素、生产组织、经营条件等方面加以充实和改进，特别是通过大大地加强家庭生产的物质技术基础，逐步增加科学技术要素的投入——通过大力发展农业科学和推广先进的农业技术和通过政府对农村新技术推广的大力资助——人们就能进一步发掘出家庭生产方式的潜力，促使生产稳步增长。

四、城乡新型家庭生产方式的特征特点

当前，我国城乡的家庭生产方式是以家庭小生产为主，以联合的大生产为补充的一种复合性的生产方式。广大承包农民和专业户，以家庭为单位从事农业生产的核心部分，如种植业中的栽、插、管、收，同时又在生产的外沿环节，如供、销、储、运和生产中的专业技术部分，如除虫、防病、除草及信息等方面实行联合化。呈现在人们面前的将是一个以家庭生产方式为中心、又兼有多方位的联合的生产方式的体系。这种情况表明，家庭生产方式的范畴扩大化了，它既是家庭生产，或主体是家庭生产，也具有日益增长的联合的生产方式的特征。由于实现了家庭生产与联合生产相结合，从而增强了这一复合生产方式体系的生产力。

这里有必要指出，上述农村复合生产方式体系是以家庭生产为核心，这种情况还将在我国农村长期存在。一些同志对农业生产的上述性质认识不足，看不见家庭生产的能量与潜力，急于想向全面的联合生产方式过渡，这是一种"左"的急躁病。事实上，当前，在家庭生产基础上产生的各种联合，仍然是为家庭生产服务的，如供销（包括运输）的联合，搞活了家庭生产的流通环节；治虫、牲畜防病、育种和其他农业技术的合作，增强了家庭劳动所从事的种植、养殖等基本物质生产过程；信贷合作，增强了每个家庭经营融通资金的能力。就现阶段来说，这些多方位的联合化并不是削弱，而是加强了家庭生产方式，增强了它的生产力和巩固了它在社会生产体系中的地位。而只有在农村物质生产力达到更高水平，农业现代化取得更显著发展的条件下，农业生产方式才将逐步地过渡到以联合生产方式为主导和以家庭生产方式为补充，但这将是农村经历一个较长的发展阶段以后的事。

综上所述，我国农村联产承包化以后产生的家庭生产方式的特点是：就其所依附的生产关系来说，承包经济以土地的集体所有制为基础，农村个体经济以联合化所带来的逐步增长的集体占有因素为特征；就其物质内容来说，是以物质条件的不断增强和科学技术要素的越来越多的投入为必然趋势。我国农村的家庭生产方式（也包括城市家庭生产），就其所依附的生产关系与它所直接体现的生产力两个方面来说，均不同于传统的个体经济性质的家庭生产方式，而是崭新的社会主义的家庭生产方式。这种农业家庭生产方式，乃是我国社会主义联合的生产方式总体系中持久的组成要素。作为一种小生产，它与社会主义大生产（全民所有制经济与集体经济中的联合的生产方式）互相结合、互相补充，从而使我国社会主义生产方式总的机构和体系更加适合我国生产力的状况，这是20世纪80年代中国生产力飞跃发展和经济振兴的必要条件。

对企业横向经济联合的认识[1]

一、企业间横向经济联系的薄弱，是旧经济体制缺陷的一个重要方面

我国原先的经济体制是一种高度集中的行政管理型体制。在这种体制下，国家不仅是全民所有制企业的所有者，而且直接管理企业的日常经营活动。国家通过中央的部委、地方的厅局等管理机构，按照一定的部门分工，运用行政手段直接管理和干预企业的产、供、销等一切经济活动。这种按照部门和行政区划来进行管理的体制，使企业或是隶属于条条，或是隶属于块块，从而形成了条块分割与地区封锁，割断了在社会分工体系中彼此密切依赖的企业之间本应该得到建立和发展的横向经济联系。加之在纵向的行政管理方式下，按照上级部门的命令、决定和指示（其中会带有不少的主观主义，甚至瞎指挥）来安排和组织企业之间的经济联系，存在着不适应企业的具体条件和现实需要、时间拖拉、经济效益低等严重缺陷。在上述情况下，

---

[1] 原载《财经科学》1986年第4期。

必然会出现企业之间的劳动协作和活动交换不发达和不合理的现象，造成企业生产组织的"大而全""小而全"的自给自足倾向，形成封闭式的经营。企业宁愿慢吞吞地单干下去，也不与其他的企业和单位互相协作和实行联合。这样就造成了作为我国社会主义经济肌体的细胞的企业活动呆滞与僵化不灵，阻碍了国民经济健康运行所不可少的、企业之间在生产要素上的对流和组合，从而造成在资金、原料、土地、劳动力和技术等方面，一些企业严重缺乏，而另一些企业却相对富余甚至长期闲置的情况。其结果是企业内部的潜力得不到发掘，彼此的优势均不能得到发挥。总之，横向经济联系的薄弱，是我国许多企业多年来技术与生产面貌改观较小、经济效益低、人民从经济发展中得到实惠少的一个重要原因。

二、关于经济的横向联系与企业的横向经济联合的概念

横向经济联系，在商品经济中，就是指企业与劳动者在商品生产、交换等活动中对外发生的关系，就是指人们的活动交换的商品化与市场化。在产品的销售、技术的转让、人才的流动、信息的交流等方面发生的商品关系，都是经济的横向联系。如敞开省界、县界，让邻近的和其他地区来本省、本县推销商品；敞开城门，让农民进城设厂、设店；实行劳动力的合理流动，长期招聘或短期延聘其他地方的名师高手；开展跨地区银行之间的资金相互拆借和商业票据的贴现活动，使资金在全国范围内自主流动，等等。以上都是属于横向的经济联系。

比较"横向的经济联合"，"横向的经济联系"是一个更抽象从而含义更为广泛的概念，它包括了企业的横向的经济联合。企业间横

向的经济联合乃是横向经济联系的一种特殊形式，是企业之间在商品
生产与经营活动中的协同与联合，它包括临时性的松散的联合，如原
料购买与商品销售的短期联合、临时的购销协作和技术协作；通过长
期的紧密的联合而组成为某种经济实体，如流通领域中从事销售、原
材料采购的联合企业和统一组织生产的联合体，等等。

三、由横向经济联系发展到企业横向联合是商品经济的普遍规律

商品经济的发展，首先表现为商品关系普遍发展，即国民经济的
商品化，然后在这基础上实现企业联合化。历史上商品经济的发展，
首先表现为市场的发展，这就是地方市场转化为国内市场，然后形成
世界市场。与此同时，要素市场形式（商品、劳动力、资金、技术和
外汇等）的形成和发展使多样的经济活动商品化。市场的发展，打通
了各种生产要素进行经济流转的渠道，使企业之间的商品交换、资金
流通、劳动力流动、技术转让、信息交流等横向关系大大扩大，甚至
实现在世界范围内的生产要素的优化组合，以最少投入得到最大产
出，取得最佳经济效益。

横向的经济联系，是企业之间横向经济联合发展的前提条件。因
为，市场的扩大和竞争的激化，激励着企业去进行资金积累和扩大生
产规模。市场的扩大，又使生产要素流动化，为企业横向联合、进行
要素组织创造了条件。特别是商品经济中存在着扩大再生产与企业生
产要素持有的有限性的矛盾的存在，企业为了赢利就要努力降低成本
以增强竞争能力，因此，它必然要用各种形式联合起来。

四、资本主义经济中的企业联合化和联合生产能力的形成

在横向商品关系普遍发展的基础上实行企业联合化，是资本主义商品经济的鲜明特征。从事商品生产和经营的资本主义企业，为了适应生产社会化，企业需要有资金规模的扩大化。为此，资本家一方面采取由剩余价值资本化而实现的自身资金的积聚来扩大资本规模和生产能力；另一方面通过企业的联营、合并等联合形式，来实现资本集中和生产集中。这样，小规模的独资企业就转化为联合企业。作为资本主义典型的企业组织形式的股份公司，就是一种资金的联合。19世纪中叶以来，资本主义经济联合就已经加快了步伐，特别是在垄断资本主义时期，经济联合化更是迅急发展，不仅形式更加多样，而且进行联合活动的地区范围也越加广阔，出现了像跨国公司这样的企业国际联合的新形式。

企业联合化是企业组织形式的变化和完善，它意味着在更大范围（联合经营范围）内实现生产与经营的协作。这种企业协作，是建立在专业化分工的基础之上，它以一些大企业为主体，围绕某一种或几种主要产品的生产来组织相关企业之间的协作和联合。这种企业组织形式具有以下的优点：

第一，企业联合化把相关企业的生产要素联合在一起，在科学分工和生产专业化基础上实行生产要素重新组合和优化组合，这就意味着企业获得了一种新的生产力，它使企业的物质技术基础进一步得到增强。

第二，企业联合化把各个企业占用的小规模的生产资料结合成为共同支配的大规模的生产资料，在资金集中的基础上，使企业能够实现规模更大的资金内部积累，由此使企业有可能去从事那些耗资大、

生产时间长的现代化大生产，如铁路、轮船、航空、核能发电等建
设。

第三，企业联合化在分工与劳动协作进一步发展的基础上，发展
与完善了劳动组织，进一步发展了联合体内部的劳动协作（包括协作
厂之间和各厂内部的劳动协作），从而使劳动组织进一步完善。上述
情况意味着劳动的更加社会化，社会结合劳动采取了更发达的形式，
它必然会产生一种新的生产力，并能大幅度地提高劳动生产率。

第四，企业联合化能使现代科学成就更充分地运用于生产之中，
有利于实行和加强科学管理，从而使现代科学更加顺畅地和迅速地转
化为直接的生产力。

第五，企业联合化在生产要素联合和统一调配的基础上，基于发
挥企业联合群体优势的需要而实行新产品开发和生产改组。能促进产
业结构与生产力布局的合理化。这种优化的产业结构与生产力布局，
意味着一种新的生产力。

归结起来，联合化克服了原先的规模较小的企业的生产与经营的
局限性，它在生产要素优化组合的基础上提高了企业的生产力。马克
思根据19世纪中叶股份制形式的资本主义企业联合的状况指出："它
显示出过去料想不到的联合的生产能力，并且使工业企业具有单个资
本家力所不能及的规模。"[1]马克思高度评价了企业联合在提高生产
力中的作用，他说："假如必须等待积累去使某些单个资本增长到能
够修建铁路的程度，那末恐怕直到今天世界上还没有铁路。但是集中
通过股份公司转瞬之间就把这种事完成了。"[2]联合生产能力的威力和

---

[1] 《马克思恩格斯全集》第12卷，人民出版社，1962年，第37页。
[2] 《马克思恩格斯全集》第24卷，人民出版社，1972年，第688页。

作用，在科技革命深入发展的当代资本主义经济中，更是分外令人瞩目。当代的新兴尖端科技的开发，如航天技术、核技术和电子计算机等，均是借助企业联合来从事和完成的。

五、社会主义商品经济为企业间横向经济联合开拓了广阔的场所

既然企业经营联合适应了独立经营的企业发展专业化分工和更加有效率的社会化大生产的需要，因而这种企业组织形式的变化，是商品经济发展中不以人们意志为转移的客观规律，因此，这种企业组织与经营形式变化的必然趋势，同样要表现在社会主义的商品经济之中。近年来，随着我国经济体制改革的深入发展，旧的产品经济模式向新的社会主义商品经济模式的转换，拥有责、权、利并已成为经济实体的城乡各种企业，在商品经济的企业经营机制、市场机制和竞争机制的作用下，纷纷自动联合起来。在城市，特别是体制改革试点的城市如常州、重庆等地，早就出现了以大型企业为主体，以名牌产品为龙头，在生产要素（资金、原材料、厂房、设备、技术和劳动力）方面进行超越行业、所有制、城乡、地区的横向联合形式，这种联合大大提高了企业的经济效益。而在农村，随着家庭联产承包化和经济的商品化，以家庭经营为基础的经济联合，更如雨后春笋一样蓬勃发展。其中既有农民家庭之间的联合，又有农民家庭经济同集体经济、国营经济的联合；既有同一地域、同一部门的联合，又有跨地区、跨城乡、跨行业的联合；既有生产领域里的联合，又有供销、加工、储运等产前产后的联合。我国企业横向联合不仅来势猛、发展快、范围广，而且它的形式多种多样，从企业间临时性的简单的物资和产品协

作，发展到打破所有制、部门、地区界限的资金、技术、人才、设备、生产、经营、销售、科研、信息等生产要素的多渠道、多形式、多层次的联合。近年来，还出现了以某一个大企业为核心，采取灵活多样的形式和一大批企业联结起来的、众星拱月式的企业群体。这种发达的企业横向联合，大幅度地提高了劳动生产率和企业经济效益。

社会主义制度下企业的经济联合化和资本主义制度下企业的经济联合化有什么不同呢？众所周知，资本主义制度下企业的经济联合化，纯粹是出于资本家榨取最大利润的动机，因而那里的企业横向联合是自发地和盲目地进行的。一方面，资本家私有制排斥对企业活动的外来干预；另一方面，私人利益的对抗，资本家损人利己和吞并对方的企图，限制和阻碍合理的经济联合的发展。因此，资本主义制度下的企业经济联合往往提高了微观经济效益，但缺乏宏观效益和社会效益。这可以从当代某些发达资本主义国家出现的企业"空心化"①、生产力布局不合理、环境污染、生态平衡遭受破坏等现象中表现出来。

社会主义制度开拓了企业间合理的横向经济联合的广阔道路。社会主义全民所有制企业利益的基本一致性，使企业能够在平等互利的基础上联合起来；国家的计划指导与协调，为企业的横向联合指出了发展的正确方向。国家的协调，便利和加速了企业自主的联合进程，因而社会主义制度下，企业的横向经济联合能够适应经济规律的要求，最广泛地健康地发展。多样性、多层次的企业经济联合，不仅能大大提高微观的经济效益，也增大宏观的经济效益，并且能逐步实现

---

① 跨国公司关闭本国的某些工厂，将资金转移到劳动力便宜的国家去，这样使国内企业的物质生产受到削弱。

经济效益与社会效益（包括环境保护与生态平衡）的统一。这种情况表明，社会主义制度能使联合的生产能力获得充分发挥，并使这种新生产力最有效地从属于社会主义生产的目的。

六、我国当前大力发展企业间的横向经济联合的迫切性与重大意义

（一）发展农村家庭企业的横向经济联合，是在家庭经济基础上实现生产要素组合优化的重要途径

农村联产承包化以后，我国农业生产方式转上了家庭劳动方式的轨道。这种家庭经营尽管在实现农业增产中还有着很大潜力，但由于它毕竟是一种家庭小经济，所以它还缺乏规模效益，在实现生产要素的优化组合中，更有着较大的局限性。正因为如此，为了提高经济效益，以适应发展商品经济的需要，不少专业户（包括承包专业户和自营专业户）自动地发展横向的经济联合，建立起联户企业，以及把家庭生产与经营的个别环节联合起来的多种多样的合作企业。这种家庭经济联合化，使生产要素组合优化，不仅发展了农业生产专业化，而且促进了工业与第三产业在农村的发展，从而使农村产业结构得到调整。在当前，这种产业结构的调整，乃是我国农村商品经济的持续发展和农村经济新腾飞的必要前提。

（二）发展企业间的横向经济联合，是实行乡镇企业产业结构调整的重要途径

近年来，我国乡镇集体经济有了迅速发展，目前各类乡镇企业有606万个，就业人数达5208万人，总产值达1709亿元，这是我国社会主

义国民经济中的一支重要力量。但是，短短几年内，遍地开花兴办起来的乡镇集体企业，较为普遍地存在经营管理落后、技术水平低、经济效益不高、缺乏竞争能力的问题。因而乡镇企业在建立之后，必须继之以调整，选择低耗高效的产品和行业，以发挥自身的优势，才能站稳脚跟和逐步扩大，进一步发挥它所拥有的生产潜力。发展横向经济联合，正是乡镇企业在产业结构上得到调整的重要途径。

（三）发展企业间的横向联合，是深挖城市企业潜力，实现生产力腾飞的途径

城市经济在国民经济中占有特别重要的地位，我国工业总产值中82.1%是由城市企业提供的。在城市经济体制改革全面开展一年多来，城市企业，特别是国有企业初步有了自主权，发展横向经济联合就能进一步搞活城市企业，深挖城市经济潜力，实现我国城市经济的新腾飞。我国城市中大量的小型企业，多数是生产满足人民生活需要的消费品和服务产品的，它们是国民经济中的不可忽视的力量。但是，这种小企业的物质条件薄弱，技术人员配备不足，多年来企业的革新改造又因缺乏资金而进展迟缓，不少企业依然继续保持着十分落后的面貌。大力发展企业间的横向经济联合，通过生产要素的优化组合，形成联合的生产能力，是使这些企业迅速改观，发掘它们中蕴藏着的潜力，大力提高微观的和宏观的经济效益的一条捷径。

我国城市大中型企业，是我国国民经济的中坚力量。它们的生产在工农业总产值中约占70%，提供的税利在全部财政收入中占65%。但是这些大中型企业，多年来在部门与地区分割下，成了"大而全"的"全能型"企业，人员冗杂，机构臃肿，浪费严重，成本高，效率低。一旦面临着商品经济中的竞争，它们的缺陷一下子就暴露出来，不少企业因亏损严重长期处于困境。因此，大中型企业，也必须通过经济联合化来实现生产要素优化组合，来深挖企业中蕴藏着的深厚潜力，形成联合的生产能力。

总之，对我国城乡各类企业来说，通过横向的经济联合化，借助生产要素的优化组合，依靠联合的生产能力，乃是多快好省地实现增产的捷径。在我国城市企业的内部积累能力有限，而国家投资又只能集中用于能源、交通等方面的重点建设项目的情况下，大力发展企业间的横向经济联合，依靠联合的生产能力来实现扩大再生产和加速经济的发展，形成和保持旺盛的增长势头，是一个可取的战略。

七、发展企业间的横向经济联合与我国企业生产组织和所有制形式的完善

（一）横向联合与企业组织形式的完善

大力发展企业间的横向经济联合，不仅将促进企业生产要素的优化组合，而且还将使企业的组织形式和经营方式进一步完善。目前一些联合企业，采取了股份公司形式，建立了由联合各方面人员组成的董事会，由董事会聘任经理负责企业的经营活动。这样就从组织形式上保证了企业的独立经营权，从而较好地解决了政企不分的问题。经理向作为所有权代表的董事会负责，既使所有权与经营权相分离，又能使所有者的利益与经营主体的利益互相制衡，从而有利于解决当前国有企业组织模式下存在的企业行为短期化的问题。此外，联合化使企业的生产、销售活动（从局部范围的活动到全面的活动）联结和组织起来，原来个别企业小范围的生产与经营，变成了若干企业或是企业群体范围内组织起来的，并由计划来相互协调的生产与经营，从而

提高了生产与经营的社会化，而这种在更大范围内有组织的生产与经营，就能充分地实行科学管理。可见，联合化会大大促进企业经营的现代化。

（二）企业横向经济联合与生产关系的完善

企业间的横向经济联合，不仅是企业组织形式和经营方式的完善，而且也将引起社会主义生产关系的完善。例如，农村家庭经济的联合化，产生了在产前、产后和产中的活动中，把资金、劳动力、技术、土地等生产要素联合起来的多种形式的合作经济。在实行土地公有、平等互利的联合劳动和提留一定的公共积累的条件下，这种合作经济的社会主义集体占有因素就由此得到增强。当前在农村通过联合化逐步地建立起这种以家庭经营为核心的合作经济，不仅意味着个体经济潜力的继续发挥，而且意味着社会主义合作制集体经济的发展。在当前我国农村，这种社会主义合作化越来越深入发展的前景，已经初见端倪，它意味着我国联产承包化以来，农村生产关系正在进行着又一次意义重大的调整，它必将会带来农村生产力的新解放。

当前，农村出现了一些雇工经营的承包大户，这是带有资本主义色彩的私人企业，如果人们采取正确方式使之进一步联合起来，就有可能增加它的集体占有性质。例如，采取股份制经营的形式，吸引成员入股，按股分红和提留必要的公共积累，这样就能把集体占有和按劳分配因素引入这种经济之中，从而使这种私人雇工经营企业逐步具有社会主义合作经济的性质。当前，这种股份企业已开始在我国农村出现。至于城市的雇工经营企业，如果与全民所有制经济实行联合，也就会转变为国家资本主义性质的经济。如创制"傻子瓜子"的芜湖年广久就已经与国营和集体企业进行联合，组成"傻子瓜子股份公司"，从而使企业在所有制性质上发生了重大变化。

特别值得注意的是，我国城市企业间横向经济联合的发展，打破了我国原先的经济体制下企业所有制形式凝固不变的传统格局。由于实行国营企业与集体企业相联合，向职工和社会筹集资金，采取对各方面互利的多种分配形式，我国的联合经营企业，已经由原先单一的全民所有制和集体所有制转化为全民、集体联合所有制，甚至是全民、集体和个人联合所有制，即所谓"一企三制"的新的企业联合所有制形式。另外，还由原先的"部门单一所有制"和"地区单一所有制"转化为跨部门、跨地区的联合所有制。特别是我国近年来出现了股份联合经营，更是以企业内部多种所有制相结合为特色。这种股份联合经营，由于用发行股票向各个方面筹集资金，国营、集体、个人及新的联合企业都可以购买和持有股票（某些企业还可以吸引外资入股），按股本收取股息和红利，因而它更是一种发达的联合所有制形式，也可以称之为"一企多制"。

可见，企业间横向经济联合发展，使企业的所有制形式可以适应生产发展的需要而重新组合和不断地再整编。同时，不同所有制在企业内的结合与再结合，打破了部门和地区的界限，可以在国民经济的更大范围内进行。企业所有制的上述两方面的新特征，概括为一点，即社会主义所有制具体形式获得了弹性，也即充分的适应性。它能实现生产要素在更大范围内结合。而发展企业间横向经济联合，就成为使企业在所有制形式上突破原先的僵化模式，实现所有制形式的优化组合的重要动力。

八、发展企业间的经济联合必须注意的几个问题

为了发展企业间的横向经济联合，当前必须注意以下几个问题：

（一）进一步增强企业的经营动力

横向经济联合，是企业的自主联合，要实行"自由恋爱"，由企业自己选择联合对象，这样才能实现生产要素的择优组合，以扬己之长，补彼之短，充分发挥联合体的优势。这就要求改进国家与企业之间的分配关系，改变企业留利过少的状况，使企业拥有合理的经济利益，成为具有责权利、自负盈亏、自行发展的经济实体，从而增强企业发展自主联合的积极性。

（二）进一步落实企业自主权

要在计划、物资、劳动力流动等方面进行全面的改革，解除旧的行政手段控制方法对企业进行自主商品活动的种种束缚，使企业拥有实现横向经济联合的自主权。

（三）大力发展社会主义市场体系，使生产要素能在国民经济大范围内顺利地流动

为了形成生产要素的优化组合，企业间的经济联合不应该限制在企业所隶属的部门和企业所在的地区内，而应该在国民经济大范围内的、大跨度的联合并以资金、土地、厂房、生产设备、技术、劳动力、信息等生产要素的流动化为前提。因此，在当前，必须大力实行经济商品化和交换的市场化，首先要形成社会主义的市场体系，使市场网络四通八达，保证市场机制充分发挥作用。只有在形成计划指导

与市场调节相结合的社会主义商品经济的运行机制的条件下，我国企业的横向经济联合才能具有强劲的势头，真正全面开展起来。

（四）进一步发展企业横向经济联合

企业横向经济联合的进一步发展，将为我国国民经济注入新的活力，联合化的经济肌体将显示出更强劲的自主活动的力量，同时经济活动的盲目性也会由此增长。因而必须加强对发展横向经济联合的计划指导和宏观控制，以防止新的失控的发生。

综上所述，大力发展企业间的横向经济联合，不仅能促进企业生产要素组合优化，使企业生产组织趋于健全，而且还能使我国城乡企业所有制具体形式得到调整和进一步完善。这也表明，企业自主的经济联合化，将有力地冲击我国原先部门所有和地区所有的僵化所有制模式。同时，企业自主的经济联合化将有力地推动我国的计划、财政、价格、金融、劳动等体制的改革，我国的全面经济体制改革将由此获得生气，并且以旺盛的势头向纵深的方向发展，从而加速我国由旧的经济模式向新的有计划商品经济模式的转换。可见，在坚持和发展经济体制改革中，把发展企业间的横向经济联合作为当前的一项战略性措施提到工作日程上来，正是抓到了点子上。

论宏观的社会主义所有制结构
的改革①

　　我国的所有制改革，既包括宏观的所有制结构的改革，也包括微观的所有制形式及其内在结构的改革。本文拟就宏观的所有制改革，谈几点不成熟的意见。

　　所有制的多元化，是我国近年来宏观的所有制改革的鲜明特征。所有制的多元化，是指多种多样的具有非社会主义性质的所有制形式的出现和被引进于我国所有制结构之中，具体表现为：（1）个体所有制的比重增大，目前我国城镇个体经济得到迅速发展；（2）小业主性质即既自己劳动又雇用少许工人的所有制形式的出现和发展；（3）经济特区的中外合资经营、合作经营等国家资本主义性质的所有制开始出现和进一步发展；（4）具有完全的或不完全的资本占有性质的所有制形式也开始在国内萌生，特别是在商品经济发达的地方出现。以上情况表明，我国经济领域正在经历着一个所有制**多元化**的变化，传统的公有制一元模式已转化为以公有制为主体的多元性结构。

---

① 原载《学术月刊》1986年第7期。

我国是一个生产力水平低，经济不发达的社会主义国家，基于生产关系一定要适合生产力性质的规律，我国社会主义社会的所有制不可能纯而又纯。在社会主义公有制确立之后，它不可避免地存在某些旧的所有制的残余。例如，在很长的发展阶段，个体所有制还会作为社会所有制的一个稳定要素而存在。过去，采取了消灭个体经济的冒进做法。如今，在宏观的所有制的改革中，允许个体经济存在和发展，从而在我国社会主义社会所有制结构中，把个体所有制拓宽，这是我国生产关系的健康调整。对此，人们较少有异议。而对于近年来出现的城乡个体所有制向小业主所有制转化，不少专业户和个体户实行雇工经营，个别地方雇工数量达到较大规模的新情况，却众说纷纭。

如何看待我国所有制领域的这一系列变化？对于带有资本占有性质的非社会主义所有制的产生及其作用，对所有制多元化的原因、性质以及今后的发展趋势如何估计？对这些问题，我觉得有必要明确以下几点。

第一，必须充分尊重群众在改革与完善所有制中的创造精神，认真总结群众的实践经验，对自发产生的、原生的所有制关系加以调整和提高。社会主义生产关系（包括所有制形式）的产生、发展和完善，是在党的正确方针指导下，在国家自上而下的倡导和组织中实现的。所有制形成和发展的有组织的性质，是社会主义经济运动的新特征，是社会主义所有制能够最大限度地和持续地适合生产力发展的重要前提。但是，社会主义所有制变革的有领导与有组织的性质，是和人民群众完善所有制的自主活动相结合的。在社会主义制度下，在某种所有制形式业已不适合生产力的发展时，处在生产第一线的直接生产者往往会自动地对所有制形式实行调整。社会主义的合作制，并不是根据哲人头脑中的理论设计产生，而是劳动者的创造。我国农业联产承包制这一社会主义合作经济的新形式，更是来源于群众的创造精神。当前我国农村出现的多种多样的合作经济形式，都是体现了劳动人民在发展、变革与完善社会主义所有制中的自主活动。这种所有制的自动调整不仅仅发生在农村，它也体现在城市国营企业的所有制形式的变革之中，体现了人民群众在创造新生活中的积极性与主动性。由于自发的、原生的所有制形态绝非天然合理的，它不可避免地带有粗糙性和不完备的性质，某些自发产生的所有制形式甚至还会有严重的缺陷，因而，社会主义国家要在马克思主义的理论指导下，对各种各样的原生的所有制形式进行梳理，加以去粗取精，扬弃其不合理的形式，对其适合的形式加以补充、完善和提高，使它更加适合于社会主义生产力的发展。以基层群众自动的调整为起点，再继之以国家自上而下的梳理、修正和提高，乃是社会主义制度下所有制的健康调整所应经历的步骤。基于社会主义制度下所有制发展变化的规律性，在所有制的改革中，人们就必须从所有制体系的客观实际出发，尊重群众的实践和创造精神，认真地加以判断，而不能基于头脑中的某种先定的理论模式，轻率地进行剪裁。

但是，另一方面，我们也不能把一切原生的所有制形式都当成是天然合理的，从而放弃对所有制变革的引导。特别是对于我国当前所有制领域中的非社会主义因素，由于它们中的某些形式可能是利多弊少，某些是利弊兼半，另一些是利少弊多，因而我们更不能听之任之，撒手不管，当然也不能简单地加以排斥和禁堵，而要着眼于梳理、调整、完善和提高。这就首先要求人们实事求是地和尽可能地剖析出某种所有制形式所包含的积极因素，找出它的消极因素，采取正确的调整措施，以兴利除弊。

带有资本占有性质的所有制形式，有其固有的根本缺陷。社会主义国家的历史经验表明，采取国家资本主义形式，对这种所有制关系进行调节、渗透和改造，使之为我所用。我国社会主义全民所有制经济和集体经济在国民经济中处于绝对优势，针对实际经济生活中的所有制多元化的趋势，我们更加有必要探索建立国家资本主义的新形式来进一步开拓和有效地利用非社会主义因素的途径，这将是把所有制的多元化的进程规范在社会主义的界限之内的一项重要措施。

第二，对所有制形式进行社会评价的标准，是看它是否适合社会生产力的发展。为了设计出我国宏观的社会主义社会所有制模式，必须进一步弄清和确立评判某种所有制形式的科学标准。我国长期以来，把"一大（企业的规模大）二公（占有的公有化）"作为社会主义经济是否具有更大优越性的尺度，这实际上是用公有化程度的高低作为判断所有制优越性的标准。按照这种观点，理所当然，人们会得出全民优于集体、集体优于个体的结论。正是基于这种观点，人们就热衷于"割私有制尾巴"，推行"穷过渡"和集体单位的升级和国有化。可以说，也正是由于上述传统观点尚未得到澄清，使一些同志对近年来现实经济生活中发生的、对生产力起了积极促进作用的所有制的多元化进程疑惑不解，甚至还有人把这一场生产关系的健康调整当作是向过渡时期倒退。

用公有化程度高低来判断所有制的适合与否和适合程度的观点，乃是一种伦理社会主义。因为，上述观点把那种能够在更大范围内实现劳动者收入分配一律的所有制，当作是适合的，而把那种在生产资料占有和收入分配中，体现出某种差别的所有制形式，视为不适合。这样，人们在评价所有制时，就用某种关于公平、合理的道德观念为尺度，从而违反了马克思主义的关于分析论证社会现象，应该首先寻找其经济根源，而不应求助于人们头脑中的观念的原理。

　　根据马克思主义的生产关系一定要适合生产力性质的规律，一种所有制的出现、发展和转化为更高级的形式，总是决定于生产力的性质。在社会主义制度下，这一原理并没有过时。在评价某种所有制形式时，我们首先要看它是否适合生产力的发展；要坚持运用正确评价所有制的经济尺度，而不能采用非经济的甚至道德观念的尺度。对待所有制的长期十分流行的模糊观念，正在于首先看它是否更"大"更"公"，把先进性放在第一位。这实际上是混淆了所有制的先进性和适合性这两个不同的概念，简单地将所有制的先进性等同于适合性，从而得出所有制越先进就越优越的错误判断。

　　所有制的先进性与适合性是一种辩证的关系，两者之间既是统一的也是矛盾的。社会主义是资本主义基本矛盾深化的必然产物。以公有制为基础的新社会，消灭了人对人的剥削和阶级压迫，较之资本主义私有制，它是更高级、更先进的社会形态。社会主义公有制较之资本主义私有制，既具有先进性，同时也具有适合性。但是，马克思主义要求人们在把握任何一般的结论和命题的具体涵义时，必须从实际出发。就公有制能实现先进性与适合性相统一这一命题来说，我们也必须联系各国的实际来阐明它的具体涵义。例如，对于一个生产力发展水平较低的不发达社会主义国家来说，它乃是意味着：（1）在宏观的社会所有制结构中并不排斥有一定的不那么先进的非社会主义所有制形式的存在。（2）先进性与适合性的统一，也只是存在于一定范围与界限内。例如，与现阶段的农业生产力相适应，只是在不完全的集体所有制（家庭承包制和其他初期合作制形式）范围内，才有先进性与适合性的统一，如果超越了这一界限，在农业中实行那种公有化程度更高的纯粹的集体经济形式或者全民所有制形式，那么，先进性就不再具有适合性，甚至越先进越不适合，越会对生产力起破坏作用。

（3）就区域经济来说，先进性与适合性的统一，就将表现出更复杂、多样的状况。例如，就那些经济发达的先进地区来说，在宏观的社会所有制结构中，公有制可以占有更加显著的地位，而就那些经济十分落后的地区来说，非社会主义所有制就可能有更大的发展。在这一特定领域中，某种多元性更为鲜明的所有制结构，倒是更加具有适合性的。可见，我们不能简单地对待公有制的先进性与适合性相统一的一般命题。过去，我国在所有制改造中出现的过头做法，其理论根源之一，在于人们头脑中的形而上学的所有制越先进越适合观。

评估所有制的适合性质及其程度要有全面的观点。我们说要以生产力的适合与否作为评价所有制的基本标尺，但必须指出，这里的生产力概念的内涵，是从辩证唯物主义的角度来加以规定的。这里指的是社会生产力，是宏观的、整个国民经济的生产力。生产力可以从个人的或企业的角度来看待，这是微观的生产力。从整体的角度如从整个国民经济的角度看，则是宏观的生产力。从地区、城市的角度，则是中观的生产力。在宏观的、中观的、微观的生产力之间存在着对立统一的关系。在某种条件下，某些微观的生产力的发展，也会出现有损于宏观的生产力的效果。例如，在社会主义制度下，允许个体经济的存在和发展，可以搞活国民经济，从而增强宏观的社会生产力。但是，个体经济不加规范，任其自由泛滥，也会削弱集体经济和国营经济，从而影响宏观的社会生产力的发展。因此，人们评价某种所有制的适合性，首先必须持整体的观点，要从是否有利于宏观的社会生产力的发展着眼。

全面的观点，包括考察某种所有制对生产力的诸要素的影响，特别是对作为基本生产力的劳动者的积极性的影响。例如，一些非社会主义所有制具体形式，能够在一定时期搞活经济，获得局部或全局增产，但是它也可能使收益差别扩大化，甚至扩大财产占有私人化，从而也由此影响或挫伤社会联合劳动的积极性。这样，它就将从根本上对生产力的发展起束缚作用。可见，全面的观点，要求人们既看到某种所有制在聚合社会资金和物质生产条件中的作用，又要看到这种所有制在分配关系和财产占有关系上可能引起的变化及其对劳动者积极性的影响，从而对其适合性质与程度做出恰当的评估。

全面的经济观点，包括对社会生产力的短期、中期、长期的作用的考察和估量。某些所有制形式对促进生产力的发展，可能有速效而无长效；某些所有制形式，由于其完善的条件较为复杂，可能难有速效，但在认真加以改革和完善后，会带来长期的效果。人们应做出全面的观察，既要考虑短期的效果，又要考虑长期的效果，才能对某一所有制形式的作用做出正确的评价。

总之，评价所有制的适合性的全面观点，要求人们既要弄清某种所有制形式的微观作用，又要弄清它的宏观作用；既要弄清它对生产力局部要素的作用，又要弄清它对生产力的总和的作用；既要弄清它对生产力的短期效用，又要弄清它的中期和长期的效用。这样，人们才能对某一所有制是否适合、适合的度（程度）、适合性的时限（时期的长短）做出科学的评估。这种评估，不仅是社会主义国家选择所有制形式的依据，而且更重要的是，有了这种对所有制作用的全面分析，社会主义国家才能针对各种所有制具体形式的具体情况与利弊，采取措施进行调整、完善和提高，进一步发挥出它对生产力的积极促进作用。

第三，宏观的所有制的改革，要坚持公有制为主体和着眼于公有制的完善。我国宏观的所有制的改革，必须坚持公有制的主体地位。社会主义的本质特征表现为生产资料公有制、有计划的商品经济和按劳分配。不发达的社会主义公有制具有不成熟性，社会公有化还不完全，但是公有制仍然是占居主体地位。基于我国社会生产力水平低和生产力发展的不平衡性质，以及根据我国调整产业结构和进一步发展第三产业的要求，我国现阶段社会主义所有制领域中，非社会主义要素还有进一步发展的较为广阔的余地。除了个体经济还需要有更大的发展外，对于新产生的一些带有资本占有性的所有制形式，人们也还需要细心观察，认真研究，探索利多弊少地加以利用的可能性和利用的方法，而不能采取简单禁堵的做法。但是，我们也必须看到，所有制的多元化和公有制的主体性之间毕竟存在矛盾，在经济生活中非社会主义占有形式的发展势头较为旺盛的情况下，我们越要加强社会主义国家自上而下的引导，将这些非社会主义要素规范在一定的数量界限之内，才能既充分地发挥非社会主义性质的所有制的辅助作用，而又不影响和削弱公有制的主体性质。

近年来，我国在发展商品生产搞活经济中，出现了国营企业的成效不如集体企业、集体不如个体的情况，人们由此产生了公有制经济不如私有制优越，而全民所有制不及集体所有制优越的错觉。基于这些认识，一些同志主张对全民所有制实行企业所有，把社会占有分散化甚至个体化（例如主张国营企业实行不加限制地由私人持股），这些主张是值得商榷的。

社会主义全民所有制的传统模式存在严重弊端，它束缚了生产力的发展。我国正在进行的社会主义全民所有制改革，是一个全新的探索，它牵涉到计划、财政、劳动、价格、金融体制的全面改革，远比农村集体所有制模式的改革复杂得多，需要审慎从事，特别是要在总结实践经验中逐步前进，因而不能期望在短期完成，但是这并不意味着全民所有制本身缺乏优越性。我国全民所有制的大中型企业，一般是拥有较为强大的物质手段的社会化大生产，这种以现代技术为物质基础的高度社会化大生产，不能长期禁锢于狭窄的私人占有形式之中，也难以在企业集体占有基础上加以有效的组织、充分地发挥它的生产效率。生产的社会性要求与之相适应的占有的社会化，这一条马克思主义的基本原理并未过时。进一步完善全民所有制，以有效地发挥它的主导作用，才能更好地实现公有制的主体地位，这也是在社会主义所有制结构中使非社会主义要素的范围拓宽和加以利用的重要前提。

社会主义全民所有制不是只限于某一种模式。世界上不少社会主义国家的实践表明，它不仅有国家所有制形式，而且也有南斯拉夫的社会所有制形式。社会主义国家所有制也不是只表现为苏联型的国家集占有权、使用权和收益分配权于一身的形式。我国近年来开始在国营经济领域实行国家所有、企业经营的试验初步取得的成效，就充分证明了这一点。我国一批小型企业实行国家所有，租赁经营；或是国家所有，集体、个人承包，取得了搞活企业的显著效果。此外，一些全民所有制企业正在进行股份经营的试点。我国体制改革的实践表明，全民所有制有多种多样的形式可供选择，改革的余地是十分广阔的。所有制改革，其实质是利益关系的调整。传统的国有、国营的全民所有制模式的弊端，是企业缺乏责、权、利，而其关键在于企业的利益未能得到保证。在全民所有制范围内，不应追求模式统一化，而应该坚持多样化，进一步实行多种经营形式的探索。这样，我们完全可以找到适合各类（大、中、小）企业的，能正确处理好国家、企业和职工利益关系的多样的全民所有制形式。我们不能看不见我国全民所有制改革的富有希望的前景，而一味地寄希望于全民所有向集体所有的模式转换。

社会主义社会所有制结构中的非社会主义因素，处在公有制的包围和渗透之中，会逐步地转化为中间性的，即具有不同程度的社会主义性质的所有制形式，而向较为完全的公有制形式转化，乃是这些中间性所有制发展的趋势。经过社会主义社会更长期的发展，私有制因素的逐步退出舞台，所有制的多元性将逐步消失而呈现出多样性的特征。随着社会主义向共产主义的过渡，在全社会范围内物质生产力水平均衡化的基础上，社会化程度不同的多样性公有制结构将逐步向较为统一的全社会所有制过渡。这种由多样化向一元化的发展，体现了社会主义所有制发展的辩证法。弄清楚所有制发展变化的长期趋势，将有助于我们在当前宏观的所有制改革中保持清醒的头脑和自觉地坚持以公有制为主体的正确方向。

在总结改革实践经验中

发展社会主义所有制理论[①]

按照马克思主义政治经济学的研究方法，我们可以把社会主义社会的经济结构区分为两个方面：一是基础性的经济结构，它是直接生产过程中的人与人关系的总和，包括生产资料所有制、交换关系、分配关系、消费关系等要素；二是上层性的经济结构，它是国家（或社会）对经济实行管理过程中的人与人关系的总和，包括计划管理、财政税收、劳动工资、金融等管理形式，我们通常称之为国民经济管理形式或结构。上述两种经济结构，是密切地互相依存、互为条件的。基础性的经济结构，顾名思义，它是社会经济结构的基础和基本构架，决定着这一社会的上层性经济结构的性质和形式。作为社会经济结构的内在机制与规律是：上层性的经济结构必须适应基础性经济结构的性质，而基础性经济结构又必须适应生产力的性质。基于这一内在机制和规律，无产阶级和全体劳动者在创建社会主义社会的斗争中，必须适应社会主义现实的物质生产力水平，来组建社会主义经济

---

① 原载《江西社会科学》1987年第4期。

116

结构。具体地说：（1）必须适应社会物质生产力的水平来建造基础性的社会主义经济结构。（2）适应社会主义基础经济结构的特征，来建造上层性的社会主义国民经济管理形式。世界社会主义国家进行的经济体制改革，按其本性，都是为了寻找和建立与各国国情相适合的基础结构和国民经济管理结构，从而充分发挥社会主义制度的优越性。

由于社会主义所有制是社会主义基础性生产关系的核心，直接生产过程中人们相互关系中的社会主义关系发展与完善，以及物质产品、服务产品、精神产品的交换、分配和消费中的社会主义关系的发展与完善，都是以所有制的完善为前提，因而按照各国物质生产力的水平，组建起一种最恰当的社会主义公有制模式（具体形式），对于改革社会主义国民经济管理体制和新的经济体制的形成，就具有特殊的重要性。正因为如此，要深入进行经济体制改革，使社会主义制度完善化，人们就不能不注意所有制这一基础领域中存在的问题，并致力于所有制的完善化。

一般地说，社会主义国家都是借助国有化和对生产资料私人所有制的社会主义改造而建立起社会主义公有制结构的。由于世界社会主义的实践迄今只有70年的历史，中国社会主义建设也只有30多个年头，社会主义仍然是一个新生的事物，对于如何组建和完善社会主义经济结构，人们还不能说已经找到可供遵循的、现成的、成功的经验，因而，社会主义国家初建起来的经济结构，必然还会表现为一种较为粗糙的形式，可以说，这是一种包括不适应形式的原初型经济结构。只有经过实践—认识—再实践的过程，才能实现结构的优化，这是社会主义经济结构产生、形成和成熟的客观规律。固然，在人们对社会主义的认识深化和做到更自觉地运用社会主义经济规律的条件下，这一结构优化过程可以缩短，但人们不能超越这一历史发展过程。

　　就社会主义所有制来说，它的初建时期的具体形式，不可能是十全十美的，往往会存在某些缺陷，而在人们对客观规律的认识模糊，从而实际工作发生失误的情况下，甚至还会在某些范围内产生所有制形式的扭曲。可见，社会主义所有制也有一个形成与结构优化的过程。例如，就宏观的社会主义所有制结构来说，我国在生产资料的社会主义改造取得胜利后，由于对个体所有制和其他的前社会主义所有制存在的必然性和意义认识不足，采取了"割私有制尾巴"的"左"的做法，从而形成了单一性公有制结构，这种超越物质生产力水平许可的过头的公有化，使所有制"容量"狭窄化，从而不适合我国多层次生产力结构的要求。又如，就微观的即企业所有制形式来说，我国传统的国家所有制，实行（1）国家集中决策，直接干预和指挥企业的一切活动。（2）实行统收统支，企业盈利全部上缴财政，国家集中占有全部剩余产品。（3）规定统一的按级别的劳动报酬标准，国家直接对职工分配消费基金。这是一种国家集所有权、经营权于一身的全民所有制模式。在这一模式下，企业没有权、责、利，成为国家行政管理机构的附庸。由于企业既无内在动力，又无外在的压力，成为听从上级机构拨弄的"算盘珠子"，因此联合劳动者的社会主义积极性被严重挫伤，企业由此失去活力。企业是社会主义经济的细胞，企业活力的丧失，使整个社会主义经济也由此失去生机。党的十二届三中全会制定的《中共中央关于经济体制改革的决定》中明确指出：为了搞活国营企业，必须实行国家所有、企业经营，使经营权与所有权适当相分离。把国营企业传统的全民所有制模式转变为这种全民所有制两权分离的模式，这就是我国国营企业所有制具体形式改革的方向。以上情况表明，为了进一步完善我国的基础性经济结构，我们还需要进行所有制的改革。

　　我们所说的所有制改革，就宏观来说，是在坚持社会主义公有制为主体的前提下，来调整所有制结构；就微观来说，是在坚持社会主义全民所有制性质的前提下，改进与完善全民所有制的具体形式。此外，还要在坚持全民所有制为主导的前提下，改进与完善集体所有制形式。因而，这一改革绝不是公有制性质的改变，而是社会主义公有制的完善，增进它对生产力的适应性，由此使社会主义公有制的优越性真正地得到发挥。可见，在进行所有制改革时，必须自始至终十分注意坚持公有制的主体地位，特别是对于全民所有制的改革，要持谨慎的态度，要清除和克服那种关于"只要能发展生产力，管它是公有还是私有"的错误观点。但是另一方面，也不能把所有制的改革，错误地理解为要"改掉"公有制，从而对这一领域内还需要进行的健康的改革，产生犹豫，使改革停步不前。

所有制的改革，属于社会主义生产关系更深层次的改革。我国经济体制改革，发端于农村。农村改革，先是经营方式的改革，最终发展为联产承包责任制，引发了所有制具体形式的调整。城市的经济体制改革，由对国营企业让利、放权，由财税、价格等领域，发展为实行自负盈亏、自主经营的组织经营形式，以及在小企业中实行各种形式的经营承包制、租赁制、股份制，等等。我国经济体制改革所经历的过程表明，改革是由流通、分配等领域逐步深入到所有制领域，而所有制具体形式的改进与完善，即是当前深化企业改革的一个重要内容。这一改革，正在为由产品经济旧体制向社会主义有计划的商品经济新体制的转换构筑微观基础，它将进一步推进社会主义市场体系的建立，促使市场机制作用的发挥，因而，这一改革的健康发展，将会把我国的经济体制改革推向一个新的阶段。

如何在坚持公有制为主体的前提下，进行宏观的所有制结构的调整和微观的所有制形式的完善，这对于当代的社会主义国家来说都是一个新的探索。近年来，群众性的改革实践，业已为我们提供了许多十分可贵的新经验。我们当前的任务是：要逐步对这些经验，从理论的高度进行总结，以便更加自觉地坚持成功的做法和修正那些不恰当、不成功的做法，从而把改革继续推向前进。要对改革实践进行科学的总结，就需要有科学的理论工具，特别需要有科学的关于社会主义所有制的理论。

传统的政治经济学社会主义部分关于所有制的理论，主要着眼于概括地表述公有制这一社会主义基础结构的本质特征及其优越性，但是它脱离了当前初始阶段的社会主义的具体条件，片面强调单一的公有制的优越性，宣扬个体不如集体，集体不如全民，"越大越公越优越"，甚至在某些时候，人们还错误地主张应该及早实现由集体所有制向全民所有制过渡和由社会主义向共产主义过渡。

传统的社会主义所有制理论中存在的较为粗糙的分析和糊涂观念，是与人们在理论分析方法上的缺陷密切相关的。它表现于以下方面：（1）它很大程度上不是把所有制这一范畴作为生产关系来把握，而往往是将它作为法权关系。例如，它在论述社会主义全民所有制的性质时，停留在生产资料作为国家财产这一法权规定，即生产资料的归属上，而不是着眼于从生产关系上进行剖析。（2）它不是将所有制这一范畴作为生产关系的总和来把握，综合考虑生产资料的占有、使用以及产品的分配等关系，而往往是单纯着眼于生产资料的占有方式。基于这种方法，人们就不可能根据国营企业收益分配中存在的国家占有和企业局部占有要素，来阐述现阶段全民所有制的不完全的性质。（3）它在分析所有制时，停留在某种抽象的公有制概念上，从而把社会主义社会的所有制当作是单一的公有制。这种纯公有制理论排斥多元性概念，从而不能对现阶段以公有制为主体、以某些私有制为补充的社会主义社会所有制结构从理论上加以阐明。在分析企业的所有制时，由于缺乏结构的概念，因而，它不能把企业的所有制作为一个层次结构来把握，从而不能对社会主义初级阶段带有多样性的所有制——例如对于既包括集体占有关系，又带有个体占有性质的农村联产承包制——做出恰当的理论概括。（4）它是以产品经济为基点来阐述社会主义所有制，从而将企业的公有制——无论是全民所有制企业还是集体所有制企业——当作是单一的，无视和低估联合所有制的意义，特别是它根本没有对社会主义商品经济中企业资金自主结合机制产生的丰富的、多种多样的交错和联合所有制形态进行分析和阐述。以上我们只是举出了传统的社会主义所有制理论和方法的局限性的几个主要方面。归结起来，我认为，传统的社会主义所有制理论之所以不能令人满意和有许多缺陷，最根本的原因在于，它未能做到把马克思主义关于社会主义、共产主义所有制的理论应用于社会主义初级阶段的具体实际，未能在分析社会主义所有制中坚持唯物辩证法。

我国20世纪80年代生机勃勃的社会主义经济体制改革，引发了关于社会主义经济性质的大讨论。在这一场讨论中，所有制问题的讨论是十分引人注目的，已发表的大量文章涉及有关社会主义所有制的结构、全民所有制的特征、联产承包后农村所有制的性质，联合所有制、全民所有制的两权分离形式的性质与作用，实行经济责任制、租赁制、股份制的国营企业所有制的变化等十分广泛的问题。这些讨论远未结束，不少问题人们认识还很不同，甚至分歧很大，但是我们可以清楚地看到，我国近年来活跃的学术讨论，启发了人们的思考，促使人们去了解新情况，钻研新问题，并逐步形成具有说服力的新结论。我深信，以马克思主义为指导，从改革实践出发的百家争鸣，将进一步推动马克思主义的社会主义所有制理论的发展。

论社会主义全民所有制的
两权分离模式①

经济体制改革包括所有制改革和国民经济管理体制的改革。所有制的改革在经济体制改革中占有十分重要的地位，它是经济体制改革的基础。

我国经济体制的改革，是从实行多种经济形式和经营形式，即确立以公有制为主体的多元所有制结构开始的，这是宏观的所有制结构的改革。

我们不仅进行了宏观的社会主义社会所有制的改革，而且随着农村实行家庭联产承包责任制，集体所有制的具体形式与结构也发生了深刻的变化。在开展城市经济体制改革中，随着国有企业的扩大自主权和走向以税代利、自负盈亏，以及实行各种形式的经营责任制、租赁制、股份制，我国国营企业的所有制具体形式实际上也在发生变化。所有制改革，是指所有制具体形式的改革和完善，而不是公有制

---

① 原载四川省《资本论》研究会编：《〈资本论〉与经济体制改革》，西南财经大学出版社，1987年。

根本性质的变化。上述农村和城市的企业经营管理形式的变化，实际上都是微观的所有制具体形式的改革和完善。

社会主义经济学长期以来流行着如下的观点：在生产资料私有制的社会主义改造基本完成以后，所有制的问题就解决了，从此以后只需要进行分配方式的改革，或者是各级政府对经济管理权限划分的改革就行了。但是，实践表明，在社会主义经济体制改革的过程中，所有制的改革总是一个不可忽视和十分重要的方面。事实表明，我国所有制的宏观结构与微观结构形式均适应生产力的发展而发生了意义深远的变化与调整。所有制的改革不仅收到了促进社会主义商品经济兴旺发展的效果，而且进一步促进了其他领域的体制改革的深入发展。所有制的改革起着进一步推动全面的经济体制改革的作用，这一点表现得越来越明显了。

当前我们面临着深入开展全面的城市经济体制改革的重要任务。城市经济体制改革的中心环节是发挥企业的经济活力，特别是搞活城市国营大中型企业，使它能发挥潜力和提高经济效益，这是十分艰巨的任务。为了达到这一目的，要采取改进企业的经营管理，贯彻按劳分配，提高管理人员的素质等措施，但与此同时，还有必要进一步探索和开展全民所有制企业的所有制具体形式的改革。

在社会主义经济体制改革中，对于是否需要企业所有制具体形式的改革和如何进行这一改革，人们在认识上存在许多分歧和模糊观念。如某些同志认为，不存在改革所有制问题，他们把改革所有制错误地理解为改掉和放弃社会主义公有制。而某些同志又认为，所有制改革无须考虑公有和私有谁为主体的问题。此外，对于国营企业实行所有权与经营权的两权分离必要性，国营企业是否可以以及在什么范围内实行股份制、租赁制等问题均存在不同的看法。正因为如此，深入探讨马克思主义的所有制理论，特别是研究与阐明社会主义全民所有制的性质、特点和具体模式等问题就是十分必要的。

本文拟从微观的角度，着重阐明有关社会主义国营企业的所有制两权分离的模式问题。

一、所有制概念的内涵：占有关系的三维结构

所有制，简言之，就是人们对于客观对象（物或人）的一种最高的控制、支配和处置关系。马克思说："私有财产的权利是任意使用和支配的权利，是随心所欲地处理什物的权利。"[①]作为经济学概念的所有制，主要是指生产资料所有制，它体现了人们在物质生产中对生产资料和劳动产品实行独立占有、分配和处置的关系。所有制，乍一看来，表现为占有主体对于被占有客体和对象行使自由意志，进行独立的支配、使用、处理的关系，即通常人们所说的生产资料的归属关系。但从实质上讲，所有制并不是人和物的关系，而是生产中人与人的关系，是在人对物的占用中体现出来的人与人的关系，而且，它是一种基本的生产关系。[②]所有制是任何一种生产方式都具有的，是人类的物质生产得以实现的经济前提。马克思说："对劳动的自然条件的占有，即对土地这种最初的劳动工具、实验场和原料贮藏所的占有，

---

① 《马克思恩格斯全集》第1卷，人民出版社，1956年，第382页。马克思又说："私有财产这项权利就是任意地、和别人无关地、不受社会束缚地使用和处理自己财产的权利。"（《马克思恩格斯全集》第1卷，人民出版社，1956年，第438页）

② 马克思说："政治经济学不是把财产关系的总和从它们的法律表现上，即作为意志关系包括起来，而是从它们的现实形态即作为生产关系包括起来。"（《马克思恩格斯选集》第2卷，人民出版社，1972年，第142页）

不是通过劳动进行的，而是劳动的前提。"①

人类历史上的原初的所有制，是一个纯占有关系，即单纯的经济的所有制，它还不具有法律的形式。马克思说："可以设想有一个孤独的野人占有东西。但是在这种情况下，占有并不是法的关系。"②随着私有制的出现，占有与非占有的利害冲突激化，生产资料占有者通过国家以强制手段，采用法律形式来维护他们的占有，从此，原本的经济的所有制也就具有了法律的形式，同时成为一种法权的所有制，或人们所说的所有权。马克思说："私有财产的真正基础，即占有，是一个事实，是不可解释的事实，而不是权利。只是由于社会赋予实际占有以法律的规定，实际占有才具有合法占有的性质，才具有私有财产的性质。"③可见，自国家产生以来的所有制，乃是以生产关系，即经济的所有制为其内容，而以法律的所有权为其形式。

以上谈的是所有制的简单定义。我们还需进一步探讨所有制概念的更具体的含义。

（一）生产资料的支配使用权

经济的所有制范畴，它的重要含义是人们对生产资料的排他性的、最高的控制，这种对生产资料的最高的、排他性的控制，体现在人们按照自己预期的目的独立使用生产工具和自主地进行生产中。所有者，作为物质生产的主体，它必须是生产手段的自主的支配者。如个体农民的所有制表现在他使用自己的工具进行自主的种植中，个体手工业者的所有制表现在他使用自己的手工工具进行独立的手工业生

---

① 《马克思恩格斯全集》第46卷上，人民出版社，1979年，第483页。

② 《马克思恩格斯选集》第2卷，人民出版社，1972年，第104页。

③ 《马克思恩格斯全集》第1卷，人民出版社，1956年，第382页。

产中。这种对生产资料的独立支配和使用，才表现了直接生产者的主人身份和所有者的品质，因为独立地支配使用，使"他不仅使自然物发生形式变化，同时还在自然物中实现自己的目的"①。在直接生产者是非所有者的场合，物质生产不表现为他们支配、使用生产资料，而是生产资料使用他们。正如马克思所说：在资本主义制度下，"生产资料，劳动的物的条件……不是从属于工人，相反，是工人从属于它们。不是工人使用它们，而是它们使用工人"②。

对生产资料独立的支配使用，或拥有支配使用权，与直接生产者的劳动意识和劳动积极性密切相关。在社会共同占有制下，在直接生产者享有生产资料的支配使用权和生产自主权的场合，劳动是劳动者意志的体现，是主体的外化。而生产活动就体现了人的劳动本性和劳动者的个性，成为人的积极的生命活动的固有的要求，从而成为人们在劳动中——即使是十分艰苦的劳动——表现出兴趣和积极性的重要条件。这也是在社会主义所有制改革中，人们要努力寻找一种能有效地保证直接生产者对生产资料的支配使用权的所有制模式的原因所在。

（二）劳动产品的占有和分配权

经济所有制范畴的基本含义是：对劳动产品的占有。人们占有和控制客观生产条件，对劳动对象进行加工制作，其目的在于通过对各种物质产品和精神产品的创造和占有来满足人们自身或社会的消费需要。封建主占有土地，其目的在于对地租的占有；资产者占有资本，其目的在于占有剩余价值。由于任何劳动产品都是投入劳动的物化，

① 《马克思恩格斯全集》第23卷，人民出版社，1972年，第202页。
② 《马克思恩格斯全集》第26卷Ⅰ，人民出版社，1972年，第419页。

因此，任何一种所有制，任何一种占有类别，归根到底都是一种对物化劳动的占有方式。如果说对生产资料的占有和支配，是所有制的始发形式，那么，对劳动成果的占有（无论是采取产品形式或货币形式）便是所有制的后续的表现形式。而任何一种所有制的性质，从根本上说，都将表现在这种对劳动成果占有的性质与特点中。

所有制的本质既然是对劳动成果的占有关系，因此它是一种物质利益关系，而所有者也就是生产的利益主体。例如，对于个体农民或是个体手工业者来说，他们在物质生产中之所以要将生产资料看作是他们所有的，这不仅在于他们把这一生产条件看作是劳动得以实现的客观条件和物质基础，而且在于：他们把自身劳动的成果看作是主体的外化的实现，他们要占有这一成果使之复归于主体，归主体所享用，作为补偿和发展劳动主体的手段。可见，所有制的实质在于占有、享用物质利益。经济的所有制硬化为法律的所有制形式，正是为了使这种占有关系与利益关系，借国家权力而得到有效的维护和延续化。离开了对劳动产品的占有，对生产资料的占有也就失去了意义。例如，一个占有不提供任何收益的不毛之地的人，他在经济上等于一无所有；某一个国家可以将国旗送上月球，宣布月球某一领域归它所有，但在月球不能给他们带来劳动产品和经济价值的情况下，这个国家不存在任何宇宙的经济所有制。即使是拥有法律的所有权，如果不存在对劳动产品的占有，它实际上也是经济上的非所有者。①

所有制作为劳动产品的占有关系和物质利益关系，就使直接生产者成为直接所有者显得十分重要。因为这样将意味着生产劳动成为滋

---

① 马克思说："土地不出租，土地所有权就没有任何收益，在经济上就没有价值。"（《马克思恩格斯全集》第25卷，人民出版社，1974年，第854页）

养、增强劳动者自身和使它获得全面发展的物质源泉。这正是劳动之所以能对人们产生出强大的吸引力和人们在生产中所以能表现出劳动兴趣、劳动热情和劳动积极性的物质基础。这一点人们在所有制的历史发展中可以清楚地看见。例如，个体生产者拥有无须外在力量来激励的劳动积极性，而在劳动与占有相分离、劳动成果归属于他人和劳者不获的生产方式下，物质利益的丧失不仅使直接生产者失去了劳动的兴趣与热情，而且使劳动成为一种痛苦和沉重的负担。

产品的占有权还包括独立的分配权。个体生产者要将他创造和获得的劳动产品分配给自己的家庭成员共同享用。在对抗的生产方式下，所有者要将他占有的劳动产品分配给从属于他的直接生产者——奴隶、农奴或工人，用来维护后者的生存和再生产出劳动力。社会主义条件下，产品的公共占有也包括复杂的产品分配形式。可见，收益分配权乃是产品占有权的后续的与派生的形式。

（三）生产资料和产品处置权

所有者还拥有对他占有的生产要素和一切物质对象的处置权。例如，奴隶主可以将奴隶出卖或处死；地主可以将土地租佃出去，或是交托给代理人去从事经营；资产者占有的生产资料可以使用于企业生产过程中，也可以出售或转让给他人，归他支配的一切生产要素——生产资料、劳动产品和货币资金，他们的一切财产均可以作为遗产转归其妻子和子女所有，或者进行捐赠，无偿交给他人使用。上述生产资料的租佃、转让和各种财产的捐赠等，均是财产处置权的体现，它是所有制概念的另一内涵。

我们以上所论述的所有制的三个方面，可以用图式表示如下：

始发的占有关系——对生产资料独立的支配使用 ┐ 派生出对生
│ 产资料和劳
↓ 动产品的独
后续的占有关系——对劳动产品的占有→派生出 ┘ 立的处置
独立的收益分配

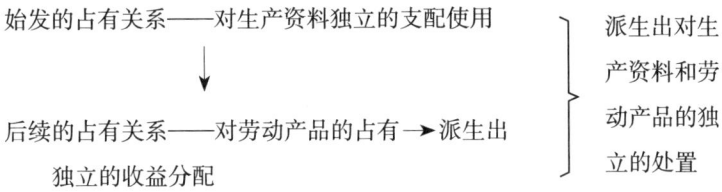

综上所述，所有制可以简单规定为：对生产条件与劳动产品的占有关系。这是一个高度的理论抽象。如果更具体地加以规定，那么所有制就是对生产资料的独立的支配作用，对产品和收益的占有与独立的分配，对生产条件与各种财产的独立处理等经济行为中体现的生产关系的总和和组合，从而是上述三维占有关系的特定结构，这种占有关系的结构，就其法权形式来说，表现为一个由支配使用权、收益分配权、处置权组成的三维结构。人们通常使用的所有权，就是上述三权的总和和组合。即：

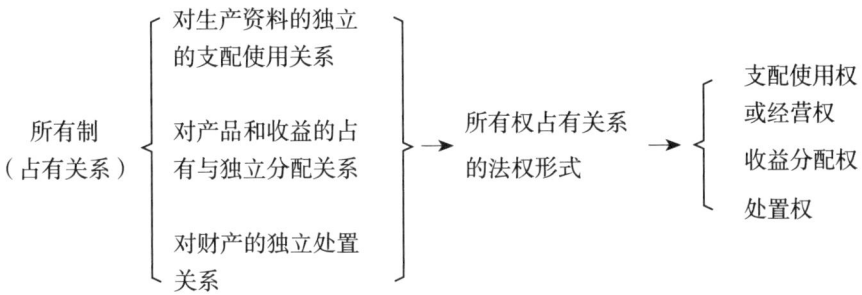

所有制 ┌ 对生产资料的独立
（占有关系）│ 的支配使用关系
│ 对产品和收益的占 ┐ 所有权占有关系 ┌ 支配使用权
│ 有与独立分配关系 ├→ 的法权形式 →│ 或经营权
│ 对财产的独立处置 │ 收益分配权
└ 关系 └ 处置权

通过以上对所有制范畴含义进行的剖析，我们可将所有制归结为：三维的占有关系和三维的法权结构。这种分析和理论阐述，是为了确立一种所有制的结构观，这是对在人类经济生活中从来就是十分重要和表现得越来越复杂的所有制形式（经济形式和法权形式）做出一种简单解析的新尝试。

二、所有制的两权统一模式向两权分离模式的转变

所有制的结构是随着生产力和劳动方式、经营方式的变化而发展变化的。在历史上作为所有制的内容和实质的三维生产关系——生产资料独立的支配使用、产品独立的分配、财产独立的处置，它的具体形式及组合方式均是处在发展和变化之中的。政治经济学不能泛泛地谈论所有制一般，而是要分析阐明各个社会形态所有制结构的具体特点，对所有制结构的这种历史的考察应该成为我们理论研究的一个重要课题。大体说来，在人类社会发展史上，所有制结构经历了一个由三维生产关系的统一走向分离的发展过程。这种分离表现为：占有主体将不同程度的支配使用权分离出来交给有关生产当事人。在这种情况下，生产当事人拥有经营权，而另一方面，所有者则保持着基本的产品占有和分配权、财产处置权。由于产品占有和分配权是所有制的关键部分与决定要素，拥有产品占有和分配权就可以说具有了经济上的所有制的基本条件。因此，对于所有制的这一历史发展可以简单地概括为：由所有权与经营权相统一的结构模式，逐步发展和转变为两权分离的结构模式。

人类历史上适应原始的生产方式而出现的始发的和最简单的原始公社所有制形态是：氏族群体不仅拥有对土地、工具等生产条件的直接支配使用权，也拥有对猎取的野兽和采集的果实等劳动产品的占有、分配与处置权。这是一种所有权与日常支配使用权（经营权）相统一的所有制形态。个体小农生产方式和个体手工业生产方式，以及奴隶工场、封建庄园等生产方式，同样地也是以所有权与经营权的统一为特征。在那里，占有主体是集支配使用权、收益分配权、处置权于一身的。在奴隶工场里，奴隶主既是所有者又是经营者，他直接安

排奴隶工场的生产，同时又直接决定占有产品的分配与处置，它决定劳动产品分配给奴隶的份额，也决定如何处置他拥有的剩余产品以及如何处置奴隶，例如是用以出卖、馈赠他人还是加以处死。对独立的个体小农来说，他既是土地的独立使用与经营者，又是产品和收益的占有者，也是财产的处置者。因而，所有权与经营权也是相统一的。在上述生产方式下，所有制表现为集两权于占有主体一身，还未曾出现统一的占有权结构分化的现象。

但是，所有制的两权统一，并不是不可解释的天然法权，而是特定生产方式的要求。例如，原始氏族公社时期，由于物质生产力水平极端低下，人类在很大程度上还是为自然所主宰，那时原始的生产还是一种维持生存性质的集体生产，它要求生产资料（土地、森林、河流等）归氏族群体独占和在群体协作劳动下归氏族共同支配使用。为了维持氏族成员的十分艰难的生存，它要求平均形式的产品分配。生产方式的上述性质就使支配使用权、收益分配权、处置权的统一成为一种必然。奴隶作坊的生产也是如此，对于那些工具简陋笨重和实行粗陋的简单协作的原始作坊来说，它完全可以由奴隶主直接来管理和经营，同时，奴隶没有独立的"人格"，奴隶不仅对生产无权，而且对自己的人身和劳动力也无权。因此，奴隶制生产方式下，日常的生产活动就有可能有必要由奴隶主直接支配和直接管理。上述情况表明，把经营权、收益权、处置权集于占有主体一身的所有制形态，是与人类社会经济早期发展阶段的落后劳动方式的性质相适应的。

但是，所有权与经营权的统一，绝不是人类历史上所有制的唯一的具体形态。随着生产力的发展，以及适应着一定的生产方式中调节经济利益矛盾的需要，出现了所有权与日常的支配使用（经营）权的分离。例如，在原始氏族公社解体阶段，氏族共同生产分化为以家庭为单位的生产，一部分土地在一定时期内固定给家庭使用，而家庭劳动生产物也归家庭独立支配享用，这样就有了土地的氏族所有权和家长制大家庭日常支配使用权的分化，尽管那时候上述权利尚未采取"法权"形式。在奴隶社会解体时期，出现了将土地分块交给隶农独立耕种，由后者向所有者支付"贡纳"，隶农由此有了一定的土地使用权和一定的收益权，而奴隶主则保留了法律上的和经济上的所有权——对剩余产品的占有。在封建制经济形态下，土地所有制存在着所有权、使用权、收益权、处置权等多种多样的结合形态，它体现了封建占有结构的复杂性。如在封建庄园的场合，庄园土地的法律的和经济的所有权归封建领主，而庄园土地的经营则是委托给作为领主代理人的管事去承担。在这里，我们看到了所有权与经营权相分离的另一种形式，即两权在统治者阵营内部不同阶层之间的分离。在封建庄园制下，为了制造农奴占有土地的假象以刺激农奴的劳动，领主分给一小块仅足以生产出供糊口的口粮的土地给奴隶使用①，领主保持对份地的法律上完整的所有权和经济上的部分所有权，它表现在农奴还要将份地上生产的作物、牲畜以"贡礼"形式献给领主，这是所有权与经营权相分离的又一种形式，即在统治者与直接生产者之间的分离。封建社会出现的租佃制生产方式，采取了土地归封建主所有，但是在一定时期内交给佃农使用，这是所有权与经营权在地主与农民之间的进一步分离。这种所有制形式将基本生产资料——土地的使用权在租期以内赋予直接生产者，而所有者则只是拥有对土地的法律上和经济上的所有权。

---

① 列宁说："农民在自己的份地上经营的'自己的'经济，是地主经济存在的条件，其目的不是'保证'农民有生活资料，而是'保证'地主有劳动力。"（《俄国资本主义的发展》，见《列宁全集》第3卷，人民出版社，1959年，第158页）

在中国封建社会，存在着极为复杂的所有制的多种多样要素结合形态和权利结构形态。在中国中央集权的封建专制体制下，实行土地国有。"普天之下，莫非王土"，国君拥有由法权规定的最高土地所有权。为了调节统治阶层的内部利益关系，国君将土地向下分封，从而出现了各级封主（公、侯、伯、子、男，按照具体情况授予土地若干顷）和各级贵族官吏的封土、封邑。在国君向分封土地收取"赋税"的场合，国君则对土地保留有部分的经济所有权。在中国封建社会，国君为了将农民固着于土地，以便稳固地榨取封建地租——劳役地租和实物地租，而将国有土地授予无地、少地的农民，这样就产生了农民长期的实际的小土地占有制。国君不仅保持着对土地的法律上的所有权，而且对农民征收苛重的赋税，因而国君实际上保持着对土地的经济所有权。中国封建制自战国以来，较为普遍地实行地主经济，地主将土地租细给农民耕种而收取封建地租，在这种土地租佃制经营的场合，则有地主的法律上和经济上的土地所有权和农民对土地的经营权的分离。

中国封建社会土地所有权与经营权的分离可用图式说明如下：

国家与贵族地主、庶族地主的利益关系的调节 —— 国家拥有法律上的土地所有权，赋予贵族地主与庶族地主以土地的经济所有权

国家与小农利益关系的调节 —— 国家拥有法律上和经济上的土地所有权，赋予农民以部分的实际所有权或经营权

地主与佃农利益关系的调节 —— 地主拥有法律上的和经济上的土地所有权，赋予佃农以土地经营权

可见，上述封建所有制三维占有关系的多样结合形式，增强了这种所有制的弹性，使之能适应多样的劳动方式和经营方式的要求，这是中国封建制社会经济形态能长期延续的重要原因。

早期资本主义所有制也是以所有权与经营权的统一为特征的。资本主义生产方式在它的初始发展阶段，例如在工场手工业和工厂制度建立的初期，采取了独资企业和合伙企业的形式，在这种经营形式下，资本家的支配使用权、收益分配权和处置权是统一的。在那里，投资者往往也是经营者，他们亲自出任企业经理或厂长。在这种所有制形式下，占有主体通过直接经营来实现资本占有剩余价值的职能，而作为直接生产者的工人，无论在生产或是分配中，都是处于无权地位。

但是，随着资本主义经济的发展和成熟，所有制的两权统一模式很快就让渡于两权分离的模式。资本主义生产的目的是追求最大限度的剩余价值，资本家通过法律形式把他对生产资料和产品的占有，把这"自私自利的权利"[①]作为至高无上的"私有财产"权，并赋予它以不可侵犯的神圣的光环，其目的正在于获得最大限度的利润。资本主义生产方式的本性，决定了收益权即剩余产品的占有，在所有制的内在结构中占有更加重要的地位。如果说，在社会政治领域重视门阀的封建社会，只有拥有"地主"身份才能晋升和进入达官贵人的上层统治者阵营，因而对土地的占有不仅为了经济目的，而且为了达到政治、社会的目的，那么，资本主义生产方式下所有制的重要意义则纯粹是经济的，是为了占有剩余价值。那些不能获取任何经济收入的"财产"或占有，例如完全不能分取红利的、已破产企业的股票，对

---

① 《马克思恩格斯全集》第1卷，人民出版社，1956年，第438页。

于资产者来说，就是毫无价值与毫无意义的。而如果能保证获得稳固的和不断增长的利润，资产者也可以完全地放弃他对企业生产与经营活动的直接管理。正因为如此，资本主义生产方式有了使所有权与经营权相分离的更大的可能和余地。我们看见，在那些以机器大工业为物质基础的大企业中，资本家就使用专家来从事经营管理。在股份制公司这种企业组织形式下，资本家表现为一种不从事经营，而只是剪息票的单纯所有者，经营权则交给非所有者的经理（即使公司给经理一定股份，也是作为对经理的经营工作的一种物质鼓励），公司经理体现的是职能资本的职能，它拥有充分的生产经营权，所有者则满足于收益权，从而体现了所有权资本单一的占有职能。这样，资本主义就把所有权与经营权的分离进一步发展了。

三、所有制两权分离的原因

以上我们对所有制的两权统一模式转变为两权分离模式做了历史的叙述。在这里，我们要对两权分离的原因进一步加以论述。

（一）支配使用权、收益分配权、处置权相统一，即所有权与经营权相统一的所有制模式，乃是生产力水平低下、劳动方式落后、生产社会化不发达的产物

在这种情况下，生产单位内部的劳动协作和分工十分简单，还不需要有发达的、专业化的组织劳动——用来组织、协调社会化的协作劳动的独立生产劳动形态，因此还没有专业的经营管理人员。而随着生产社会化水平的提高，企业的劳动分工和生产组织趋于复杂，就产生了对专业经营者的需要。个体小生产方式，甚至是初具规模的工场手工业，或是较小的工厂，所有者都可以胜任生产经营活动。但是，采用机器大生产的工厂，为了有效地发挥机器体系的物质生产力和组织好企业内的社会结合劳动，必须有发达的管理、经营劳动（包括生产技术管理、成本与财务管理等）。这样，经营、管理劳动就在广度与深度上进一步发展，成为一批管理人员的专门职能，而经营管理者也就逐步形成一个社会阶层。

资本主义生产的进一步社会化和商品经济发展到更发达的阶段，特别是在市场作用进一步增大和市场竞争更加尖锐的条件下，企业组织管理劳动就越发显得重要。因为：（1）企业要适应现代的科学技术综合体的特点来实现生产技术要素的最佳结合；（2）企业要适应企业内劳动社会化（大量劳动者和多品类劳动者的结构）实现劳动要素的最佳结合；（3）企业要适应不断变动的市场机制，不断调整投入品（生产要素）、投入劳动（人身要素）的结构和产出品的结构；（4）企业要适应更加复杂、更加变动不定的市场行情的变化，实现科学管理和科学经营。基于上述需要，企业经营管理活动的内容也愈加丰富和愈加复杂，成为一种重要的熟练劳动。这种范围广泛的高度熟练性的组织劳动，即使是有卓越才能的个人也难以承担，而必须要拥有专业知识和技能者包括经理、会计师、统计师、市场分析专家、金融专家等来承担。

在经营管理作为专业人员的职能的条件下，人们就能在经营管理实践中总结经验，积累管理知识，提高管理技能，从而大大完善和提高对生产的经营管理水平。在当代资本主义经济中，职能资本家与所有权资本家的分离和新的经营者阶层的产生和发展，推动了企业经营管理的科学化，而经营管理也因此成为生产力体系中的一项现实的要素。

总之，当代资本主义生产社会化和商品经济的迅速发展，使所有者直接从事经营的传统所有制模式成为历史，并决定了经营权必须由专业管理人员来承担，而资本家则只是拥有法律所有权和经济所有权。这种在资本主义生产关系范围内的两权分离的新企业所有制模式的确立，乃是资本主义国家生产力一度迅速发展的重要原因。可见，两权分离，或者经营权从所有权中的独立化，其物质基础是生产社会化。可以说，它是当代社会化大生产劳动方式下企业所有制的一般特征。

（二）两权分离是一种所有制的内在权利结构的变化，体现了经济利益关系的调整

所有制，作为一种生产条件和劳动产品的占有方式，体现了生产中的人与人的关系。而就宏观来说，所有制体现了：（1）生产资料所有者与非所有者之间的关系，这是所有制关系的基本内涵。（2）各类生产资料所有者（例如在资本主义经济中经营产业的资产者、土地占有者、货币资本占有者等）之间的关系；物质生产领域的所有者与服务生产、精神生产领域的所有者之间的关系；国内所有者与国外所有者的关系。（3）生产资料所有者与不占有生产资料而从事各种公职活动的政府机构人员的关系。（4）生产资料所有者与不占有生产资料而从事智力（科学、技术文化、艺术）劳动人员的关系。（5）各类生产资料所有者、各类产品（物质的、精神的、科技的）占有者和他们的家庭成员，或其他相关人员（如亲友）的关系。就家庭成员来说，父母和子女的关系在一定意义上可以说是其家庭私有财产的直接所有者与间接所有者的关系，例如所有者死后财产归其子女继承。但是，家庭内部也有复杂的占有关系，西欧中世纪长子继承制和当代的子女平等继承制在所有制上就有不同，西方家庭内部所有制与中国家庭内部所有制就有不同。

上述多类型的、多样的、多层次的、宏观的社会占有关系，体现了复杂的社会阶级、阶层结构的利益关系。应该说在任何社会形态下，人们都要自觉地或不自觉地进行一定的宏观所有制的调整，以协调社会各阶级、阶层等方面的利益关系，维护与巩固基本的所有制形态。所有制内在结构和权利结构的调整，包括所有权与经营权的分离，在一定程度上也是体现了上述利益关系的调整。因为：（1）给直接生产者以某些经营权的所有制，它通过直接生产者自主经营来在一定程度内实现劳动者的意志，或通过赋予直接生产者一定的收益权，增强生产效益与生产者经济利益的直接联系，由此激发直接生产者的劳动兴趣和积极性。隶农制不同于奴隶制，佃农制不同于农奴制，都在于前者赋予没有所有权的直接生产者以某些经营权与收益权。（2）给从事管理劳动的人员以某些经营权。这种经营权是与一定的经济利益相联系的，如资产者给经理以高薪，或给予一定股份，以此更有效地刺激经理经营管理活动的积极性。

由此可见，两权分离的所有制结构，通过对生产中所有者、经营者、直接生产者诸方面经济利益关系的适当调整，有利于刺激直接生产劳动和经营管理劳动，这也是这种企业所有制形式较之两权相统一的所有制模式能够表现出更强的适应性的原因所在。

四、社会主义全民所有制的两权分离

在我国传统体制下，全民所有制企业实行国家所有、国家直接经营和国家统一分配，这是一种所有制的三权统一和所有权集中于国家的所有制模式。这种所有制模式乃是传统的高度集中的经济体制的重要方面和基础。这种全民所有制模式中，不存在企业联合劳动者的支配使用权和产品局部占有权，它不利于实现国家、集体（企业）、个人三者利益的正确结合，从而不能调动企业广大职工的积极性。我国国营企业长期以来缺乏活力，其最深刻的经济根源正在于此。

我国经济体制改革的中心环节是搞活企业，特别是搞活国营大中型企业。针对国营企业体制的上述弊端，基于我国1979年以来在城市国营企业实行扩大自主权和农村家庭承包中实行土地集体所有、家庭经营的成功经验，我们已把实行所有权和经营权的适当分离，作为全民所有制改革的基本方向。这一改革在于：在坚持企业中生产资料的全民所有制的同时，缩小企业所有制结构中过度扩大的国家权力，赋予企业以日常的生产经营权和部分的产品占有权，使企业自负盈亏、自主经营、自行发展，成为相对独立的商品生产者。

我国国营企业实行两权分离，这是为了搞活企业，建立有中国特色的社会主义而对企业所有制形式进行的一项重大改革。长期以来，在传统的社会主义经济理论的影响下，人们固守全民所有制企业只能实行国家所有和由国家直接经营的陈旧观念和模糊认识。按照这种观点，经营自主和企业自治，就是与社会主义全民所有制的本性相违背的。正因为如此，尽管我国自20世纪50年代中期以来，进行过两次经济管理体制的改革，但却总是在中央管理或是地方管理的权限划分上兜圈子，而不曾涉及企业的组织经营方式和所有制模式的改革。不仅如此，在执行"左"的政策和极左思潮泛滥的时候，甚至出现把关于搞活企业的改革设想，例如孙冶方关于提高企业赢利的作用——包括给企业以部分提留的正确观点和国外关于社会主义企业自治的理论与实践，皆统统作为修正主义横加批判。

其实，关于所有权与经营权分离的观点，本来就包括在马克思主义的所有制理论之中。在本文中我们已经较为细致地阐述了按照马克思辩证唯物主义的方法论，应该确立一种所有制的结构观点和历史发展观。这就是：（1）要把所有制作为支配使用关系、收益分配关系、财产处置关系的总和和组合，而上述三维占有关系又表现为一定的占有权利结构。（2）要看到上述占有关系结构和权利结构本身在历史上就是不断发展变化的。如我们所概述的那样，两权相统一的所有制结构发展演化为两权分离的所有制结构，在社会主义社会以前的人类社会经济发展史中就一再出现过。基于上述基本观点，结合社会主义的实践，从我国现阶段国营企业的实际和搞活企业的要求出发，我们就应该看到：我国全民所有制企业由传统的两权统一模式发展转化为两权分离模式是完全必要的，它是我国生产力发展的要求，而我国基于社会主义实践所总结的有关全民所有制两权分离的新经验，也是对马克思主义所有制理论的一项新发展。

全民所有制的两权分离具有十分重要的意义。大体说来主要有以下几点：

第一，两权分离是对传统的国营企业组织形式和占有关系的一次重大调整，这一调整大大改进和完善了国家、企业和职工之间的利益关系。（1）实行两权分离，原来统一上缴国家的企业纯收入，一部分以自有资金形式留归企业支配，企业由此有了部分的劳动产品占有权，可以将自有资金用来进行自身的内部积累，企业不仅能自主经营，而且能借助自有资金实现自主的扩大再生产和自行发展，这样就维护了企业的生产利益。（2）实行两权分离，原来统统由国家集中使用的产品分配权，一部分就让给了企业，企业可以根据自留利润的状况，独立自主地调节与安排职工的工资收入，按照他们每一个人付出的劳动数量与质量分别付给不同的劳动报酬。这样，就使企业的赢利和职工的工资收入挂钩，从而更充分地保障了职工个人的物质利益。在让出原先集中于国家的适当部分的产品所有权、收入分配权的同时，国家仍然以税金形式集中企业纯收入的较大部分，从而仍然保持着对企业生产资料的经济所有权，当然，国家也拥有对企业生产资料的法律上的所有权。可见，两权分离这一所有制的具体形式的调整，实现了国家所有权和企业产品局部占有相结合的新模式。这种占有结构与原先的不存在企业局部占有，从而取消了企业的利益主体性质的两权统一模式大不相同，它有利于正确处理国家、企业与职工个人三者的经济利益关系，并从根本上调动职工的积极性。

第二，两权分离实现了传统的国家所有制的权力结构的调整。原先归国家独揽的生产经营权下放和归还给了企业，企业可以根据自身条件和市场状况，自行决定生产计划、自行从事原材料的采购、产品销售，以及自行决定企业的积累和长远发展的方针。这样，企业就成为拥有生产自主决策权的经营主体。由于国有企业职工是全民的一个组成因子，本来就处在生产资料的所有者和主人的地位。两权分离后，企业职工更拥有联合的、群体的经营者的地位。他们既是联合的直接生产者，又是联合的经营主体，他们不只是在上级命令、指示下消极被动地进行生产，而是开动脑筋以主人翁的身份，积极主动地提建议，想措施，出谋划策，人人关心企业经营的完善和经济效益的提高。可见，把经营权归还给企业，意味着生产资料的支配使用权属于直接生产者。社会主义公有制也由此具有直接占有的性质①，广大职工真正成为生产的主人，劳动者当家

---

① 马克思认为，无论是原始的公有制，还是社会主义、共产主义公有制，它们都具有直接的公有制的性质。

作主的积极性也真正地得到了调动。

第三，两权分离既使企业成为拥有产品局部占有权和自身特殊利益的利益主体，也使企业成为拥有生产自主权的经营主体。利益主体的地位使企业的生产活动真正拥有了内在的动力，而企业的经营主体地位，意味着企业能根据自身的条件和适应市场状况，独立地进行经营决策，这样的企业才能表现出商品生产者的行为特征，而市场机制也才能由此发生作用，社会主义经济才能按照商品经济的机制来运行。

第四，两权分离开拓了企业经营管理专业化和社会化的道路。如上所述，生产的社会化决定了组织与管理劳动从一般的物质生产劳动中分化出来，成为一些人（经理、会计师、经济师等）的专门职能。在社会主义制度下，生产越是社会化，企业生产要素的优化组合越复杂，就越是需要有发达的劳动组织和管理，需要有科学化的企业经营管理。人们曾经基于产品社会主义的观念设想在社会主义制度下，企业管理完全可以不费气力地由上级的行政管理部门来承担，而在传统的国民经济管理体制下，就是由各种管理经济部门来直接插手和组织各个企业的日常生产与分配。但是社会主义的实践表明，企业的复杂的微观活动，特别是在商品经济的市场机制充分发挥作用下的企业微观活动，是那些处于上层，远离企业生产现场的国家管理机关所不能管好的。实践表明，要使那些经济条件千差万别和处在市场情况不断变化下的企业的经济活动实现科学管理，灵活经营，充分挖掘它的潜力，必须依靠企业自身，依靠企业中的联合劳动者的积极性，依靠经理和其他企业管理人员的自主决策的作用。特别是在市场机制发挥作用和激烈的竞争条件下，企业的自主决策权就更加重要。企业实行两权分离是全民所有制内在权力结构的重大调整，它使企业拥有了支配使用权，成为真正的经营主体。这样，就使企业中的专业管理劳动者群体，有了有效行使经营管理职能和发挥他们的聪明才智的广阔场所。这样的所有制内在权力结构的改革，将为企业管理的专业化和社会化铺平道路。

综上所述，由传统的全民所有制两权统一模式向两权分离模式的转变，可以说是社会主义生产关系深层次的一次重大调整。这一调整，一方面使国家成为拥有法律上的和经济上的所有权的占有主体，另一方面使企业成为拥有产品局部占有权，特别是拥有支配使用权的经营主体。这样的所有制模式，既维护了作为全民代表的国家的产品占有权和经济利益，又避免了国家权力过度扩张；既赋予企业以生产资料的支配使用权和局部利益，又不形成企业集体专利。因而这种企业占有结构所体现的社会主义利益分配格局和两权分离模式，较之传统的全民所有制模式是一大进步，可以说它实现了产品性全民所有制模式向商品性全民所有制模式的变革。

五、社会主义全民所有制两权分离模式的完善

像任何新事物都不可能十全十美一样，我国当前的全民所有制两权分离的模式，也不是一下子就尽善尽美。而只能说，它开拓了我国现阶段社会主义企业所有制进一步改革的道路。

全民所有制企业在实行所有权与经营权分离后，企业有了责、权、利，成为具有自身特殊经济利益的实体和自主经营的主体，这样就大大调动了企业的积极性，但企业利益关系和经营方式的这种调整，也引起企业对局部利益追求的强化。加之以计划体制的改革，指令性计划范围的缩小和指导性计划成为主要的调节形式，国家对企业

实行借助经济手段的间接控制，企业从自身局部利益出发，根据市场状况独立决策、自主经营。在这种情况下产生了企业行为短期化，其表现是：企业在收入分配上，一味扩大消费而不关心积累，企业相互之间在增发奖金上互相攀比，为此乱摊成本，个别企业甚至不惜为增发工资而变卖固定资产；在经营方针上，一味追求眼前销售利益，搞"一锤子买卖"，而不顾企业长期信誉，不在提高质量降低成本上下功夫；在投资战略上，反正企业生产资金都是国家财产，投资多多益善，投资效益无需企业去考虑盘算，因而一味向国家争投资，乱上项目。这种不合理的企业行为，进一步引起了"消费亢奋"和加剧"投资饥饿"，并且成为经济活动"失控"的主要原因。

由于厂长是企业最高决策者和经营负责人，厂长的正确经营决策是企业行为合理化的关键，因此，人们曾经设想，通过明确规定厂长代表的客体，摆正厂长的地位来解决由企业职工对局部利益的追求所诱发的行为短期化问题。具体地说，这就是明确规定厂长代表国家，在企业的决策中，应该克服各种局部利益的干扰，把国家的利益放在首位。

我们认为，我国传统的国有、国营企业模式转变到国家所有、企业经营的两权分离体制后，出现的企业行为短期化现象，在本质上是企业组织形式与经营机制的问题。固然，提高国营企业领导人的政治素质，增强他们的国家观念、整体观念和远见卓识，是正确处理好国家、企业关系，实现企业合理的社会主义经营的主观条件。但是，在商品经济所固有的企业谋求局部利益的趋势下，要求企业经理的决策能做到国家、企业利益全面兼顾，完全不受局部利益的干扰，这是很不现实的。因此，解决企业行为合理化问题，在国营企业中做到有效维护国家利益，不应该主要求助于企业经理的个人思想品质，而应该依靠进一步深化企业改革，特别是要从企业经营方式和机制的进一步完善入手。为此，可以采取下列对策：对国营企业实行多样的、形式不同的经济责任制，完善企业的责、权、利关系，在实践中发展全民所有制的多样形式和多种经营形式。对于大量的小型企业也可以积极地推动租赁制、承包制等，有的小企业也可以实行拍卖。在一定的、适当的范围——特别是在集体经济领域和国营小企业中，可以试行股份制。上述这些不同的经营形式和企业组织形式，均是着眼于坚持企业的国家所有权，同时又赋予企业以充分的责、权、利，使企业负盈又负亏，既做到企业充分地放活，又切实维护所有者（国家）的经济利益。

改革企业的经营方式和组织形式，最适当地实现两权分离，这是健全企业经营机制的内部条件，而要真正实现企业行为的合理化，还需要解决外部条件即市场环境问题。因此，还要建立社会主义市场体系和充分发挥市场机制的作用，通过把企业推向市场，使企业活动充分地为市场牵动，即用一双眼睛盯住市场。在这种有效的市场——企业连锁作用之下，市场竞争机制会迫使企业为了求生存、求发展而自觉地兼顾眼前利益和长远利益，强化积累冲动，自觉地加强经营管理，革新技术和生产方法，大力提高劳动生产率。应该看到，市场机制的作用，将对企业起到重要的制约作用，它迫使企业为充实、加强自身而合理经营。企业按照市场的导向组织生产和经营，但国家也可以运用经济杠杆，通过市场间接地控制企业，促使企业的目标与社会的目标相协调，实现企业行为的合理化。

归根到底，我们不能把现在的全民所有制两权分离模式当作完美无缺的，应该看到它在占有结构、经营方式和组织结构上都还需要进一步完善。而在国营企业的不同类别和不同生产领域中，寻找出与该领域的具体条件相适合的，既能正确地维护国家利益，又能发挥企业自主经营积极性的企业模式，是十分迫切和必要的。

加强社会主义所有制研究①

　　按照马克思主义政治经济学的研究方法，我们可以把社会主义社会的经济结构区分为两个方面。一方面基础性的经济结构。它是直接生产过程中人与人的关系的总和，包括生产资料所有制、交换关系、分配关系、消费关系等要素。另一方面上层性的经济结构。它是国家（或社会）对经济实行管理过程中人与人的关系的总和。包括计划管理、财政、税收、劳动工资、金融等管理形式，通常称为国民经济管理形式或结构。上述两种经济结构互相依存、互为条件。基础性的经济结构决定上层性经济结构的性质和形式。上层性的经济结构必须适应基础性经济结构的性质，而基础性经济结构又必须适应生产力的性质。基于这一内在机制和规律，必须适应社会现实的物质生产力水平，以此来组建社会主义经济结构。具体地说，首先必须适应社会物质生产力的水平来建造基础性的社会主义经济结构。其次适应社会主义基础性经济结构的特征来建造上层性的国民经济管理形式。社会主义国家进行体制改革，按其本性，是为了寻找和建立与其国情相适合

---

① 《社会主义所有制》序言，陕西人民出版社，1988年。

的基础结构和国民经济管理形式，从而充分地发挥社会主义制度的优越性。

由于社会主义所有制是社会主义基础性生产关系的核心，直接生产过程中人们相互关系中的社会主义关系的发展与完善，以及物质产品、服务产品、精神产品的交换、分配和消费中的社会主义关系的发展与完善，都是以所有制的完善为前提。因而按照各国物质生产力的水平，组建起一种最恰当的社会主义公有制模式（具体形式），对于改革社会主义国民经济管理体制和新的经济体制的形成，就具有特殊的重要性。正因为如此，深入进行经济体制改革，使社会主义制度不断地完善化，就不能不注意所有制这一基础领域中存在的问题和致力于解决其问题。

一般地说，世界社会主义国家都是借助国有化和对生产资料私有制的改造而建立起社会主义公有制结构的。由于世界社会主义的实践，迄今只有80年的历史，中国社会主义建设也只有40多个年头，对于如何组建和完善社会主义经济结构，人们还不能说已经找到了可供遵循的、现成的、成功的经验，因而，社会主义国家初步建立起来的经济结构，必然还要表现为一种较为粗糙的形式。只有经过实践—认识—再实践的过程，才能实现结构的优化，这是社会主义经济结构产生、形成和成熟的客观规律。固然，在人们对社会主义的认识深化和更自觉地运用社会主义经济规律的条件下，这一过程可以缩短，但毕竟不能超越这一历史发展过程。

社会主义所有制初建时期的具体形式，不可能是十全十美的，往往会存在某些缺陷，而在人们对客观规律的认识模糊，从而实际工作发生失误的情况下，甚至还会在某些范围内产生所有制形式的扭曲。例如，在宏观的社会主义所有制结构方面，我国在生产资料的社会主义改造过程中，由于对个体所有制和其他所有制形式存在的必然性和意义认识不足，采取了"割私有制尾巴"的"左"的做法，从而形成了单一性公有制结构。这种超越物质生产力水平的过头的公有化，使所有制容量"狭窄化"，从而不能适应我国多层次生产力结构的要求。又如，在微观的即企业的所有制结构方面，我国传统的做法是：一是国家集中决策，直接干预与指挥企业的一切活动；二是实行统收统支，企业盈利全部上缴财政，国家集中占有全部剩余产品；三是规定统一的按级别的劳动报酬标准，国家直接对职工分配消费基金。这是一种国家集所有权、经营权于一身的全民所有制模式。在这种模式下，企业没有权、责、利，成为国家行政管理机构的附庸，既无内在的动力，又无外在的压力，成为听从上级机构拨弄的"算盘珠子"，联合劳动者的社会主义积极性由此被严重挫伤，企业由此失去活力。企业是社会主义经济的细胞，企业活力的丧失，使整个社会主义经济也由此失去生机。《中共中央关于经济体制改革的决定》明确指出：为了搞活国营企业，必须实行国家所有、企业经营，使经营权与所有权适当分离。把国营企业传统的全民所有制模式转变为两权分离的全民所有制模式，这就是我国国营企业所有制具体形式改革的方向。以上情况表明，为了进一步完善我国的基础性经济结构，还需要进行所有制的改革。

所有制改革，就宏观来说，是在坚持社会主义公有制为主体的前提下来调整所有制结构；就微观来说，是在坚持社会主义全民所有制性质的前提下，改进与完善全民所有制的具体形式。此外，还要在坚持全民所有制为主导的前提下，改进与完善集体所有制形式。因而，这一改革绝不是公有制性质的改变，而是社会主义公有制的完善，使社会主义公有制的优越性真正地得到发挥。所以，在进行所有制改革时，必须自始至终坚持公有制的主体地位，特别是对于全民所有制的改革尤其是如此。

所有制的改革，属于社会主义生产关系深层次的改革。我国经济体制改革，发轫于农村。农村改革，先是经营方式的改革，最终发展为联产承包责任制，引发了所有制具体形式的调整。城市的经济体制改革由对国营企业让利、放权，由财税、价格等领域，发展为实行自负盈亏、自主经营的组织经营形式，以及在小企业中实行各种形式的经营承包制、租赁制、股份制等。从我国经济体制改革的过程来看，是从流通、分配等领域逐步深入到所有制领域的。所有制具体形式的改进与完善，乃是深化企业改革的一个重要内容。这一改革，为产品经济旧体制向社会主义市场经济新体制的转换构筑微观基础。因而，这一改革的健康发展，将会把我国的经济体制改革推向一个新的阶段。

如何在坚持公有制为主体的前提下，进行宏观的所有制结构调整和微观的所有制形式完善，这是一个新的课题。近年来的改革实践，已为我们提供了许多十分可贵的新经验。当前的任务是：要逐步对这些经验从理论的高度进行总结，以便更加自觉地坚持成功的做法和修正那些不恰当、不成功的做法，从而把改革继续推向前进。这就需要有科学的理论，特别是需要有科学的关于社会主义所有制的理论。

传统的政治经济学社会主义部分关于所有制的理论，主要着眼于概括地表述公有制这一社会主义基础结构的本质特征及其优越性，它脱离社会主义初级阶段的具体条件，片面强调单一的公有制的优越性，宣扬"小集体不如大集体""集体不如全民""越大越公越优越"，甚至还错误地主张应该及早实现由集体所有制向全民所有制过渡，由社会主义向共产主义过渡。

传统的社会主义所有制理论中存在的较为粗糙的分析和糊涂观

念，是与人们在理论分析方法上的缺陷密切相关的。其表现为，一是在很大程度上不是把所有制这一范畴作为生产关系来把握，而是往往将它作为法权关系。例如，它在论述社会主义全民所有制的性质时，停留在生产资料作为国家财产这一法权规定即生产资料的归属上，而不是着眼于从生产关系上进行剖析。二是未将所有制这一范畴作为生产关系的总和来把握，综合考虑生产资料的占有、使用及产品的分配等关系，而是往往单纯着眼于生产资料的占有和支配方式。基于这种方法，人们就不可能根据国营企业收益分配中存在的国家占有和企业局部占有的要素，来阐述现阶段全民所有制的不完全的性质。三是在分析所有制时，停留在某种抽象的公有制概念上，从而把社会主义社会的所有制当作是单一的公有制。这种纯公有制理论排斥多元性概念，从而不能对现阶段以公有制为主体、以某些私有制为补充的社会主义社会所有制结构从理论上加以阐明。在分析企业的所有制时，由于缺乏结构的概念，因而，它不能把企业的所有制作为一个层次结构来把握，从而不能对社会主义初级阶段带有多样性的所有制——例如对于既包括集体占有关系，又带有个体占有性质的农村联产承包责任制，作出恰当的理论概括。四是以产品经济为基点来阐述社会主义所有制，从而将企业的公有制——无论是全民所有制企业还是集体所有制企业，当作是单一的，无视和低估联合所有制的意义。特别是它根本没有对社会主义商品经济中企业资金自主结合机制产生的丰富的、多种多样的交错和联合所有制形态进行分析和阐述。以上传统的社会主义所有制理论和方法的局限性，归结起来，其缺陷最根本的在于，它未能做到把马克思主义关于社会主义、共产主义所有制的理论应用于社会主义初级阶段的具体实际，未能在分析社会主义所有制中坚持唯物辩证法。

我国20世纪80年代以来生气勃勃的社会主义经济体制改革，引发了关于社会主义经济的大讨论。在这一场讨论中，所有制的问题十分引人注目。涉及有关社会主义所有制的结构、全民所有制的特征、联产承包后农村所有制的性质、联合所有制、全民所有制的两权分离形式的性质与作用，以及实行承包经营责任制、租赁制、股份制的国营企业所有制的变化等十分广泛的问题。尽管对不少问题人们的认识还很不同，甚至分歧很大，但是，以马克思主义为指导，从改革实践出发的百家争鸣，必将进一步推动马克思主义的社会主义所有制经济理论的发展。

我国社会主义经济建设正反两方面的经验表明：十分注意所有制问题，及时发现社会主义所有制形式与生产力的矛盾，并采取适当的调节措施来解决这一矛盾，使社会主义所有制具体形式进一步完善，乃是关系到社会主义经济建设能否顺利发展，关系到我国在20世纪末能否实现工农业年总产值翻两番的具有重大意义的问题。同时，这也是建设具有中国特色的社会主义的一个关键课题。因此，对社会主义所有制问题进行深入研究，是经济理论工作者面临的一项十分重要的任务。

本书首先阐述马克思主义关于所有制的一般理论和经典作家关于社会主义所有制的理论，然后着重结合我国实际，对社会主义社会的所有制进行理论探讨。科学的理论要研究新情况、分析新问题、得出新结论，但由于本书写于20世纪80年代初期，认识和水平所限，分析不当或错误在所难免，诚恳地希望理论界同人批评指正。

政治经济学社会主义部分

要重视所有制研究①

一、生产资料所有制是生产关系的基础，是政治经济学的重要研究对象

所有制是体现在社会经济活动中的人们对客观对象的占有关系。我们讲所有制，一般指的是生产资料所有制，就是人们对生产资料的占有关系。这一占有关系，是生产的前提条件。马克思曾经指出："只有一个人事先就以所有者的身份来对待自然界这个一切劳动资料和劳动对象的第一源泉，把自然界当做隶属于他的东西来处置，他的劳动才成为使用价值的源泉"②。从表面上看来，似乎人们占有生产资料就是人和物的关系，所有者是主体，对象为客体，作为主体的所有者可以根据自己的意志支配客体。例如，在封建土地所有制下的地主能全权支配他的土地，在资本主义所有制下的资本家能全权支配他的

---

①　原载《社会主义经济理论新探》，四川人民出版社，1988年。

②　《马克思恩格斯选集》第3卷，人民出版社，1972年，第5页。

资本。这些被占有的对象可以拿来赠予别人，也可以作为遗产留给后代。但这里的人支配物只是一种表面现象，实质上是通过人对物的占有来体现人与人之间的关系，这就是生产关系。生产关系在阶级社会中表现为阶级关系。在资本主义社会中，生产资料为资本家占有和从属于资本家的意志，这种资本家私有制实质上就是广大被剥夺了生产资料的雇佣劳动者与垄断了生产资料的资本家之间的关系，是资本家榨取雇佣工人创造的剩余价值的关系。在社会主义制度下，生产资料归社会全体成员共同占有和从属于社会的意志，这实际上是体现了当家做主的劳动者在生产中的社会主义互助合作关系。

在所有制问题上，一种观点认为，所有制是一个法律概念，不是经济范畴，所有者可以对生产资料行使权利，而权利就是一个法律概念。这种说法实际上是把所有制与所有权混为一谈了。所有权作为法律规定，不等于所有制。政治经济学不是研究作为法律规定的所有权，而是研究作为客观经济关系、作为对生产资料与产品占有关系的所有制。因此，认为研究所有制就是研究所有权，实际上就是把上层建筑的法权关系作为政治经济学的对象。这种看法混淆了作为法权关系的所有权概念同作为生产关系的所有制概念之间的区别。

另一种观点认为，既然政治经济学是研究生产关系的，而所有制是人占有物的关系，不是生产关系，因此所有制不应该列为政治经济学的研究对象。我认为，所有制是作为人占有和支配物而体现出来的人与人的关系，它是社会生产关系的重要内容，是生产关系的决定性的环节。生产资料所有制是生产关系的基础在于：（1）社会生产关系的性质要从生产资料所有制去判断。社会生产关系这个概念按马克思的用法，除了直接生产过程中的关系外，还包括分配关系、交换关系和消费关系。要说明某一社会形态生产关系的这四个方面的性质，都要从生产资料所有制的性质着手。直接生产关系究竟是人剥削人的关系，还是没有人对人的剥削关系，这首先是由生产资料所有制决定的。生产资料归私人占有而直接生产者则被剥夺了一切物质生产条件，就决定了劳动者在生产中处于从属的、被压迫、被剥削的地位。或者是处于奴隶地位，被奴隶主剥削，这就是奴隶主私有制社会；或者是处于农奴地位，被封建地主剥削，这就是封建私有制社会；或者是处于雇佣劳动者地位，被资本家剥削，这就是资本主义社会，他们的劳动或者是公开的强制的劳动；或者是经济的强制下的劳动，都不是自由的劳动。生产资料的社会主义公有制决定了劳动者是生产的主人，他们的劳动是不再受他人的剥削与强制的自由人的劳动。（2）社会分配关系的性质取决于生产资料所有制。在分配关系上，生产资料的所有者就是剩余产品的占有者。在奴隶社会，直接生产者创造的剩余产品归奴隶主占有；在封建社会，农奴创造的剩余产品归农奴主占有；在资本主义社会，雇佣劳动者创造的剩余产品以剩余价值的形式归资本家占有；在社会主义社会，直接生产者创造的剩余产品归社会来支配，全民所有制企业的剩余产品主要由代表全民所有的国家来统一支配。按照政治经济学的概念，产品分配关系是生产资料所有制的实现，如果国家不能支配全民所有制企业的剩余产品，全民所有制就是空的，就没有得到实现。（3）社会交换关系的性质取决于生产资料所有制。例如，要说明为什么原始共同体内部有非等价的活动交换，为什么小商品生产者之间要实行以等价为基础的商品交换，这就必须从交换当事人的所有制关系去加以阐明。（4）消费关系的性质也是取决于生产资料所有制。例如，要了解资本主义社会为什么资本家在消费生活中尽情享乐奢侈，而广大工人的生活消费却不能超过劳动力价值的狭窄界限，这些都只有从所有制上去找原因，才能从根本上给以说明。既然一个社会的直接生产关系、分配关系、交换关系和消费关系的性质，都是由所有制决定的，因此，生产资料所有制就是生产关系的基础。所有制是生产关系的基础还表现在人类社会发展过程中，新的生产关系取代旧的生产关系，首先开始于所有制的变革。由原始公社到私有制社会的转变，首先就开始于公社后期的私有财产的出现，随着生产资料私有制的逐步扩大和最终取得主导地位，于是原始公社瓦解，私有制社会产生；封建社会向资本主义社会的转变，也是开始于资本家私有制取代封建主私有制；社会主义经济制度的确立也是在于生产资料所有制领域内的私有制向公有制的变革。可见，所有制在生产关系中占有重要地位。作为马克思主义政治经济学的特点，正在于它一贯地重视并且把所有制放在重要地位上来研究。

有人认为马克思的著作中没有说过生产资料所有制。其实，马克思早在1845～1846年《德意志意识形态》一书中就用了很大篇幅概述人类社会所有制的发展变化，而且明确使用早期的人类社会的"土地所有制"的概念。这以后，所有制一直是马克思著作中的基本概念，而所有制一词主要的是作为生产资料所有制来使用。《共产党宣言》指出："一切所有制关系都经历了经济的历史更替、经常的历史变更。"[①]马克思在《资本论》中详细地分析了资本主义占有的特殊状态，把资本对剩余价值的占有归结为资本家对生产资料的垄断和广大工人丧失一切生产资料。他说："资本主义生产方式的基础就在于：物质的生产条件以资本和地产的形式掌握在非劳动者的手中，而人民大众则只有人身的生产条件，即劳动力。"[②]这正是工人把劳动力作为

① 《马克思恩格斯选集》第1卷，人民出版社，1972年，第265页。
② 《马克思恩格斯选集》第3卷，人民出版社，1972年，第13页。

商品售卖给资本家的经济根源。

二、社会主义经济结构以公有制为基础，要阐明社会主义经济的本质特征，必须从分析公有制的一般特征着手

要揭示某一社会经济形态的本质，它的经济运行机制和规律，人们不能着眼于社会的意识形态、法权形式，也不能只是着眼于分析直接生产关系，而要深入到生产资料所有制领域，剖析这一基础性或最根本的生产关系的性质与特征。可以说，在研究人类社会时，把社会形态归结为社会经济生活，而将经济生活又归结为生产关系，将生产关系最终归结为所有制，乃是马克思主义政治经济学的特色。在马克思的政治经济学巨著《资本论》中，其对资本主义社会结构的分析，就是立足于资本对雇佣劳动者的剥削之上，即以对抗性的资本主义私人所有制的分析为基础。这种对资本主义社会形态的政治经济学的分析，是一种归根到底、由现象追溯到经济过程的内部和里层的科学方法。

按照马克思的理论，社会主义经济结构乃是以公有制为基础，要认识与阐明社会主义经济的本质特征及其运行机制，人们也就必须从分析社会主义公有制的一般特征着手。马克思主义经典作家对共产主义社会的两个发展阶段——社会主义和共产主义做了科学的规定。他们指出，社会主义社会是以各尽所能、按劳分配为标志；共产主义是以各尽所能、按需分配为旗帜。我们不应该把共产主义社会发展阶段的差别，理解为分配方式的差别，而应该理解为所有制的差别，即占有公共化程度的差别。社会主义社会还要经历由初级阶段到更为发达和成熟阶段的历史过程，人们要认识社会主义各个阶段的特征，也有必要分析各个时期公有制的特点。当代世界社会主义的实践表明，社

会主义并不是消灭了商品、价值、市场等关系的产品经济，而是有计划的商品经济。要深刻地阐明社会主义的这一规定性，不仅不能绕开对社会主义所有制的分析和放弃所有制的概念，恰恰相反，人们应该更深入地探讨商品与占有这一主题，应该以科学的态度去剖析与揭示现阶段社会主义社会所有制的特征。也就是说，要从现阶段社会主义社会所有制的多元性和公有制的多样性中去寻找答案。可见，根据马克思主义政治经济学的基本理论，和从外在现象追溯到事物内在本质的基本方法，政治经济学社会主义部分在研究和分析社会主义的经济过程和生产关系时，人们总是要追溯生产关系的深层层次，即归结到对所有制性质的分析。

所有制的研究之所以在政治经济学社会主义部分中占有重要的地位还在于，共产党人最终的政治经济目标是实现生产资料的彻底公有化。而科学社会主义之所以不同于小资产阶级社会主义和资产阶级的假社会主义，就在于它把解决所有制问题提到首要地位。在傅立叶的社会主义中，资本家在未来社会中还可以根据他们占有的资本来领取一份收入；杜林的社会主义打着"公平合理的分配"的旗号，不触及生产资料所有制的变革；小资产阶级社会主义的重点不是放在生产资料的变革上，而是放在分配关系的改良和完善上；当代形形色色的资产阶级社会主义，则是以普遍富裕、共同福利等为旗号。这些社会主义流派的共同点，在于不重视或是回避所有制问题。马克思的科学社会主义，则是高度重视生产资料所有制问题，把消灭私有制作为实现社会主义的前提。可以说，社会主义政治经济学，在本质上也就是一门关于建立、发展和最终实现生产资料的全社会公有化的科学。由此我认为，在设计和编写新的政治经济学教科书时，不应该忽视所有制范畴，分析社会主义经济的基本范畴更不能回避和绕开所有制[①]。恰恰相反，应该把所有制范畴作为基本范畴，对社会主义社会的所有制形态进行周密而深入的研究，建立起社会主义社会所有制的科学理论，使"社会主义社会所有制"成为政治经济学社会主义部分的重要篇章。

三、社会主义所有制问题上的几种认识论

（一）单一的公有制论

这是社会主义经济理论中长期以来存在的传统观念，即社会主义经济是立足于单一的公有制基础之上。根据这一理论，任何私人所有制都是与社会主义的本质不相容的，因而在社会主义制度下，对私人所有制的一切形式只能坚决加以根除，而不能保持和利用。正是基于这一传统观念，我国在对生产资料私有制的社会主义改造中，出现了不分具体情况而将城乡个体手工业强行合作化，导致了1958年人民公社化时期农村出现禁阻集体农民的家庭生产活动以及集市交换活动的"左"的做法。尔后，单一公有制论在"十年动乱"中进一步恶性发展，即所谓个体经济是"资本主义的温床""复辟资本主义的经济基础"论等。在那些政治野心家的笔下，我国的城乡劳动者正常的、健康的家庭生产与经营，也在每时每刻产生资本主义和资产阶级，在政治上导致"党内资产阶级"的产生和资本主义的复辟。他们据此在我国经济领域发起了一场"割资本主义尾巴""灭资产阶级法权"的跑

---

① 这里不谈否认所有制而只谈稀缺性是政治经济学基本问题的西方经济学。这里指的是理论界存在的关于所有制只是一个法权范畴而不是经济范畴，以及社会主义制度下生产资料所有制并不重要的观点。

步进入共产主义的公有化运动，极大地顿挫了亿万劳动者的积极性，破坏了生产力，把我国国民经济引向破产的边缘。

（二）不断公有化论

这种传统观点宣扬社会主义所有制"一大二公"，小集体不如大集体优越，集体不如全民优越，因而在实现了农业合作化以后还必须不断地进行公有化，要对原有的集体单位进行升级并社，尽快地将集体所有制过渡到全民所有制。不断公有化的传统观点还认为，全民所有制单位应该实行财务上统负盈亏和分配上平均主义的管理体制，不给企业以自主权和不承认企业的特殊利益，要强化对企业纯收入的国家集中占有、产品的国家调拨，不问企业经济成果大小以及在全国范围内实行统一的工资标准，使劳动报酬一律平均，以不断提高企业占有的公共化水平。

（三）否认公有制多种形式的社会主义所有制凝固论

传统的社会主义所有制论未曾认真区分所有制与所有制具体形式这两个范畴，而是片面地论述公有制的本质特征，很少研究在公有制经济本质不变的条件下，公有制的具体形式如何演变。我国农业合作化以来，在农村生产关系的调整和完善中，长期着眼于收入分配方式的改进，例如实行死分死记、死分活评、按件记分等形式，但却忽视了生产资料占有方式和经营方式的调整；在城市全民所有制领域，则长期在国家和地方管理权限的调整上做文章，不曾着眼于对企业的占有、分配、经营形式的调整，特别是没有根据生产社会化与经济联合化的要求来研究全民、集体、个人等占有形式的互相交错，和论述社会主义公有制新结合形态出现的必然性。因而，传统的社会主义公有制论就不能不带有静止的和凝固的性质，它未能对社会主义商品经济发展中的公有制的具体形式和变化趋势给以理论的说明。

社会主义所有制问题上的几种认识论表明，在社会主义政治经济学中，有关社会主义社会所有制的性质、组成、主体结构与补充成分的关系，社会主义社会所有制体系中公有、半公有与私有制的关系，社会主义公有制的具体形式及其新的结合形态的产生与发展趋势等问题，并未得到彻底解决。因此，政治经济学社会主义部分的所有制理论还有待于进一步发展，加强对所有制问题的研究仍然是政治经济学社会主义部分教材建设中的一项紧迫任务。

四、重视所有制的研究是为了完善社会主义所有制形式，推动社会生产力的发展

社会主义的根本任务就是发展生产力，所有制的适合从来是生产力得以迅速发展的泉源。社会主义政治经济学之所以要加强所有制问题的研究，其目的就在于使人们能够自觉地去完善所有制形式，以促进社会生产力迅速发展。社会主义国家在生产资料所有制的社会主义改造取得基本胜利以后，要保证所有制的完善，使它最大限度地适合物质生产力的性质与状况，应当着重解决三个方面的问题。

第一，要建立起一个社会主义社会所有制的最佳结构，从宏观上完善所有制。要研究社会主义社会中作为绝对主体的公有制，与作为补充的个体所有制和带有某些私人占有性质的所有制形式的关系，寻找和建立一种最佳的社会主义社会所有制结构。要研究个体经济及国家资本主义性质的经济发展的范围与程度，使人们能够自觉地坚持社会主义社会以公有制为绝对主体的性质。还要研究这种社会所有制

结构的地区差别。就我国来说，要弄清特区、经济开发区和其他地区在所有制结构上的差别以及它们之间的最佳结构，经济发达的沿海地区、内陆地区和少数民族地区在所有制结构上的差别以及它们之间的最佳结构。要通过这种中观性质的研究，为制定调整所有制的政策和具体措施提供坚实的理论基础。

第二，要建立起一个社会主义公有制的最佳结构。要研究为适应物质生产力的状况，社会应当建立起什么样的全民所有制、集体所有制和联合所有制的结构；随着生产的集中化与经济联合化的发展，要研究联合所有制发展的趋势，以及随着机器生产在国民经济各个领域中的普遍利用，生产力结构层次的差别缩小，公有制内在结构的发展变化趋势。

第三，要形成一个社会主义公有制最完善的形式。这一问题是否解决得好对社会主义所有制的完善具有头等重要的意义。社会主义建设的实践表明，公有制的内在结构与具体形式都会随着生产力的发展而发生新的变化，特别是社会主义商品经济运行的机制更会使所有制的具体形式处在发展变化之中。就我国来说，当前经济的商品化正在推动资金、劳动力、技术等生产要素打破部门和地区所有制的界限，而在更大的范围内流动和互相结合，具有特色的新的公有制具体形式正在各地出现。如农村各种形式的合作经济，吸收一定的职工或社会资金的全民所有制和集体所有制，采取股份制的公有制等。对这些具有新特征的公有制形式进行深入研究，探索它的发展条件、趋势与规律是十分必要的。

加强社会主义制度下所有制的研究，建立起有关社会主义所有制的完备理论，揭示社会主义所有制在整体结构、局部结构和个体结构等方面所表现出来的特征和运动规律，为经济体制改革提供理论指导，人们才能自觉地调整所有制关系，使之逐步完善化，以发挥所有制对生产力的促进作用。

五、重视所有制的研究是为了更好地处理与调节社会主义利益关系，调动全体劳动者发展生产的积极性

所有制关系在本质上是经济利益关系，任何一个社会形态下的所有制结构都体现了某种特殊的经济利益关系。在社会主义社会，与社会物质生产力的状况和结构相适应的所有制最佳结构的形成，所有制最完善形式的确立，都意味着社会主义物质利益关系获得正确的处理与调节。这是劳动者的社会主义积极性能够最充分调动的经济基础。社会主义建设是亿万人民自觉从事的生机勃勃的事业，组成社会主义经济建设的根本前提就在于最充分地调动植根于公有制全体联合劳动者的积极性，这是一项十分复杂而又必须解决的重大课题。这一问题的解决，必须借助物质利益关系的调节，其关键则在于生产关系的具体形式，特别是所有制具体形式的调整。如果能够形成一个以公有制为主体的、包括个体和其他带有过渡性的多样社会所有制结构，那就意味着建立起一种以社会主义公共利益为主体的，又兼顾了各个不同利益集团、阶层的经济利益的社会主义经济结构；如果能够形成一个包括全民、集体和联合所有制的最佳公有制结构，那就意味着建立起一种兼顾全民、集体和联合所有者，即包括各种不同联合劳动者利益的经济结构；如果能够形成全民所有制和集体所有制的完善形式，那就意味着建立起一种在全民范围和集体范围内正确处理国家（整体）、集体（局部）和劳动者个人利益关系的经济结构。可见，一个完善的所有制（宏观的、中观的与微观的）结构意味着全体社会成

员、全体联合劳动者之间的社会主义利益关系得到妥善处理，国家、集体、个人利益关系得以正确地结合，这正是劳动者在生产中表现出无穷无尽的社会主义积极性和创造性的泉源，是社会主义经济具有充沛活力与生机的经济基础。

在我国社会主义的初级阶段，生产过程中还存在着复杂的物质利益的差别与矛盾，例如，存在作为主体的公共利益和作为补充的个人利益的矛盾，存在全民、集体和个人利益的矛盾等。而社会主义商品经济及其所固有的市场机制，还会使这些利益的差别与矛盾变得十分复杂。在这种条件下，如果我们按照客观规律的要求建立起一个完善的社会主义所有制结构，那么，各种利益关系变化的总趋势就会表现为劳动者之间的利益一致性的增强，而不是利益差别的扩大和矛盾的加深，更不会出现私有制条件下私人利益的对抗。在这里，具有特别重要意义的是，作为主体的公有制的巩固和发展，将越来越成为生产和生活中人们共同利益的纽带的坚实基础。

同时，由于社会主义商品经济中企业经济活动还存在某些自发性，特别是由于市场机制作用的增强会引起劳动者之间收入差别的扩大，因而也有可能出现某些联合劳动者的局部利益超越合理界限的情况，也会有某些企业的劳动者的局部利益和个人利益暂时超越合理界限的情况，甚至还有可能出现某些企业只是为自身争利益而影响其他企业的利益和损害国家利益的情况。此外，在社会主义商品经济的运行机制中，一些受到资产阶级思想腐蚀的人还会违反社会主义经济活动的准则，甚至违法乱纪、胡作非为、损公利己。在这种情况下，如果人们能在保证公有制绝对主体地位的基础上，形成一个与物质生产力的性质和状况相适合的社会所有制结构，并采取完备的经济杠杆和必要的行政、法律的手段来调节微观的经济活动，人们就完全能够使具有多样性的生产与经济主体的物质利益关系被规范在社会主义的合理范围内。

总之，要正确处理和调节社会主义利益关系，形成一个合理的利益结构，从根本上保证最充分地调动全体社会成员的劳动积极性和创造性，给社会主义经济这部大机器配备起强有力的发动机，人们就必须研究与发现社会主义所有制的运动规律，并按照这一规律的要求不断地完善现实的社会主义占有关系。可见，所有制问题的研究不能取消，有关社会主义所有制的理论仍然是政治经济学社会主义部分的极其重要的课题。

谈社会主义所有制理论的
重大突破①

一、大力深化所有制改革，推进全面制度创新

所有制问题，是中国由计划体制向市场体制转换中遇到的一个重要而棘手的问题。中共十五大提出了要调整和完善所有制结构，要探索和完善公有制新形式，有效利用股份制和股份合作制，要搞好国有经济结构的调整。而模式转换中国有企业的所有制改革，要在新的实现形式下，使市场机制的作用与为主体的公有制相结合，这是一项前无古人的创举。

二、以公有制为主体的科学阐述

中共十五大报告提出的在整个社会主义初级阶段实行以"社会主

---

① 原载《经济纵横》1997年第2期。

义公有制为主体，多种所有制经济共同发展的基本制度"，这是对我国社会主义所有制结构的内涵的科学阐述。中共十五大报告提出了所有制改革的一系列新思路，这符合市场体制下公有制的性质与发展规律。特别是报告中有关公有制表现为多种形式上，主体地位表现在资产上，国有经济主导作用表现在控制"命脉"和控制力上，公有资产要讲求质、讲求竞争力，国有资产要讲求"整体质量"等，这一系列命题的提出，是基于对我国和国外经济的科学总结，这是发展公有制经济要立足实际、讲求实效的思路，是马克思主义的思路，意义十分重大。

三、努力寻找公有制的新的实现形式

中共十五大报告阐述了公有制实现形式可以而且应当多样化这一意义极其重大的命题。在市场经济中企业的组织形式，总是要适应主客观情况的变化而不断变化，但是企业形式的变化，是所有制实现形式的变化，而不是公有制性质的变化。报告在把公有制实现形式和公有制性质两个不同范畴加以区分的基础上，提出公有制实现形式可以而且应当多样化的命题，是对市场经济中企业组织结构变化的规律的深刻揭示。

中共十五大指出股份制是现代企业的一种资本组织形式，并阐述了利用股份制，实行国家和集体控股的重要意义。报告中有关股份制的理论阐述，抓住了当前国有企业改革与发展中的一个关键问题。发展股份制经济是我国在新时期贯彻"两个转变"的一项重大战略措施。

中共十五大报告有关社会主义所有制的阐述，立足于中国改革

的实际，进行理论的新阐述，突破了传统理论的框框，是社会主义的所有制理论的一次重要创新。而在所有制问题上做出的理论创新，是1979年以来我国又一次重要的思想解放，它将有力地推动我国新时期的改革开放进程。

社会主义所有制理论
的新发展[①]

　　中共十五大报告中提出了公有制实现形式可以而且应当多样化这一意义极其重大的命题，这是对社会主义所有制理论的重要发展。我国体制改革进行了近20年，已经走过了初始阶段，当前进入了全面深化改革的新时期，产权的触动和公有制实现形式的变化是不可回避的，也是当前搞好搞活国有企业，以及集体、乡镇企业的迫切需要。应该说，集中力量，大胆开拓，搞好公有制实现形式多样化，是当前我国深化改革，推进体制转轨的最为关键的问题。

　　中共十五大提出的公有制实现形式可以而且应当多样化的命题，把所有制形式放在体制转轨的背景和基础上来加以考察，揭示了所有制形式与体制之间的内在联系，这是考察所有制的一个新视角和新方法。这一研究和思维方法，对于构建中国社会主义政治经济学来说，是十分重要的。本文就这一问题，谈几点不成熟的体会。

---

① 原载《改革》1998年第1期。

一、所有制和所有制实现形式在概念内涵上要加以区分

所有制和所有制的实现形式，其概念内涵是有区别的。人们不能把所有制实现形式和所有制混为一谈。这本来不应该成为问题。但是，由于在研究方法上受到老框框的束缚，这一个本来不复杂的问题也变得复杂起来。具体地说，存在着一种把计划体制下的公有制模式作为不变的标准的思维方式。基于这种思维方式，就会把改革开放在所有制领域带来的新变化，视为公有制的"偏离"和"削弱"。在一个时期，理论界一些同志把股份制和股份合作制，视为与公有制格格不入；把社会主义劳动者的个人财产，包括劳动者个人投资，简单地视为是"私有制"。上述观点，均表明了人们并未能真正弄清所有制和所有制实现形式的区别与联系，实际上是把任何经济事物的具体形式的变化都视为是事物性质的变化。正是因此，重新学习马克思主义辩证法有关现象与本质、形式与内容的理论和将它应用于分析社会主义经济生活的变化，就是发展中国社会主义政治经济学的重要要求。

马克思经济学理论中，所有制和所有制实现形式两个概念在内涵上的区别是十分清楚的。所有制指的是人类社会的占有关系的性质和基本制度，它是更为抽象的范畴，揭示社会某一发展阶段生产关系的本质。所有制的实现形式指的是主体实行占有的具体形式，它包括所有主体的具体性质，主体占有权——包括占有、收益、处置——的结构，它是主体实行占有的具体形式、模式和方法，是有血有肉的所有制。所有制的具体实现形式随着经济的客观和主观条件、经济活动的组织形式的变化而变化，但所有制性质和基本制度却是可以不变的。例如，人类历史上的原始公社所有制，就有原始群、母系氏族、父系氏族、家长制家族等具体占有形式。奴隶制有国家奴隶制、奴隶作坊

等形式；封建土地制有庄园占有制、地方占有制，后者又有贵族地方占有、庶族地主占有等形式；资本主义所有制更拥有多样的资本家占有的具体形式。在社会主义条件下，公有制形式不可能一成不变，随着社会主义发展的不同阶段，生产力水平、经济体制特征发生变化，公有制形式也必然要变化。特别是社会主义市场体制下，公有制具体形式更是丰富多彩。因而，建设社会主义，人们不仅仅要把握公有制的一般特征，更重要的是要基于现实的条件、生产力发展的要求，把握公有制的具体形式和具体特征。特别重要的是要从初级阶段的社会主义和中国的具体国情出发，细心研究、比较公有制多种多样的具体形式，努力寻找能够极大促进生产力发展的公有制的实现形式。

中共十五大报告对公有制实现形式和公有制在概念上加以区分，指出股份制是一种资本组织形式，资本主义可以用，社会主义也可以用。国家和集体控股的股份制，是公有制实现形式，股份合作制中以劳动者的劳动联合和劳动者的资本联合为主，是集体经济的实现形式。十五大对很长时期人们争论不休的问题做了明确的回答，这就是：上述所有制领域的变化，只是公有制实现形式的变化，但不是公有制性质的变化，更不是"私有化"。十五大有关所有制可以有多种形式和应该有多种实现形式的阐述，不仅具有重要的现实意义，而且具有重要的理论意义，它是对马克思的所有制理论的一种正本清源。十五大由此倡导一种观察改革中的事物变化——例如，劳动者个人财产、个人投资行为、劳动者按投入要素分配等——的新方法，因而，它对于发展社会主义政治经济学具有重要意义。

二、所有制实现形式必须适应市场经济性质和需要

中共十五大报告，就公有制与市场经济的关系这一当代社会主义的重大理论与实践问题，进行了深入阐述。社会主义国家是否能够实行市场经济，或者市场机制能否与公有制相结合？这不仅是20世纪30年代以来国际学术界争论不休的问题，而且也是我国1979年以来，特别是中共十四大以来的改革中正在探索和大力加以解决的实践问题。公有制是否要适应市场经济的需要而构建新的组织形式？对这一问题，人们的认识并不一致。一种观点是：既然所有制是经济制度的基础，因而它就是决定宏观的体制结构和微观的经济组织及主体行为的，因此，所有制在性质上和实现形式上都不会也不需要适应体制变化而变化。按照这一观点，社会主义国家的公有制不应"适应"市场机制，传统国有制的模式、国有经济的结构，都不需要"适应"市场经济而进行重大调整。上述观点，归结起来是：只能提所有制——其性质和形式——适应生产力而变化，而不存在所有制要适应经济体制的命题。

我们要指出的是：所有制，就实现形式和作为一种占有关系的体系构架来说，它要适应社会主义经济体制、微观经济组织和运行方式，当然，它最终要适应生产力的性质和水平。因而，如果不是只是把所有制归结为一种最抽象的关系，而是着眼于把握所有制构架，特别是它的有血有肉的具体形式，那么，所有制从来就是适应宏观体制、微观组织和运行方式而变化的。在历史上，封建所有制就是因自然经济和交换经济而具有不同的构架特点和不同形式，例如奴隶庄园土地所有制和交纳货币地租的租佃制土地所有制，就体现了中世纪经济发展中的所有制具体形式的变化。

商品经济和资本主义的发展史更清楚地表明：所有制具体形式总是

要适应市场经济的具体条件变化的需要而不断地自我调整和重新整合。市场经济中的微观主体是企业，企业是以盈利极大化为目标，它是实行自主经营、自负盈亏、自我发展、自我约束的独立的市场主体与法人实体。处在激烈竞争中的企业，为了求生存、求发展，必须实行生产要素的低成本、高效率组合，充分地发掘潜力，形成生产与营运优势，提高竞争力。因此，企业必须在财产组织结构上不断进行自我调整。

现代化大生产中，资金、技术等生产要素越发重要。现代企业必须讲求高效的资金组合和其他生产要素的组合。就聚集资本来说，为了聚集家庭成员和熟悉的伙伴的资本，就要实行合伙制，或组成有限责任公司，或者是实行以劳动者的资金联合性质的合作制；为了大规模动员和聚集社会资本，就要实行股份有限公司。可见，要素组织方式的变化，决定了主体财产权结构的变化。

现代市场经济中，适应现代化生产与经营的需要和企业组织形式的变化，经营权日益与所有制相分离。小业主制，以及合伙制企业，所有制与经营权是统一的。在合伙制中，把原先小业主制下的单一经营主体，变成了有多个合伙者的经营主体。出资人多元化的股份公司，实行经营权与所有制相分离，由经理人员负责日常生产活动的决策。现代股份公司经营职能越发重要，作为所有者的出资人，越是将企业日常生产事务和资本营运委托给经理，现代代理制体现了两权进一步的分化。随着当代科技革命的深入发展，生产方式愈加转变为资本、技术、智力密集型，智力要素的作用越发突出。现代公司企业采取了吸纳与鼓励经营劳动与科技劳动的财产权创新，不仅给智力劳动以高工资，而且使经营专家、科技人员在任职期间享有股权，实行以智力、专利入股和其他鼓励性的收入分配形式。上述情况，实质上是使部分高级经理、科技专家享有有限的剩余分享权，它意味着现代化公司企业适应要素组合的需要而在财产组织形式上有了新调整。

市场经济中，不同性质的产品应该采取不同的企业组织和营运方式。例如，那些具有效益外溢性的公共物品，如海港灯塔、城市公共照明、电视广播等，采取自由竞争市场交换容易出现"搭便车"，因而，往往要采取由政府、集体、社区等组织国有或公营事业来提供公共物品。此外，为了对居民提供福利，同时又减少政府支出，医疗、教育、住房建设等，也可以采取政府和私人付费相结合。上述服务与生产，可能由公营事业形式来提供。

可见，市场经济中的微观主体，总是适应客观条件与自身性质，适应市场状况的变化，而在组织形式——包括财产权形式——进行调整和创新。企业组织形式的自我整合，是市场经济固有的趋势与规律。在资本主义市场经济中，在出资人的资本家主体性质保持不变的情况下，企业财产组织形式的变化，意味着资本主义所有制实现形式的变化，而资本主义所有制的性质却是不变的。

以上的论述表明，微观主体的组织形式在市场经济中更加具有变易性。随着外在的市场状况的变化，生产技术条件的变化，内在的企业自身的条件与状况（产品性质、资金筹集方式、经营方式等）的变化，企业的组织形式也要相应地进行调整和创新。财产组织形式是企业组织形式的重要内容和基础，市场经济中企业组织形式的变易性和多样性，意味着所有制实现形式的变易性与多样性。这种所有制实现形式的变化并不改变所有制的根本性质。可见，认识所有制，不仅仅要弄清所有制实现形式与所有制（基本制度）二者间的区别和联系，更重要的要弄清所有制实现形式与经济体制的关系，特别要弄清所有制具体实现形式与市场经济的关系。在实行社会主义市场经济体制的新时期，从理论上阐明所有制具体实现形式适应市场经济而调整和变化的规律，是一项十分重要的任务。

三、国有制的组织形式必须适应市场经济而重构

中共十五大提出要努力寻找能够极大促进生产力发展的公有制实现形式，指出一切反映社会化生产规律的经营方式和组织形式都可以大胆利用。十五大的有关社会主义所有制的一系列论述，从理论的高度阐明了当前大力推进国有企业改革的必要性和迫切性。

传统的国有制形式是计划体制的产物。就企业财产结构来说，实行单一的国有，排斥多元主体；就经营方式来说，实行国有国营，两权不分，上级主管部门集所有权、经营权于一身，企业处于无权地位；就责任承担来说，国家统负盈亏，对企业经营负无限责任，企业则对自身活动不承担责任。上述国有制组织形式和财产结构，是适应政府高度集权和实行产品调整的计划体制的需要。显然，这种企业组织与市场经济是格格不入的。

实行社会主义市场经济，必须把企业由上级行政主管部门的附庸，改造转变为独立运作的市场竞争主体和法人实体。因而要赋予企业以法人身份和自主经营权；要实行企业自负盈亏，作为出资人的国家承担有限责任；要实行企业自行发展和自我约束：一句话，要通过产权结构的调整与重组，使企业成为真正的企业，使其在市场竞争和优胜劣汰中自谋生存，自求发展。为了实现这一组织模式转换，国有企业要以现代企业制度为改革方向，主要是实行公司制，组建各种形式的股份制企业。历史和现实表明，股份制是一种适应市场经济的灵活而高效的资本组合方式。（1）它固有的主体多元化，能广泛动员、吸引、黏合和有效地利用私有资本和社会资本，也就能有效组合包括

技术、管理、智力等其他生产要素；（2）它以其企业法人地位，经营权的分离，转换和创新的企业机构，实行自主经营、自负盈亏和自我约束，使企业运作适应市场；（3）依靠股权的市场流动和重组，通过企业兼并、收购或分立，能实现企业"吐劣纳新"，在组织结构上和资本结构上的进行优化和提高效益。股份制本身是中性的，它既不姓资也不姓社，关键看出资人主体的性质和控股权掌握在谁手中。在社会主义国家，实行国家和集体控股的股份制企业，并不改变公有制的基本性质。这一组织形式和财产结构的调整变化，却是使企业适应市场经济，适应市场竞争机制的资本运作机制，它使国有制取得了市场经济中的最佳实现形式。

可见，从理论上阐明社会主义国有制在组织形式上必须适应市场经济而重构，才真正弄清国有企业进行彻底的体制创新，寻求新的实现形式的迫切必要性。

四、以发展和搞好股份制为切入点推进国有经济的战略性调整

中共十五大报告中有关利用股份制，实行国家和集体控股的重要阐述以及支持股份合作制经济这一新事物和加以引导、促其健康发展的阐述，是对我国近年来发展股份制经济实践经验的总结，对前一时期人们在股份制上存在的模糊认识进行了澄清。报告中提出的要进一步利用股份制经济，抓住了当前国有企业改革与国有经济实行战略性改组中的一个关键问题。

我国体制转轨进程中，国有企业改革滞后。国有企业改革经历了扩大自主权、两步利改税、承包制、转换机制和体制创新等阶段，在摸索中开拓前进的道路。20世纪90年代以前，企业改革主要是涉及分

配关系和经营方式，中共十四大以来，企业改革以建立现代企业制度为目标，进入了涉及产权制度的深层次改革。由于种种原因，包括认识的原因，国有企业的体制创新步伐缓慢，大大不适应90年代获得势头的全方位的体制转轨和经济市场化的进程。近年来相当一部分国有企业出现困难，原因是多方面的，但最根本的原因在于国有企业缺乏适应市场自我调整和自我完善的机制。可见，为了推进体制转轨，必须大力抓好国有企业的改革。

国有企业改革的方向是建立现代企业制度，当前要以发展和完善股份制为切入点。具体说来：（1）股份制是一种产权清晰，两权分离，政企分开，自主经营的企业组织形式，进一步发展和搞好股份制企业的规范化运作，就能加快重点国有企业的改制转机。（2）股份制以其主体多元化，股权平等，利益共享的资本组合机制，有利于进行企业的联合，能够组建起跨地区、跨行业、跨所有制和跨国的大集团。在国有企业实行大集团战略和大力推进结构调整、提高企业竞争力的当前，利用股份制是十分必要的。（3）为了加快放开搞活国有小企业的步伐，需要采用改组、联合、兼并、租赁、承包经营、股份合作等形式，特别是通过股份制把一批相关联的小企业或中型企业与大企业实行联合、改组，也是一条有效的"放开、搞活"之途。（4）为了在几年之内使多数国有大中型企业经营状况明显改善，必须通过多种方式，包括实行股市融资，大力支持骨干企业，发展强强联合和以强带弱，盘活存量，因而利用股份制是十分迫切的。（5）国有企业由进行一般的商品生产与营销，发展到进行资本营运，是改革深化的必然。在搞好生产经营基础上，开展资本营运，实现低成本的资本扩张和谋求资本的高效益，是当前国有大中型企业搞好、搞活的迫切要求。我国近年来国有企业产权交易已经开始启动，国内资本市场也正在稳步发展，境外市场融资也在逐步扩大，国有企业进行资本营运，已经有了更大的余地。进行真正的和有成效的资本营运，必须以股份制为载体，充分有效地利用股权运作，实行控股、参股。此外，还需要利用好股市融资，特别要把并购和股市融资结合起来。可见，发展和利用好股份制，是我国新时期搞好、搞活国有企业和进一步开展国有企业的资本营运的重要条件。

中共十五大关于有效利用股份制的重要论述，是根据我国改革和发展中的现实需要，特别是基于促进机制转换、搞活国有企业的迫切需要，基于支持一批骨干企业上市融资和组建大企业集团的迫切需要而提出的。可以说，发展股份制经济是我国发展新时期贯彻"两个转变"的一项重大战略措施。

十五大报告贯穿着解放思想、创新求实的精神。十五大有关社会主义所有制的阐述，立足于中国改革的实际，进行理论的新阐述，突破了传统理论的框框，是社会主义所有制理论的一次重要创新。十五大在所有制问题上做出的理论创新，是1979年以来我国又一次的重要的思想解放，它对我国新时期的改革、开放，将起着有力的推动；而且，十五大再次发出发扬党的解放思想、实事求是的思想路线的号召，强调要坚持用实践来检验真理，强调以三个有利于为标准来评判事物，要求人们认识当今世界的新变化、时代的新特征，而不要故步自封，不要从本本出发，这些重要论述将对全体干部改进思想认识方法，提供重要的启迪。理论认识方法的提高，才能使我们的主观符合客观，才能使政策适合国情，改革和社会主义建设才能更加生气勃勃。对于经济理论工作者来说，认真学习十五大报告，认识和研究改革中的新情况、研究新问题的科学方法，进一步在社会主义经济理论上进行创新，就是当前的一项至关重要的任务。

深入研究邓小平关于发展
非公有制经济的思想①

从我国仍然处于社会主义初级阶段这一基本国情出发，中共十五大高举邓小平理论伟大旗帜，对非公有制经济做出了一个新的具有重要指导意义的论断："非公有制经济是我国社会主义市场经济的重要组成部分。""公有制为主体、多种所有制经济共同发展，是我国社会主义初级阶段的一项基本经济制度。"非公有制经济首次被作为制度内因素正式写进党的文献中，并在九届人大二次会议通过的《宪法》修正案中得到国家大法的确认。

发展非公有制经济，充分调动多方面的积极性，促进生产力的发展和实现共同富裕，是邓小平阐明的建设有中国特色社会主义理论的一道重大论题。今天已经成为人们共识的这一论题得来不易，是小平同志以伟大的无产阶级革命家的伟大气魄和卓越的思想，对当代社会主义实践经验，特别是中国社会主义建设实践经验所做出的理论总结。

---

① 本文是四川邓小平理论研究中心重点课题《邓小平非公有制经济理论研究》的序，该书2001年9月由四川人民出版社出版。

　　回顾历史，中华人民共和国成立以来，非公有制经济走过了一段极为艰难、曲折和不平凡的道路。中华人民共和国成立初期即1949年10月～1952年，是中国私营经济的恢复时期，私营工商业在这个时期得到一定程度的恢复和发展；1953～1956年，是对资本主义私有制和小私有制的改造时期，限于当时的历史条件和党内认识，我国实行了剥夺和消灭私有制经济的政策，并在实施过程中出现了过急的措施。此后，"文化大革命"十年动乱，几乎荡尽了私有经济，使我国的所有制结构成为清一色的公有制。

　　中共十一届三中全会以来，我国的非公有制经济得到了飞速发展。1980年，在国内生产总值中，非公有制经济与公有制经济的比例仅为0.5∶99.5，到1996年，这一比例已上升到24∶76。1996年，全国个体工商户已达2763.7万户，从业人员5017.7万人，私营企业达81.9万户，雇工1000.6万人，总产值达3226.5万元。到2000年底，全国城乡个体户达3160.6万户，私营企业达150.89万户，两者从业人员为8000万人。非公有制经济的发展，促进了生产的发展，进一步满足了城乡人民多方面的生活需要，增加了就业和财政收入，扩大了出口。特别是在我国一些地区，由于充分发挥非公有制经济的活力，在国家没有大的投入的条件下，多年来，经济仍然保持了12%以上的高增长势头，人民收入和社会商品零售总额不断提高，实现了经济兴旺发达，社会安定团结。非公有制企业具有体制活力，在发展非公有制经济中，在公有制与非公有制企业之间活动交往与业务联系中，国有企业的制度创新也得到了促进。另外，非公有制经济的发展，也有利于国有经济实行布局的调整和企业重组。

　　总之，中华人民共和国成立以来非公有制经济发展经历的历史曲折和改革开放20年来非公有制经济发展取得的巨大成功，表明了邓小平阐述的社会主义条件下发展非公有制经济的理论，具有重大的理论意义和实践意义。

中共中央总书记江泽民2001年7月1日在庆祝中国共产党建党80周年大会上的讲话,体现了与时俱进的理论品质,是关于马克思主义理论发展的新话语。江泽民关于深化对劳动和劳动价值理论研究和认识的论断,关于判断人们政治上进步与落后三条标准的论断,关于非公有制经济人士是"社会主义现代化建设者"的论断,关于把"符合党员条件的社会其他方面的优秀分子吸收到党内来"的论断,从理论上回答了我国经济体制改革中遭遇的一系列新问题,特别回答了非公有制经济发展在实践中出现的新问题,这是对邓小平非公有制经济理论的新发展。我们已进入新的世纪,在邓小平理论和江泽民"三个代表"重要思想指导下,我国非公有制经济健康发展的美好前景是可以预料的。

李学明同志的专著《邓小平非公有制经济理论研究》,对邓小平理论的重要组成部分——邓小平非公有制经济理论,做了深入细致的分析。全书资料丰富,立论严谨,从理论渊源、理论延伸、实践事实、代表人士工作等四个方面分九个章节进行了研究,主要围绕作者概括出的"三论"——不怕"富"论,不怕"资"论,不会"变"论,结合我国实践经验,展开理论分析,全面阐述和探讨了邓小平有关社会主义初级阶段发展非公有制经济的思想体系。本书的最大特点是,搜集了丰富的文献资料,汇集了小平同志的大量谈话,生动活泼地和清楚地展示了一代巨人邓小平同志的思想脉络。

李学明同志长期以来致力于邓小平思想研究,成果丰硕。这是他的第四本研究邓小平思想的专著。在我国大力推动非公有制经济进一步健康发展的当前,这部学术著作的出版无疑具有重要的实践意义,并且将有助于进一步促进邓小平思想理论研究的开展。是书即将付梓,邀予为序,欣然命笔,谨致以最美好的祝贺。

发展公有制经济必须
立足于实际①

改革开放30年来，我国既坚持马克思主义所有制理论，又坚持解放思想、从实际出发，走出了一条所有制改革的成功道路。一方面，推进国有企业和集体企业改革改制，积极寻找与社会主义市场经济相兼容的公有制实现形式；另一方面，推动众多产业领域对非公有制经济放开准入，大力发展非公有制经济。目前，我国所有制结构发生了巨大变化，已由传统的公有制经济"一统天下"转变为公有制为主体、多种所有制经济共同发展，形成了公有制、混合所有制、非公有制经济三位一体的所有制结构。

所有制是最基本的生产关系。形成完善的所有制形式，是发展生产力的制度前提。公有制是社会主义的重要经济基础，发展和壮大公有制经济是建设社会主义固有的要求。但发展公有制经济必须立足于实际，而不能超越生产力发展水平，片面追求"一大二公"，实行

---

① 　原载《人民日报》2009年1月19日。另见《"六个为什么"——人民日报系列解答理论文章（一）》，人民出版社，2009年。

单一的公有制。这是从我国社会主义建设实践中得出的结论。30年的改革发展证明，大力发展非公有制经济具有不可替代的积极作用：有利于充分发掘和动员我国庞大的民间生产资源，包括人力、财力、物力、土地、技术、知识等，用于发展生产、促进经济增长；有利于拓宽就业门路，吸纳大量劳动力就业；有利于增加劳动者的收入和国家财政收入；有利于满足人民群众多样化的物质文化需求，方便人民生活；有利于高新技术产业和文化产业发展，更有效地推动知识创新；有利于调动人民群众创业的积极性，使广大人民群众的聪明才智得到充分发挥。在实践中，非公有制经济已成为建设和发展中国特色社会主义的一支重要力量。

不仅如此，发展社会主义市场经济，在客观上要求改革"纯而又纯"的公有制，实行公有制为主体、多种所有制经济共同发展的基本经济制度。这是因为：（1）多种所有制经济共同发展有利于增强竞争和发挥市场机制的功能。市场经济是建立在众多主体参与竞争的基础之上的，单一的公有制结构往往会导致垄断，使经济失去活力。发展非公有制经济，形成多样性的所有制结构，才能开展和形成市场竞争，进而发挥市场机制的功能。（2）多种所有制经济共同发展有利于各类市场主体取长补短、互相促进。公有制企业特别是国有企业具有团队凝聚力强、能自觉承担社会责任等优点，非公有制企业具有对市场反应灵敏、经营灵活、自我调适快等长处。在市场竞争中，各类企业在组织结构、经营方式的革新中互相借鉴、取长补短，有利于企业体制不断完善。（3）多种所有制经济共同发展有利于资源优化配置。我国在探索国有制实现形式中，通过发展股权多元化的国有经济，寻找到一种由多种所有制成分组成的混合所有制形式，这使不同性质的经济主体在企业内部紧密结合和互补互促。由于可以根据产业性质和企业特点，或实行国家控股、参股，或允许社会资本控股，因而股份多元化的企业组织形式拓宽了不同性质经济成分的发展空间，既可以充分发挥非公有资本的潜力，又能促进国有经济战略性调整，增强其控制力和影响力。

坚持公有制为主体、多种所有制经济共同发展，不仅是改革完善所有制、建设和发展中国特色社会主义的一项成功实践，也是马克思主义所有制理论中国化的一项重大成果。传统社会主义理论要求实行单一公有制，这是对马克思主义所有制理论的误解。马克思阐明了所有制变革决定于生产力的水平和性质，强调只有在所有制关系与生产力发生冲突、成为生产力的桎梏时，生产关系的革命才能到来。恩格斯指出，在建设社会主义中实行由社会占有全部生产资料，只有在实现它的物质条件已经具备的时候才成为可能，才成为历史的必需。1949年以前的中国是一个一穷二白的半殖民地半封建社会。新中国是在物质生产技术十分落后的条件下进行社会主义建设的，所有制形式必须适应生产力的水平和性质。尽管中华人民共和国成立近60年来特别是改革开放30年来我国经济建设实现了飞跃，但人均GDP在世界的排名仍然较低，城乡和地区经济差距较大，不少内陆和边远地区经济发展还很落后。这样的生产力水平和性质决定了我国将长期处于社会主义初级阶段，因而不能搞"纯而又纯"的公有制。

唯物辩证法的认识论表明，世界上的任何事物都不是纯而又纯的。即使在特定社会形态的成熟发展阶段，也仍然会存在先前社会的因素。不纯是事物的存在形式，是事物内在矛盾的表现，是发展和运动的契机。我们在所有制问题上也应该全面、辩证、历史地观察事物，克服形而上学的片面性。

专著

社会主义所有制研究

本专著由上海人民出版社1985年出版。

第一章
马克思主义关于所有制的理论

本书的主旨是对社会主义所有制进行理论分析与研究，揭示它的运动规律。为此，我们首先要从对马克思主义所有制理论的阐述开始。只有深入地研究与把握马克思主义关于所有制的一般原理和马克思主义经典作家分析与研究所有制的方法，我们才有可能把社会主义所有制的理论研究推向深入，并做出有说服力的科学结论。

第一节　马克思主义政治经济学的所有制概念的内涵

所有制，一般是指生产资料所有制。在马克思所创立的无产阶级政治经济学的理论体系中，贯串着对人类历史上的所有制关系，特别是对资本主义社会所有制关系的分析这一根红线。马克思主义经典作家正是通过对生产资料所有制关系的剖析，深刻地揭示了各个社会的阶级关系，并从资本主义所有制关系与生产力之间不可调和的矛盾，揭示了以生产资料公有制为基础的社会主义社会取代资本主义私有制社会的历史必然性。

所有制关系的研究在政治经济学中具有重要的地位，这本来是不应该成为问题的。由于理论界某些同志对什么是所有制有不同理解，对斯大林关于所有制是政治经济学研究的对象的论述提出了异议，认为所有制不是政治经济学的研究对象。他们说：所有制既然称之为"制"，那就是一种制度，就意味着是一个法权概念，属于上层建筑。这些同志认为，所有制也就是人们所讲的财产所有权，是生产关系的法律用语；作为所有权，它体现的是法权关系。而政治经济学是研究经济关系的，因此所有制不是政治经济学的研究对象。有的甚至说，政治经济学的研究对象包括所有制这一法律概念，是一种形而上学的法学的幻想，马克思当年就是这样批评蒲鲁东的。人们对所有制如此认识不一，因而我们有必要从所有制概念出发，弄清楚政治经济学中所有制范畴的含义。

所有权一词德文是eigentum，英文是property。汉译有两种译法：一是财产；二是所有权。所有制一词，很早以来在西方关于历史和社会政治的学术著作中就使用了。但有两种用法：一种是作为表现经济关系的所有制范畴，属于政治经济学的范畴；另一种是作为表现法律关系即财产关系的所有制概念，属于法学的范畴。

为了弄清所有制范畴的含义，首先谈谈表现生产关系的所有制范畴。

作为生产关系理论表现的所有制，是马克思主义政治经济学中一个经常使用和十分重要的范畴。为了更加明确地表示这是一个属于经济关系的范畴，马克思往往使用"所有制关系"或"所有关系"（eigentumsverhaltnis）。应该说，在马克思的政治经济学著作中，所有制有广义的所有制和狭义的所有制这两种用法或两种概念。广义的所有制的内涵是经济主体对客体对象的占有关系。它不仅包括对客观的物质生产条件的占有关系，还包括对劳动产品（物质产品和精神产品）的占有关系，以及对主观的生产条件即人的劳动能力的占有关系。狭义的所有制是指生产资料所有制，它体现的是经济主体对客观生产条件的占有关系。

众所周知，人们要进行生产，就要实现劳动者与生产资料的结合，作为生产主体的劳动者便要按照自己的意志和一定的预期目的来使用、操纵和控制生产工具，对劳动对象进行加工、制作。因而，任何生产都存在着劳动主体与劳动客体，即劳动的客观条件的占有关系或所属关系。这种劳动主体与劳动的客观条件的关系即所有关系，是人类生产活动中所固有的现实的经济关系。马克思说："一切生产都是个人在一定社会形式中并借这种社会形式而进行的对自然的占有。"[①] 如原始人要从事农业，就要占有土地；要进行狩猎，就要占有森林；要进行捕鱼，就要占有河流或湖泊。在阶级社会中，一切生产都是在特定的统治与从属形式下的剥削者对生产条件的占有，甚至包括对生产者的占有。社会主义的生产，是摆脱了人对人的剥削与压迫的联合劳动者对生产资料的公共占有。

所有制关系不仅存在于任何社会生产中，而且是任何一种社会生产的前提。马克思强调，社会生产的特征在于生产者首先就是生产条件的占有者。"只有一个人事先就以所有者的身分来对待自然界这个一切劳动资料和劳动对象的第一源泉，把自然界当做隶属于他的东西来处置，他的劳动才成为使用价值的源泉。"[②] 马克思阐明，不仅奴隶主的生产、封建主的生产和资本主义的生产是以生产当事人占有生

---

① 马克思：《政治经济学批判（1857—1858年草稿）》，见《马克思恩格斯全集》第46卷上，1979年，第24页。

② 马克思：《哥达纲领批判》，见《马克思恩格斯选集》第3卷，人民出版社，1972年，第5页。

产资料为前提，就是原始社会的生产也是以一定的所有制为前提。他说："对劳动的自然条件的占有，即对**土地**这种最初的劳动工具、实验场和原料贮藏所的占有，不是通过劳动进行的，而是劳动的前提。个人把劳动的客观条件简单地看作是自己的东西，看作是自己的主体得到自我实现的无机自然。劳动的主要客观条件并不是劳动的**产物**，而是**自然**。"①又说："把土地当作财产潜在地包含着把原料、原始的工具即土地本身，以及土地上自然生长出来的果实当作财产。在最原始的形式中，把土地当作自己的财产，意味着在土地中找到原料、工具以及不是由劳动所创造而是由土地本身所提供的生活资料。"②

基于以上论述，我们可以看出，马克思把所有制关系当作生产主体对生产客体及成果的一种排他的、最高的支配使用关系，当作占有主体对于被占有的对象能行使其自由意志即自由使用、支配和处理的关系，即通常人们所说的生产资料的归属关系。但不能把这种归属关系简单地看作是人与物的关系，看作是劳动者与物质生产条件相结合的形式。把生产资料、产品、技术归谁所有，即所谓归属问题，视为人与物的关系，从而排除于生产关系范畴之外。应该说，这是对马克思所有制概念的错误理解。

从表面上看，所有制是人们对物能行使其自由意志，即对某种生产资料的自由使用、处理和支配的关系，因而它表现为人对物质"生产条件的关系"③。但这种人对物质生产条件的占有在本质上是人与人

① 马克思：《政治经济学批判（1857—1858年草稿）》，见《马克思恩格斯全集》第46卷上，1979年，第483页。
② 马克思：《政治经济学批判（1857—1858年草稿）》，见《马克思恩格斯全集》第46卷上，1979年，第500页。
③ 马克思：《政治经济学批判（1857—1858年草稿）》，见《马克思恩格斯全集》第46卷上，1979年，第492页。

的关系，是通过人对物的占有来体现的物质生产中的人与人的关系，在阶级社会中，它体现了阶级关系。这是因为人类的生产活动不是孤立地进行的，它从来就是社会的生产活动，因而人们占有物质资料的关系也就表现为一定的人与人的关系。如原始共同体的土地公共所有制，就共同体内部来说，它表现为共同体成员共同占有土地及分享其产品的关系；就共同体外部来说，它表现为土地对其他共同体的非所有的关系。私有制则表现为生产资料的占有者与非占有者的关系——包括垄断生产资料的私有主之间的关系和私有主与无产者之间的关系。而历史上的各种不同类型的生产资料私有制又分别地表现为不同类型的私人占有者之间和剥削者与被剥削者之间的关系。可见，按照马克思的论述，所有总是与非所有并存，财产总是与丧失财产并存。马克思说："以部落体（共同体最初就归结为部落体）为基础的财产的基本条件就是：必须是部落的一个成员。这就使被这个部落所征服或制服的其他部落**丧失财产**。"①对生产资料的占有总是归结为人与人的关系，或者是共同占有关系，或者是所有者与非所有者并存关系，即享有财产的占有主体一方与非占有财产一方的直接生产者并存关系。因此，说所有制是生产条件的归属关系与说所有制是生产条件占有中的人们相互关系是完全同义的。可见，按照马克思的论述，应该把所有制作为生产条件与产品占有中的人与人的关系，而且是一种历史的，即随着物质生产力发展变化的关系。这是马克思主义的所有制概念的精义，也是马克思对政治经济学的所有制范畴所做出的科学解释。

---

① 马克思：《政治经济学批判（1857—1858年草稿）》，见《马克思恩格斯全集》第46卷上，1979年，第492页。

对于所有制概念，资产阶级理论中存在着许多非科学的见解。它的要害在于不把所有制作为生产关系，甚至不作为人与人的社会关系。例如，某些资产阶级理论家宣称动物如猴子也占有它们的手和足这样的"自然的工具"，考茨基也宣扬这种观点。例如他说，海狸也占有它们的巢穴与堤坝，此外还有"蚂蚁和蜜蜂的所有制"。这种否认所有制是一个社会范畴，否认它是生产关系的理论表现的观点是极其错误和十分荒谬的。

马克思从来把所有制作为社会生产中生产主体占有、支配物质生产条件的社会形式。马克思在《政治经济学批判》一书中说："**财产最初无非**意味着这样一种关系：人把他的生产的自然条件看作是属于他的、看作是自己的、看作是**与他自身的存在一起产生的前提**；把它们看作是他本身的**自然前提**，这种前提可以说仅仅是他身体的延伸。其实，人不是同自己的生产条件发生关系，而是人双重地存在着：主观上作为他自身而存在着，客观上又存在于自己生存的这些自然无机条件之中。""这些**自然的生产条件**的形式是双重的：①人作为某个共同体的成员的存在；因而，也就是这个共同体的存在，其原始形式是部落体，是或多或少有所改变的**部落体**；②以共同体为媒介，把**土地**看作**自己的土地**……"①马克思反复论证了如下基本观点：只有在社会生产关系中才能有所有，如果没有人与人之间的一定关系，就不可能有人对物质资料的任何占有关系。马克思反对那种把所有制看作是人利用物质生产条件的自然形式的观点，指出："孤立的个人是完全不可能有土地财产的，就像他不可能会说话一样。固然，他能够像动

---

① 马克思：《政治经济学批判（1857—1858年草稿）》，见《马克思恩格斯全集》第46卷上，1979年，第491页。

物一样，把土地作为实体来维持自己的生存。"①马克思还把所有制关系与语言相比，指出它是社会关系的产物："把语言看作单个人的产物，这是荒谬绝伦的。同样，财产也是如此。"②他还阐述了人们只有在参加现实的物质生产中，"通过劳动过程而实现的实际占有"③。这就是说，只有在物质生产中，在由此产生的人们相互关系中，才有对生产条件的所有制关系。

可见，必须正确理解作为人对物质"生产条件的关系"的所有制概念的含义。所有制不是生产主体使用生产条件的自然形式和人与物的技术结合形式，而是生产主体支配生产条件的社会形式。它体现的是人与人的关系，是生产主体占有自己劳动或他人劳动的关系。所有制归根到底体现了经济利益关系。所有者总是生产中的利益主体，是生产利益的享有者。我们说生产资料属于共同体公共所有，就是意味着作为生产主体的人们共同享有其劳动的成果，即人们占有自身的对象化的劳动。我们说生产资料属于私人所有，就是意味着私有的占有主体对没有生产资料所有权的直接生产者的劳动的占有：生产资料奴隶主所有制意味着奴隶主对奴隶劳动的占有关系，生产资料封建主所有制意味着封建主对农奴劳动的占有关系，生产资料资本家所有制意味着资本家对雇佣劳动的占有关系。因此，在马克思的所有制理论中，作为所有制内涵的，对于物（生产资料和劳动产品）的支配是形式，对于人的劳动的支配是内容和实质。如果说资产阶级理论家在解

---

① 马克思：《政治经济学批判（1857—1858年草稿）》，见《马克思恩格斯全集》第46卷上，1979年，第483页。

② 马克思：《政治经济学批判（1857—1858年草稿）》，见《马克思恩格斯全集》第46卷上，1979年，第489页。

③ 马克思：《政治经济学批判（1857—1858年草稿）》，见《马克思恩格斯全集》第46卷上，1979年，第472页。

释所有制时，往往停留在人与物质生产条件关系的表象上，那么，马克思主义则是要通过人与物的关系的形式去揭示人与人的关系的实质。这说明马克思主义政治经济学把所有制作为研究对象，目的不是研究人与物的关系，而是通过人对物的占有形式来研究和揭示物质生产过程中人们的相互关系。譬如，政治经济学要通过历史上的生产资料的公共占有制，揭示以公有制为基础的生产方式中的人与人之间的共同劳动和相互合作关系，要通过对生产资料的私人占有形式——它表现为奴隶制、封建制和资本主义所有制等私人占有形式——来揭示以私有制为基础的生产方式中的人剥削人和人压迫人的阶级对抗关系。可见，马克思主义政治经济学把所有制作为研究对象是科学的。

此外，为了弄清楚所有制概念的内涵，还必须区分作为法学范畴的所有权或财产权与作为政治经济学范畴的所有制的区别。

所有制是一种经济关系，但它又表现为一种权利关系，在阶级社会它还带有法权关系的形式。所有制，作为人与生产条件的关系，作为生产主体对物质生产条件能任意地加以支配、使用、处置即行使其自由意志的关系，它也就表现为一种权利关系，即占有主体对占有的对象具有一种任意支配的权利。这种权利在阶级尚未产生的原始社会是由社会的共同意志所赋予，由习惯和传统来加以维护和使之固定化。而在阶级社会中，它就要由成文的法律加以神圣化，从而带有法权的形式，即表现为财产所有权。就私人所有权来说，马克思说："私有财产的权利是**任意使用和支配的权利**，是**随心所欲地**处理什物的权利。"①真正的完全的私有制表现为私人占有者对占有的对象有

① 马克思：《黑格尔法哲学批判》，见《马克思恩格斯全集》第1卷，人民出版社，1956年，第382页。

使用、出售、馈赠、遗留给后人，甚至加以破坏的最高支配权。这种权利不仅表现为对物质生产条件和物质产品的支配权，而且还可以表现为对直接生产者的支配权；不仅可以表现为个体私有者对手工工具的支配权，而且可以表现为资产者对土地、机器、技术、知识的支配权，表现为社会一部分不劳而获者对庞大的社会财富的支配权。这种个人对生产条件与产品所拥有的几乎难以置信的最高的支配权，不是来自个人的"超人"品质与意志力，也不是神所授予，而是国家机器的暴力所赋予，是由体现占统治地位的剥削者的意志与利益的法律所规定的。因而这种私人所有权就表现为一种法权。可见，所有制在阶级社会必然表现为由法律所规定的财产所有权的形式。古代奴隶制国家和中世纪的封建国家就用法律来规定各个阶级与各个阶层的财产所有权的范围，规定统治集团各等级占有土地的数量及奴隶或奴婢的数量，规定各类财产权利的限度，如土地财产的使用、出售、赠予、遗留给后代的条件，等等。现代资产阶级社会，对财产所有权的法律规定更为完备。既然在阶级社会，作为生产关系的所有制要采取财产所有权这一法权关系的外观，表现为一种以国家与法的作用机制为基础的社会权利，表现为一种上层建筑领域的现象，因而它就成为法学的研究对象，生产资料所有权——作为所有制的法律用语——也就成为一个法学范畴。

人们从法的角度来对财产所有权进行研究，有着漫长的历史。西方古代的思想家与历史学家早已确立和研究了所有权这个法学范畴。他们从奴隶主或封建主的立场，论述了财产所有权的范围、权利的限度、权利的来源等。当然，他们对财产所有权的来源的阐述，充满着神秘的色彩和历史唯心主义的观点。如果说古代与中世纪的著作中的所有制概念，主要是作为法权关系与法权范畴来使用的，那么到了近代，资本主义生产方式兴起后，这个概念就被引入资产阶级经济学著作之中，成为经济学的一个范畴。如资产阶级古典经济学派的著作就基于土地、资本和劳动的所有权来论述收入分配为地租、利润与工资的合理性。小资产阶级的经济学家更是把资产阶级财产所有权，作为资本主义社会分配不平等的经济根源。近代的空想社会主义者圣西门、傅立叶和欧文为了抨击资本主义制度的不合理，也是着眼于揭露卑微渺小的资产者所拥有的不可思议的浩大的财产权利。在古典经济学派和小资产阶级经济学家的一些著作中，一方面虽然沿用法学著作中的所有制或财产这个概念，但事实上已经把它作为一种经济关系来加以说明，从而使所有制概念有了科学的内容；另一方面，他们虽然把财产所有制当作经济关系来研究，但往往搞不清楚作为法学的所有制概念与作为体现生产关系的所有制概念的区别。他们不懂得法律范畴的财产所有权是作为经济关系的所有制的产物，是一个上层建筑的现象，是由生产资料的占有关系所决定的，而这种占有关系又是决定于生产力。

在这方面，可以把蒲鲁东混同与颠倒财产所有权与生产资料所有制关系作为例证。蒲鲁东在论述近代私有财产时，把私有财产作为法权性质的权利关系。他不是把法权关系归于经济关系，而是将它作为人的意志、心理与道德观念的产物。基于这一认识，蒲鲁东就从人性的被违反、道德的被败坏来论述资产阶级财产所有权的不公平，并且主张借助"公平"的观念来改造这种资产阶级的财产关系。他认为资产阶级的土地所有权就是某种永恒的征收地租的法权关系，它来源于某种超经济的原因。他说："地租和所有权一样，其起源可以说是不在经济范围之内：它根源于同财富生产极少关系的心理上和道德上的考虑。"①马克思指出了蒲鲁东离开经济关系的所有制来论述法权关系的所有权的错误。他说："要想把所有权作为一种独立的关系、一种特殊的范畴、一种抽象的和永恒的观念来下定义，这只能是形而上学或法学的幻想。"②"这样，蒲鲁东先生就是承认自己在了解地租和所有权产生的经济原因上是无能的。他承认这种无能使他不得不求助于心理上和道德上的考虑；……蒲鲁东先生断言，所有权的起源包含有某种**神秘**的和**玄妙**的因素。但是，硬使所有权的起源神秘化也就是使生产本身和生产工具的分配之间的关系神秘化，用蒲鲁东先生的话来说，这不是放弃对经济科学的一切要求了吗？"③由于不懂得权利决定于生产关系，特别是生产资料的占有关系，资产阶级和小资产阶级的经济学家也就不能从所有制关系去解释社会经济现象。例如，他们不能用所有制关系去解释资本主义社会的财富在资产者、地主这一极的积累和贫困在无产者这一极的积累，就只好直接求助于法权关系，用超经济的政治暴力去解释收入在各阶级之间的分配。

　　蒲鲁东在回答为什么房主在50年内能收取比建房费高10倍的房租时，认为这是由于"房屋一旦建造起来，就成为一种**永恒的法权理由**来获取一部分的社会劳动"④。蒲鲁东在这里不是认真研究资本主义的房产即房屋所有制，而是求助于作为法权关系与意志关系的财产所有

---

① 马克思：《政治经济学的形而上学》，见《马克思恩格斯选集》第1卷，人民出版社，1972年，第144页。

② 马克思：《政治经济学的形而上学》，见《马克思恩格斯选集》第1卷，人民出版社，1972年，第144页。

③ 马克思：《政治经济学的形而上学》，见《马克思恩格斯选集》第1卷，人民出版社，1972年，第144页。

④ 恩格斯：《论住宅问题》，见《马克思恩格斯选集》第2卷，人民出版社，1972年，第474页。

权。恩格斯说：“他不是从经济方面去研究，并确切查明它是否真正同经济规律相抵触以及怎样相抵触，却以大胆地从经济学领域跳到法律领域的办法来挽救自己……”①恩格斯指出，必须从作为经济关系的房屋所有制中才能得出关于房屋租金的答案。他说：“假如他（指蒲鲁东——引者）研究过这一点，他就会发现，世界上一切法权理由，不论怎样永恒，也不能赋予一所房屋以这样大的权力，使它能在五十年内以租金形式获得原来建筑费用的十倍；这只可能是经济条件引起的结果（这种经济条件可能在法权理由形式下获得社会的承认）。”②总之，资产阶级和小资产阶级经济学家以及空想社会主义经济学家的著作中，虽然使用甚至充斥着所有制这一概念，但在他们那里，体现法权关系的所有权概念与体现生产关系的所有制概念是混淆不清的。

只有马克思和恩格斯才在历史唯物主义的理论基础上，第一次对政治经济学的所有制范畴做出了科学的解释，指出了要区分所有制与所有权这两个不同的范畴：所有制作为生产关系，是政治经济学的范畴；所有权作为上层建筑的法权关系，则是一个法学范畴。马克思深刻地阐明了所有制关系是基础，所有权则属于上层建筑，是由经济基础决定的；要阐明某种法律上的财产所有权形式，就要研究它背后的所有制的关系。马克思说：“法的关系正像国家的形式一样，既不能从它们本身来理解，也不能从所谓人类精神的一般发展来理解，相反，它们根源于物质的生活关系，这种物质的生活关系的总和，黑格尔按照十八世纪的英国人和法国人的先例，称之为‘市民社会’。”③

---

① 恩格斯：《论住宅问题》，见《马克思恩格斯选集》第2卷，人民出版社，1972年，第475页。
② 恩格斯：《论住宅问题》，见《马克思恩格斯选集》第2卷，人民出版社，1972年，第475页。
③ 马克思：《〈政治经济学批判〉序言》，见《马克思恩格斯选集》第2卷，人民出版社，1972年，第82页。

马克思主义的所有制概念既然是生产关系的一个内容，因而，所有制也就属于政治经济学的研究对象。政治经济学研究所有制，不是研究它的法权形式和法律的规定性，而是通过人与物的关系来研究人与人的关系。马克思说："政治经济学不是把**财产关系**的总和从它们的**法律**表现上即作为**意志关系**包括起来，而是从它们的现实形态即作为**生产关系**包括起来。"①恩格斯说："经济学所研究的不是物，而是人和人之间的关系，归根到底是阶级和阶级之间的关系；可是这些关系总是**同物结合着**，并且**作为物出现**。"②恩格斯的这一论述，包括了政治经济学要通过研究人对客观物质对象的占有关系去揭示它背后的人与人的关系的意思。归结起来：

第一，政治经济学研究的所有制不是一个法权概念，而是一个经济范畴，它是现实生产关系的理论表现。

第二，法律关系上的所有制范畴即财产所有权，是一种意志关系与法权关系；作为经济关系的所有制，则体现人们对生产资料占有中的相互关系。

第三，生产资料的占有关系是社会生产的物质前提，只要有生产就必然有生产资料的某种占有关系；法律上的财产所有权，是以后才产生的。这就是说，先有经济上的占有关系，后有法律上的财产关系，先有经济上的所有制，后有法律上的所有权。马克思在《〈政治经济学批判〉导言》中说："可以设想有一个孤独的野人占有东西。

---

① 马克思：《论蒲鲁东》，见《马克思恩格斯选集》第2卷，人民出版社，1972年，第142页。

② 恩格斯：《卡尔·马克思〈政治经济学批判〉》，见《马克思恩格斯选集》第2卷，人民出版社，1972年，第123页。

但是在这种情况下，占有并不是法的关系。"①因为这只是一种实际的占有，而只有当社会赋予实际占有以法律的规定时，实际占有才具有了合法占有的性质，并表现为财产所有权。马克思说："私有财产的真正基础，**即占有，是一个事实，是不可解释的事实，而不是权利。**只是由于社会赋予实际占有以法律的规定，实际占有才具有合法占有的性质，才具有**私有财产**的性质。"②从历史上来看，很早就出现了私人占有关系，但只是到后来才出现了由法律规定的私有财产权。

第四，按照历史唯物主义的观点，经济上的占有是法律上的所有权或财产的基础。也就是说，占有关系作为生产关系居于基础的地位，法权上的财产关系作为上层建筑现象，是决定于生产关系的。

第五，经济上的占有关系与法律上的财产关系，这两个概念在性质上是不同的。它表现在作为法律上的财产所有者，在经济上却可能是一无所有的。法律上的财产所有关系体现的是所有者对某种客观对象享有行使自由意志的权利。举例来说，一个资本家口袋里可以有很多财产凭证，如地契、股票、各种债券等，这些都是他的私有财产，他可以对这些财物行使自由意志，可以出售、赠予、作为遗产交给后代，甚至可以滥用，如马克·吐温的《百万英镑》中的银行家兄弟随意用百万英镑打赌。这种行使自由意志的权利是受到法律保护的，是不容侵犯的。从法律上来说，某人是一个巨额财产的所有者，因为拥有许多财物（债券）而非常富有，但在现实经济生活中，他可能一无所有。马克思和恩格斯论述了法律意义上的财产并不一定是经济意义

---

① 马克思：《〈政治经济学批判〉导言》，见《马克思恩格斯选集》第2卷，人民出版社，1972年，第104页。

② 马克思：《黑格尔法哲学批判》，见《马克思恩格斯全集》第1卷，人民出版社，1956年，第382页。

上的财产。他们指出："因为仅仅从对他的意志的关系来考察的物根本不是物；物只有在交往的过程中并且不以权利（一种**关系**，哲学家们称之为观念）为转移时，才成为物，即成为真正的财产。"①他们又指出资本主义经济中随时会出现如下的现象："某人在法律上可以享有对某物的占有权，但实际上并没有占有某物。例如，假定由于竞争的缘故，某一块土地不再提供地租，可是这块土地的所有者在法律上仍然享有占有权利以及使用和滥用的权利。但是这种权利对他毫无用处：他作为这块土地的所有者，如果除此之外没有足够的资本来经营他的土地，就一无所有。"②我们可以举这样一个例子：一个资本家购买了某个企业的大量股票，由于该企业经营不善，在市场上毫无竞争能力，致使企业红利下降，股票急剧下跌。购买了该企业大量股票的资本家就不但不能使股本增殖，反而有可能蚀去老本。所以在法律上，这个资本家是财产的所有者，是一个大股东，但在经济上却可能并没有占有什么，甚至一无所有。反过来也会有另一种情况，即在经济上有现实的占有关系，但是却没有法律上的财产所有关系。

因此，不能把法权上的所有关系和经济上的占有关系混淆起来。法权上的财产所有关系较为简单，而经济上的占有关系却复杂得多。一个律师可以替资本家打赢官司，维护资本家的法律规定的财产，维护他的股票所有权，但不能代替企业经理的作用，不能使资本家的股票价格提高，在经济上实现更多的占有。

第六，经济上的占有关系是政治经济学所研究的一个最重要内

---

① 马克思、恩格斯：《费尔巴哈》，见《马克思恩格斯选集》第1卷，人民出版社，1972年，第70～71页。

② 马克思、恩格斯：《费尔巴哈》，见《马克思恩格斯选集》第1卷，人民出版社，1972年，第70～71页。

容，是生产关系的一个最重要的方面。马克思首先区分了作为法权范畴的所有权与作为经济范畴的所有制关系（为了避免混淆，后者也可称为占有关系），这种区分具有十分重要的意义。它说明马克思的政治经济学不是研究法权关系，不是研究作为法律规定的财产制度，而是研究现实经济生活中的占有关系。

反对政治经济学研究对象包括所有制的人士，提出了如下一个论点：马克思著作中使用的所有制，是生产关系的法律形式即财产关系，如孙冶方在《论作为政治经济学对象的生产关系》一文中说：所有制形式的俄文是 форма соб stbehhoct и 。他认为应将它翻译为财产，就是财产形式，而财产形式就是一个法律概念，确切地说是所有权。作为一种法权，即社会权利的一种形式，理所当然地不是政治经济学的研究对象。另一些同志认为马克思著作中谈到的只是所有权，对马克思著作中是否提到和研究过作为经济关系的所有制表示怀疑。

马克思著作中经常提到的是作为法律概念的所有权，还是作为经济概念的所有制？这一问题有必要做进一步考察。所有制一词，如上所述，它既可译为所有制又可译为法律概念的财产。脱离马克思著作的具体内容，单纯探究所有制的词义，往往难以分清马克思是指法律上的财产关系，还是指生产资料的占有形式。而且由于在阶级社会里，经济上的占有关系总是要表现为法律上的财产关系，要表现为某种所有权，因此马克思在分析和研究各个社会形态的占有关系时，不能不结合考察各种财产所有权。我们可以看到，无论在马克思的初期著作中，还是1858年~1859年写的《政治经济学批判大纲》或者此后的《资本论》中，许多地方都使用所有权，如土地所有权、生产资料所有权等。这些地方都是着眼于经济事物的法权关系和形式，但是在马克思的经济学著作中，更多地方乃是研究和考察作为经济关系的所有制。在马克思的经济著作中，eigentum一词是经常作为占有形式即作为生产关系的概念来加以使用的。如马克思许多地方提到的Grundeigentum就是土地所有制而不是土地所有权；kleinen eigentum与grossen eigentum则是指"小所有制"与"大所有制"。马克思还在许多地方使用所有制形式（form des eigentum，英译文为forms of property，俄译文是ϕopma coб ctbennoct и）一词。有些地方又使用所有制关系（eigentumverhaltnisse）一词。这些地方马克思是着眼于考察作为生产关系的占有关系和经济上的占有形式，应该是明白无误的。问题在于目前我国马克思著作的译文，包括《资本论》，还有不少地方把所有制译为"所有权"，从而不仅混淆了生产关系与法权关系，并且与马克思著作的原意不相符合。

必须指出，在马克思的著作中，所有制是一个基本经济范畴，无论是早期的经济学著作还是《资本论》中，使用所有制或所有制形式、所有制关系的地方是非常多的。在《哲学的贫困》中，马克思在批判蒲鲁东关于所有权的"形而上学或法学的幻想"[①]时，科学地论述了资产阶级的土地所有制关系。在与恩格斯合著的《共产党宣言》中，马克思论述了"一切所有制关系都经历了经常的历史更替、经常的历史变更"[②]，指出共产主义的任务在于"废除资产阶级的所有制"。马克思在《政治经济学批判（1857—1858年草稿）》的《资本主义生产以前的各种形式》中，用了很多的篇幅，极其详尽地分析了从原始社会、奴隶社会和封建社会迄至近代资本主义社会所有制形式的演变。这本书中对亚细亚的、古代的和中世纪的所有制关系作了极

---

① 马克思：《哲学的贫困》，见《马克思恩格斯选集》第1卷，人民出版社，1972年，第144页。

② 马克思、恩格斯：《共产党宣言》，见《马克思恩格斯选集》第1卷，人民出版社，1972年，第265页。

其精湛而深刻的分析，同时还论述了共同体所有制的解体与私有制的
产生，以及奴隶制、农奴制和资本主义所有制这三大私有制形态的依
次递进，为我们揭示了人类历史上所有制为适应生产力的发展而发展
变化的规律。马克思在《柯瓦列夫斯基〈公社土地占有制，其解体的
原因、过程和结果〉一书摘要》中，对原始公社的所有制关系，也有
许多十分深刻的评述①。在《资本论》中，所有制一词作为生产关系
来看待和使用的地方更是屡见不鲜。马克思曾经计划在《资本论》有
关地租的理论中以专章论述历史上的土地所有制的演变。马克思说：
"在《资本论》第二卷关于土地所有制那一篇中，我打算非常详尽地
探讨俄国的土地所有制形式。"②后来这计划未能实现。但是《资本
论》第3卷第36章和第47章仍然包含着对历史上的所有制关系，特别
是对资本主义的土地占有关系的十分深刻的论述。可以举出如下的语
句："高利贷在资本主义以前的一切生产方式中所以有革命的作用，
只是因为它会破坏和瓦解这些所有制形式，而政治制度正是建立在这
些所有制形式的牢固基础和它们的同一形式的不断再生产上的。"③这
里的所有制形式，德文是eigentumsformen，显然不是如某些同志讲的
应该翻译为所有权或财产。也不难看出，这里是讲生产关系，是讲高
利贷破坏与瓦解了前资本主义的以自给自足为特征的土地占有关系。
马克思指出：封建主义的政治制度是建立在这种土地所有制形式的基
础之上的。如果马克思在这里提到的所有制形式指的是作为法权关系

---

① ［美］F.克莱德尔：《马克思著作中的亚细亚生产方式》一书中说："科瓦列夫斯基同时把
公社所有制叫做土地占有制，正是马克思使用了'所有制'这个术语。"

② 马克思：《致尼·弗·丹尼尔逊（1872年12月12日）》，见《马克思恩格斯〈资本论〉书信
集》，人民出版社，1976年，第327页。

③ 《马克思恩格斯全集》第25卷，人民出版社，1974年，第675页。

的所有权，封建政治制度又怎么能建立在法权关系之上呢？很显然，马克思实际上是论述上层建筑耸立于经济关系这个基础之上，政治制度建立在所有制之上。毋庸置疑，《资本论》中提到所有制的多数地方，实际上讲的都是占有关系，是现实的生产关系，而不是作为法权关系的财产所有权。这种使用方法的例证，不胜枚举。总之，贯串在马克思的经济学著作中的所有制一词属于生产关系的经济范畴是非常明确，无可怀疑的。那种认为马克思把所有制一词只是作为法律术语来使用的观点，或是出于对马克思著作的粗心大意，或是囿于现有译本中某些不确切的译文，造成了对马克思经济学中一个经常使用的基本范畴的错误理解。①

第二节　生产资料所有制的研究在政治经济学中的地位

上面我们对所有制的一般概念做了介绍与论述，现在我们要进一步研究有关生产资料所有制的问题。

前面已经指出，所有制范畴有广义与狭义的区别。广义的所有制的内涵，包括物质生产条件即生产资料所有制，是所有制概念最主要

---

① 不仅在《资本论》，而且在《反杜林论》中，eigentum一词好些地方被译为"所有权"。对照原文，有一部分是对的，但大部分是欠妥的，应该译为"所有制关系"。严格地说，所有制的"制"也不妥，应翻译为"所有"，因为"制"往往被理解为人为的即人们自己设定的制度。eigentum一词没有"制"的意思，译成"所有制"，就把不以人们意志为转移的占有关系当作是人们自己创设的财产制度了。实际上，马克思在使用对某种生产条件的"所有"（eigentum）一词时，往往同"占有"（besitz）和"使用"（benutzung）连用。马克思在论述前资本主义社会的土地所有制时常常说：对土地在生产中加以占有、使用和攫取其产物。这就表明马克思是把所有制概念作为占有关系，作为对生产资料的支配、使用以及对生产物的占有的关系来使用的。

的内容。此外，还包括产品所有制，即生产成果的所有制。生产资料
所有制是广义所有制的最主要的内容，因此以生产关系为对象的政治
经济学，不仅要研究生产资料所有制，而且要把这一研究作为重要内
容。这是马克思主义政治经济学的一个重要特点。

政治经济学研究生产资料所有制的意义在于：

一、生产资料所有制决定生产资料和劳动者的社会结合形式，从而决定社会生产的性质

正如马克思阐明，生产条件的占有形式决定劳动者与生产资料相
结合的社会形式，决定生产方式的性质，决定交换、分配与消费的社
会性质。"不论生产的社会形式如何，劳动者和生产资料始终是生产
的因素。但是，二者在彼此分离的情况下只在可能性上是生产因素。
凡要进行生产，就必须使它们结合起来。实行这种结合的特殊方式和
方法，使社会结构区分为各个不同的经济时期。"[1]他又说："这种分
配（指生产条件的分配即占有——引者）关系赋予生产条件本身及其
代表以特殊的社会性质。它们决定着生产的全部性质和全部运动。"[2]
在人类历史上，生产的物质条件与生产的人身条件的结合，是建立在
人剥削人的基础之上，还是建立在无剥削的共同劳动的基础之上；这
种结合是采取强制方式，还是自主的结合方式；强制结合是采取奴隶
主对奴隶的最公开与最野蛮的强制，还是农奴主对农奴的人身强制，
或是采取资本家对工人的经济强制形式；在自主的结合中，是以生产

---

① 《马克思恩格斯全集》第24卷，人民出版社，1972年，第44页。
② 《马克思恩格斯全集》第25卷，人民出版社，1974年，第994页。

者的个人利益为基础的自主结合，还是以小集体利益为基础的自主结合，或是以全社会利益为基础的自主结合，等等：这些都决定于生产资料所有制。生产资料与劳动者的社会结合形式与性质之所以有差别，关键就在于所有制，在于生产资料的占有形式。更具体地说，在于生产资料掌握在谁的手里，是归全社会占有还是归少数剥削者，如奴隶主、农奴主、资本家占有。恩格斯说："一说到生产资料，就等于说到社会，而且就是说到由这些生产资料**所决定**的社会。"①如在生产资料归劳动者个人所有的条件下，就有自主的个体的生产；在生产资料归少数人垄断的条件下，就有人剥削人的强制性的生产（在直接生产者对劳动条件有实际的占有的场合，则表现为超经济的强制；在直接生产者对劳动条件没有占有权的场合，则表现为经济的强制②）；在生产资料归社会全体成员共同占有的情况下，就有摆脱了人对人的剥削与强制的自由的生产。马克思在区分和阐明历史上原始公社、奴隶制、封建制、资本主义以及社会主义和共产主义等社会生产形式的性质时，正是从生产资料所有制的性质出发的。如马克思把资本主义生产对雇佣劳动的剥削归结于生产条件的资本主义所有制："他所以是一个资本家，能完成对劳动的剥削过程，也只是因为他作为劳动条件的所有者同只是作为劳动力的占有者的工人相对立。"③

可见，生产关系的性质，归根到底决定于生产资料所有制的性质。政治经济学在运用科学抽象法来研究与揭示某一社会生产方式的

---

① 恩格斯：《致卡尔·考茨基（1884年6月26日）》，见《马克思恩格斯〈资本论〉书信集》，人民出版社，1976年，第438页。

② 马克思说："在直接劳动者仍然是他自己生活资料生产上必要的生产资料和劳动条件的'所有者'的一切形式内，财产关系必然同时表现为直接的统治和从属的关系，因而直接生产者是作为不自由的人出现的。"（《马克思恩格斯全集》第25卷，人民出版社，1974年，第890页）

③ 《马克思恩格斯全集》第25卷，人民出版社，1974年，第49页。

本质时，就必须采取如下的步骤：首先从生产方式中抽取出生产关系，其次从生产关系中抽取出所有制，最后从所有制中抽取出生产资料所有制。我们可以从马克思的经济学著作中看到，马克思在研究历史上各个社会形态的生产关系的性质与特征时，总是首先把它归结为劳动者与生产条件之间的关系，并最终把它归结为生产条件的占有形式。可以说，把生产条件的占有关系作为对社会生产关系进行定性分析的出发点和基础，是马克思研究政治经济学的基本方法，也是我们当前研究政治经济学时必须坚持的科学方法。如果离开了对生产资料占有形式的分析，不仅不能科学地阐明生产的性质，而且也不能阐明分配、交换和消费的性质。

二、生产资料所有制是生产关系变革的起点

生产关系包括生产、交换、分配和消费四个环节。在某一社会形态，随着生产力发展和劳动方式的变化，生产关系也会有某些局部的调整与变化，但是这些变化总是被限制在旧的生产资料所有制的框架内。而随着生产力水平提高到新的阶段，它会带来所有制的质变，从而引起生产关系各个方面的根本性质的变化。因此，生产资料所有制乃是引起生产关系重大变化的决定性的环节，可称之为始发性的生产关系。我们发现，在人类历史上，任何一种新的社会经济制度代替旧的社会经济制度，都开始于新的生产资料占有形式取代旧的生产资料占有形式。如奴隶制取代原始公社制度，开始于生产资料私有制的产生与原始公社共同占有制的瓦解；封建制度取代奴隶制，开始于对物质生产资料和自己的人身条件有某些占有权的隶农制的产生和蓄奴经济的瓦解；以资本榨取雇佣劳动为内容的资本主义生产关系的产生与

确立，起源于劳动者与劳动条件的脱离（这一过程一方面是中世纪的直接生产者转化为无产者，另一方面是劳动条件转化为资本），即资本主义所有制的产生和形成；社会主义生产关系的起点，在于工人阶级和全体劳动人民占有生产资料，即生产资料公有制的确立。社会主义国家正是由于夺得政权的无产阶级凭借无产阶级专政的国家机器，通过生产资料所有制的社会主义革命，消灭生产资料私有制，建立社会主义公有制，才实现了由资本主义经济制度到社会主义经济制度的变革。由旧的生产关系到新生产关系的变革开始于生产资料占有形式的变革，是马克思主义的一个基本原理。以揭示资本主义必然为社会主义所代替为目的的马克思主义政治经济学，必须科学地阐明人类历史上各个不同的生产资料所有制的发展与变化的规律，特别是要科学地阐明由资本主义私有制向社会主义公有制转变的客观规律，为世界无产者所进行的剥夺剥夺者的伟大历史变革提供科学的理论。可见，马克思主义的政治经济学理论体系中，生产资料所有制理论占有重要地位是完全合乎逻辑的。

三、生产关系局部性的发展变化也是以生产资料所有制的发展为关键环节

在人类社会发展史中，社会形态的递进，体现社会生产关系经历了多次的根本质变。但是，在某一特定的社会形态内，生产关系，包括直接生产关系、交换关系、分配关系等也会发生局部的发展变化和取得某些新的特征，而生产关系的这种局部性的发展和变化，同样也是以生产资料所有制的发展和变化为基础的。这就是说，在某一特定的社会形态内，生产资料所有制也不是凝固不变的，随着物质生产力

的发展它也会有某些量变性和局部质变性的变革，并在这一变革的基础上引起直接生产、交换和分配形式的某些局部性的调整。就社会主义社会以前的各个社会形态来说，在社会的上升期，生产资料所有制的局部性的变革进一步增强生产关系对生产力的适应性；而在社会的没落解体时期，生产资料所有制的局部性的变革则总是进一步加深生产关系与生产力的矛盾。如在资本主义社会，资本家所有制经历了最初的个体资本阶段，以后又出现了以股份公司为标志的联合资本。联合资本超出了少数资本家的个别资本的狭窄范围，是资本家所有制的一种发展。股份形式的这种联合资本——资本家所有制的发展形态，促进了生产的集中与社会化大生产的发展，同时也引起了交换关系和分配关系的变化。在帝国主义条件下，资本主义所有制进一步发展成为垄断资本所有制。在当前它表现为以跨国公司为代表的规模更大的国际垄断资本。它是垄断资本家所有制的更进一步和更高的发展形式。资本家所有制的这种变化，进一步加强了生产集中与生产的社会化，加剧了商品流通领域与投资领域中的垄断竞争，加深了垄断组织对工人的剥削，使资本主义的基本矛盾更加尖锐，使资本主义生产关系与生产力更不相适应。可见，要发现与阐明当代资本主义生产关系的某些新的发展以及资本主义矛盾的深化，首先要从对资本主义所有制具体形式的变革的研究着手。

同样，社会主义生产关系的发展和进一步完善，也是以生产资料所有制形式的完善为基础的。社会主义的生产关系表现为一个复杂的结构，如果一般地讲就是生产、分配、交换、消费四重结构。这些生产关系的进一步完善也都是以生产资料所有制形式的完善为前提。例如，社会主义按劳分配的进一步贯彻，就必须以所有制的完善为基础。又如，社会主义生产关系可以分为基层性的生产关系，如直接生产过程和企业经营管理形式中体现的生产关系；上层性的生产关系，如国家对企业的管理形式中所体现的生产关系。而这些不同层次的生产关系的完善也要以所有制为基础。总之，在社会主义制度下，生产关系的发展变化是否更加适合生产力，关键还是所有制问题，首先是生产资料所有制的问题。社会主义国家经济建设经验教训表明：要使社会主义制度的优越性得到充分发挥，必须根据生产力发展的要求，及时调整生产资料所有制结构和完善社会主义所有制形式；那种认为生产资料公有制建立后，所有制问题就不再存在的看法是不正确的。

综上所述，我们可以得到如下的认识：所有制（首先是生产资料所有制）所以在生产关系中占有特殊重要地位，是由社会生产（作为生产的物质技术性与生产的社会性的统一）的性质所决定的。这种情况也就决定了对所有制的研究，在马克思主义政治经济学的理论体系中占有十分重要的地位。政治经济学（广义的）在研究前资本主义社会形态、资本主义社会形态，以及社会主义和共产主义社会形态的经济肌体时，首先必须研究各个社会的所有制的运动规律。把对所有制的研究放在重要的、核心的地位，是马克思主义政治经济学的特点，也是马克思主义政治经济学区别于资产阶级政治经济学的一个重要方面。

这里，还有必要指出把对所有制的研究放在重要地位，在政治经济学方法论上的意义。众所周知，社会生产关系是一个复杂的、由多方面的生产关系组成的社会经济结构。要分析、认识和把握这个复杂的经济结构的运动规律，有两个重要问题：（1）必须科学地把生产关系的体系分解成各个构成要素。（2）必须掌握诸构成要素的决定性环节。在这两个问题上，马克思主义政治经济学与资产阶级政治经济学都存在着原则性的区别。首先，在剖析社会经济结构的构成要素上，马克思的方法是对生产关系实行"四分"法，即分为生产、分配、交换和消费四个环节，由此来对现实的生产关系所固有的组成部分进行研究。资产阶级政治经济学某些流派在研究社会经济关系时，虽也讲"四分"法或"三分"法，如也分为生产、分配与消费，但它们对生产关系的"四分"或"三分"，乃是分解出超历史的抽象的经济范畴，如萨伊就把社会经济过程区分为生产一般、分配一般和消费一般，用超历史的范畴来代替现实的生产关系。另外，马克思主义的"四分"法乃是以生产为决定性环节、以生产资料所有制为基础的科学的"四分"法，完全符合生产关系诸要素之间的本质联系。而资产阶级学者对经济过程的区分方法则是主观任意的，比如，资产阶级庸俗经济学的主观效用理论，把消费关系作为生产关系的决定性环节，把消费论作为经济学的起点和基础理论。他们把消费需要作为研究的起点，其要害是回避对所有制的研究，而且他们的需要是由边际效用即主观的心理因素决定的。现代的资产阶级经济学继承了庸俗经济学的这种方法。凯恩斯主义的充分就业理论，其研究的起点就是社会的有效需求。这种理论把交换和消费关系作为生产关系的决定性环节，把资本主义的病根归结于消费不足，并以此为根据，开出了用以救治资本主义的各种刺激消费的药方。当代资产阶级经济学某些流派，如联邦德国自由主义和英美的新古典学派的经济学家，虽然写出了若干关于所有制的著作，但是西方资产阶级经济学家早已不可能公正地研究现代生产资料的私人资本主义垄断这个问题。他们的著作不是避而不谈垄断资本家所有制的弊端，就是制造关于工人、广大劳动者都参加占有的资本民主化的辩护理论，或者是厚颜无耻地重弹私有制合理性的老调。例如，自由主义的经济学家就大肆宣扬私有制对合理地分配与使用资源，刺激人们的创造性和维护"自由"的意义。对照资产阶级经济学对待所有制的立场，我们就能更进一步理解马克思主义政治经济学对生产资料所有制的研究予以高度重视的重要意义，这不仅表现了马克思主义政治经济学的科学性，而且也充分表现了马克思主义政治经济学的阶级性与党性。

第三节　所有制与分配、交换、消费的区别和联系

所有制从狭义来讲，是指生产资料的所有制。生产资料的所有制体现的是经济主体对一定客观生产条件的占有关系。政治经济学所讲的所有制，一般说来就是这种生产资料的所有制。但是所有制作为经济主体对客体对象的占有关系，不只是包括生产资料的占有，还包括劳动产品的占有；此外，支配人的劳动能力的社会形式，从某种意义上说，也是一种对劳动能力的占有关系。在劳动者与劳动条件相脱离的私有制社会，劳动能力实际上被生产资料所有者所占有。分析这种劳动力所有制的性质与形式，就可以从另一个角度来揭示生产资料所有制的性质。因而，对劳动力所有制的研究对于私有制社会来说是必要的。广义的所有制包括生产资料、劳动产品和劳动力的占有关系，确切地说，生产资料所有制只是社会的所有制关系的一个方面或一个组成部分。我们不能把所有制概念等同于生产资料所有制，并要看到社会的所有制关系中还存在生产资料所有制与其他物质产品、精神产品的关系，以及生产资料所有制与劳动力所有制的关系。而这些关系均是政治经济学应该研究和加以阐明的。这里还要指出，生产资料所有制也有广义、狭义之分。广义的生产资料所有制是体现在生产资料的支配、使用，产品的分配、交换、消费等关系的总和中的现实占有

关系。狭义的生产资料所有制是人们在生产过程中对物质生产条件的占有。因而不能把生产资料所有制概念完全等同于生产关系，要看到社会生产关系体系中生产资料所有制与分配关系、交换关系及消费关系的区别和联系。政治经济学为了阐明生产关系体系的内在矛盾与运动机制，就不能孤立地研究生产资料所有制，还要研究与阐明生产资料所有制同分配、交换、消费等关系之间的相互制约作用。

一、生产资料所有制与产品分配的关系

狭义的生产资料所有制作为人们在生产过程中对物质生产条件的占有，表现为生产的前提，而产品分配乃是对生产物的占有，表现为生产的结果。狭义的生产资料所有制，就是指这种作为生产的既定前提的生产条件的占有关系，而不是作为其结果的劳动产品的占有关系。正如马克思所说："对劳动的自然条件的占有，即对土地这种最初的劳动工具、实验场和原料贮藏所的占有，不是通过劳动进行的，而是劳动的前提。"①因此，不能把生产资料所有制与劳动产品的分配混为一谈。但是，另一方面，生产资料所有制与劳动产品的分配形式又存在着不可分割的关系。这表现在以下两个方面：

第一，产品的分配是生产资料所有制的实现。我们通常讲的产品分配，就是作为生产过程成果的劳动产品的占有方式，即产品归谁占有，怎样占有，用什么比例占有。而劳动产品的占有则决定于生产方式，首先决定于生产资料所有制。有什么样的生产资料占有方式，就

---

① 马克思：《政治经济学批判（1857—1858年草稿）》，见《马克思恩格斯全集》第46卷上，人民出版社，1979年，第483页。

有什么样的产品占有形式。马克思说："消费资料的任何一种分配，都不过是生产条件本身分配的结果。"[①]必须指出，劳动产品的占有，不仅是生产资料的占有的结果，而且是人们占有生产资料的目的和动机。因为，对生产资料的现实的占有，就是生产，也就是满足人们某种需要的有目的的活动。人们之所以要占有生产资料，并采取社会的上层建筑力量来维护生产资料的某种归属形式与关系，正是为了长期牢固地占有生产成果，以实现与获得他们占有和利用生产资料的预期的经济利益。单有生产资料的占有而不存在生产成果的占有是毫无意义的。可见，生产资料的占有是基础，生产品的占有即分配是它的必然结果。生产资料的占有表现为手段，产品的占有即分配表现为目的。从这个意义上讲，产品的分配实际上就是生产资料所有制的实现。可见，广义的生产资料所有制，还要包括产品分配关系，离开了产品分配形式就不能把握住生产资料所有制的全部特征。例如，生产资料的资本家所有制，不仅表现为生产资料由资产者垄断和直接生产者失去生产资料所有权，而且还要表现为资本家对剩余价值的无偿占有。生产资料的社会主义所有制，不仅表现为生产资料归社会公共占有，而且还要表现为社会产品的公共占有。社会主义的生产资料全社会公有制的完全确立，不仅要使全部生产资料归全社会公共支配，而且还要实现全部社会产品归全社会公共占有，否则就不能说是已经建立起彻底的和完全的公有制。比如在全民所有制的场合，如果企业的经济成果不是由全社会共同地和平等地分享，而是企业占有特殊的份额，并享有特殊的利益，那么在这种产品分配关系下，生产资料的全

---

① 马克思：《哥达纲领批判》，见《马克思恩格斯选集》第3卷，人民出版社，1972年，第13页。

民所有制关系就还不是完全的和成熟的。

第二，生产资料所有制的性质决定产品分配的性质。劳动产品是由人们共同占有还是由少数人占有，是被全体社会成员平等的占有还是带有阶级剥削性地占有，产品分配的这种社会性质决定于生产资料所有制的性质，决定于生产资料是公有制还是私人所有制。人类历史上对消费资料的共同占有形式，包括原始公社的平均分配、社会主义的按劳分配和共产主义的按需分配，都是决定于生产资料的公共占有制。而人类历史上带有阶级剥削性的产品占有形式，如对奴隶的劳动成果的占有，对农奴生产的地租的占有，对工人创造的剩余价值的占有，这些产品分配的社会形式分别地决定于生产资料的奴隶占有制、封建占有制和资本主义占有制。

以上两个方面表明，产品的分配形式决定于生产资料所有制，也可以说是由所有制派生的。因此，只有把生产资料所有制与产品分配关系联系起来考察，才能掌握分配关系的来龙去脉，说明为什么某一社会形态是这样一种分配关系，而不是另一种分配关系。另一方面，我们只有结合劳动产品的分配形式，才能认清生产资料所有制的具体特点，揭示某种生产资料所有制产生和发展的规律。

二、生产资料所有制和交换的关系

交换，作为生产关系的一个环节与生产资料所有制存在着密切的联系。交换的形式、性质决定于生产资料所有制的形式和性质。在原始社会，性别和年龄分工的存在，决定了人们相互之间需要交换活动。由于生产资料与产品是公社共同占有的，劳动产品在氏族成员之间不存在哪样是你的，哪样是我的的区分与界限，这样就决定了人们间的活动交换无须以等价为基础。氏族成员中体现较多的劳动时间的活动与较少的劳动时间的活动之间的交换，是不会遇到困难的，而且可以说是一种常规。这种活动交换不具有商品交换的特征。

到了原始公社末期，产生了氏族公社之间的劳动产品的交换。这时，生产资料和产品已是分别属于各个氏族公社所有。"某一个共同体，在它把生产的自然条件——土地（如果我们立即来考察定居的民族）——当作**自己的**东西来对待时，会碰到的唯一障碍，就是业已把这些条件当作自己的无机体而加以占据的**另一共同体**。"[1]由于两个共同体是两个不同的所有者，它们作为交换当事人，相互之间存在着物质利益的矛盾，因而决定了劳动产品的交换自发地采取等价交换的形式，即以劳动时间的对等为基础。可见，商品交换这种活动交换形式的产生，是以两个独立的所有者，或以独立利益主体的存在为前提。等价交换正是统一的所有者一分为二的产物，是整个彼此对立的所有者之间进行活动交换所必定要采取的形式。

在资本主义社会，资本主义的生产资料所有制表现为货币形式的价值的私人占有，并由于资本家之间的竞争使利润平均化，从而使不同部门之间的商品交换采取按生产价格交换的形式。这种商品交换的新形式正是生产资料的资本家所有制所决定的。在当代垄断资本主义阶段，垄断企业向外部出售商品采取垄断价格形式，这乃是生产资料的垄断资本所有制所决定的。

在社会主义制度下，全民所有制内部的交换，集体所有制之间的交换，以及个体所有制与外部的交换，表面上都是商品交换，但如

---

[1] 马克思：《政治经济学批判（1857—1858年草稿）》，见《马克思恩格斯全集》第46卷上，人民出版社，1979年，第490页。

果严格地加以剖析，三种交换关系在性质上还存在着某些差别，并由此使三种交换各有其特征。如个体所有制之间的交换是完整的商品交换，是严格地按照等价交换来进行的。集体所有制之间的交换，集体所有制与全民所有制之间的交换，也是商品交换，也要从属于价值规律的作用和遵守等价原则。但是，这两类商品交换关系业已具有不同于个体所有者之间的商品交换的新的特点。特别是全民所有制内部的交换更具有新的特征。它一方面是商品交换，但另一方面，又带有某些产品交换的因素。严格地说，它是一种社会主义商品性的关系，是全民所有制内部的、具有相对独立性的单位之间的、采取等价形式的活动互换关系，与集体单位之间的较为完整的商品交换有所不同。斯大林认为全民所有制企业间的交换是属于同一个主人（以国家为代表的全民）的各个单位之间的交换，这当然是对的。但是斯大林说"生产资料并不'出售'给任何买主"[①]，否认全民所有制企业生产的生产资料具有商品性质，这就说过了头。不过斯大林联系生产资料全民所有制的性质来分析和论述社会主义交换的特征，这在方法论上，无疑是正确的。

总之，作为社会经济关系中一个方面的交换关系，同样要受到所有制的制约和影响。交换关系体现着生产资料所有制的性质，从这种意义上来说，交换也就是所有制的实现，因而广义的生产资料所有制也就要包括交换关系。人们在考察交换关系时，不能孤立地就交换论交换，而要把它与生产资料所有制联系起来，即既要把它作为所有制的实现，又要看到生产资料所有制对交换关系的决定作用。这样的研究方法，才是符合辩证唯物主义的正确的研究方法。只有根据这种方

---

① 斯大林：《苏联社会主义经济问题》，人民出版社，1953年，第46页。

法，才有可能深刻地阐明人类历史上各个社会形态的交换的形式和性质。

用交换关系是所有制的实现的观点来考察社会主义社会的交换关系，我们就能够基于社会主义社会所有制的多样性，把社会主义社会的商品交换关系视为多层次的交换体系。社会主义交换关系的各个不同领域尽管从外表上来看都表现为商品交换，但是实际上则存在着交换的商品性及程度的差别，而造成这种差别的最根本的原因就在于生产资料所有制不同。因此，社会主义国家在有计划地组织、管理与指导社会交换活动时，对于交换的不同领域，要根据它固有的特征，采取不同的方法和措施。如：对全民所有制内部的交换，在某些范围内，要实行计划指导下的自主交换，在某些领域则要采取计划调拨的形式；对于集体所有制之间的交换，既要坚持计划指导，又要给它们相当大的自主权，使市场机制在集体经济的交换中起较大的作用；对个体所有制之间、个体所有制与其他所有制之间的交换，要在坚持国家的计划指导下，给它们更充分的交换自主权，使市场机制起更大的作用。

三、生产资料所有制与消费的关系

消费的形式与性质也是决定于生产资料所有制的。一般地说，先有社会生产，经过社会分配，然后才有社会消费。因而分配乃是消费的直接决定因素；分配的性质与形式决定消费的性质与形式。这里着重以个人消费为例。具有阶级剥削性质的分配决定了"朱门酒肉臭，路有冻死骨"这样一种对抗性的消费关系；在不存在阶级剥削的社会中，共同分配就决定了消费的非对抗性质。但是如以上所述，分配的性质决定于生产资料所有制，因此必须看到，消费的性质与形式最终还是决定于所有制。如生产资料私有制使劳动产品归私有主独占，造成一方面少数富人对消费品任意挥霍与奢华享受，另一方面广大劳动者生存资料匮乏与消费不足；而生产资料公有制，就使劳动产品由劳动者共同占有和共同消费。在社会主义社会，以生产资料公有制为基础的社会主义联合劳动，必然将通过社会主义按劳分配，使消费品由全体社会成员共同分享，并使劳动者消费水平不断提高。如果没有消费品的共同分享，而是由某些集团或个人独占，如果在生活需要的满足上劳动群众不是拥有平等的机会与权利，如果在生活水平上不是共同富裕而是贫富悬殊，这就从根本上违反了生产资料公有制的要求。由此可以看出，消费的社会性质和形式，归根到底也是生产资料所有制的实现。因而，政治经济学在研究与阐明社会消费的性质、形式及其运动规律时，也必须从生产资料所有制的研究着手。列宁说："如果生产中的关系阐明了，各个阶级获得的产品份额也就清楚了，因而，'分配'和'消费'也就清楚了。"[1]

综上所述，我们可以看出，一方面，作为直接生产过程中的生产关系的重要内容的生产资料所有制，它与分配、交换、消费等环节一样，在物质生产和社会再生产中有其特有的职能，因而它与分配关系、交换关系、消费关系是不能互相混淆的，必须把它们严格区别开来。另一方面，又要看到生产资料所有制与生产关系其他环节之间的联系，要看到生产资料所有制涉及劳动产品的分配、交换与消费，也就是说生产资料所有制既是生产的基础，对生产关系的一切环节和一切方面起决定性作用，又是贯彻于劳动产品的分配、交换与消费之

---

[1] 《评经济浪漫主义》，见《列宁全集》第2卷，人民出版社，1959年，第167页。

中，并且要通过产品的分配关系、交换关系与消费关系来进一步地实现，同时也要受到这些关系的影响。马克思曾经提到过法律上的、名义上的占有与经济意义上的、实际的占有，又曾经提到过"较完全的财产关系"①等。显然，只有把生产资料所有制与产品的分配、交换、消费等方面联系和综合起来考察，才能区分不同层次的所有制概念。如就私有制来说，如果生产条件的所有者还不能充分占有自身劳动产品，还必须把他的劳动成果的很大部分交给他人，如负担着沉重贡赋的中世纪的个体农民那样，这种私有制则是不完全的私人所有制。正是在这种意义上，马克思又提出了关于所有制是生产关系的总和的命题。他说："在每个历史时代中所有权以各种不同的方式、在完全不同的社会关系下面发展着。因此，给资产阶级的所有权下定义不外是把资产阶级生产的全部社会关系描述一番。"②又说："**私有制**不是一种简单的关系，也绝不是什么抽象概念或原理，而是**资产阶级**生产关系的总和（不是指从属的、已趋没落的，而正是指现存的资产阶级所有制）。"③总之，马克思的所有制理论，一方面着眼于生产资料所有制与生产关系的其他方面的区别，另一方面又不是孤立地认识生产资料所有制，而是把它与生产关系的其他方面联系起来进行考察。这里

---

① 马克思：《政治经济学批判（1857—1858年草稿）》，见《马克思恩格斯全集》第46卷上，人民出版社，1979年，第500页。

② 马克思：《政治经济学的形而上学》，见《马克思恩格斯选集》第1卷，人民出版社，1972年，第144页。

③ 马克思：《道德化的批判和批判化的道德》，见《马克思恩格斯选集》第1卷，人民出版社，1972年，第191页。马克思又说："在现实世界中，情形恰恰相反：分工和蒲鲁东先生的所有其他范畴是总合起来构成现在称之为所有制的社会关系；在这些关系之外，资产阶级所有制不过是形而上学的或法学的幻想。"（《致巴维尔·瓦西里也维奇·安年柯夫（1846年12月28日）》，见《马克思恩格斯〈资本论〉书信集》，人民出版社，1976年，第19页）

说明生产关系研究中的马克思主义的科学方法，是着眼于生产关系的各个方面与环节的辩证联系的方法，是着眼于考察生产条件的占有与劳动产品的占有的联系的方法，是既抓住生产关系体系中的主要矛盾又不放过它的次要矛盾的方法。马克思所确立的这种对所有制的研究方法，是唯物辩证法在生产关系研究中的具体体现。

在《资本论》中，马克思就是从劳动者同生产条件的分离及生产条件（表现为货币财富形式）的归资本家独占，换言之，是从生产资料的资本家占有形式来考察劳动产品的资本主义分配形式，即工人得到工资与资本家占有剩余价值，来考察劳动产品的资本主义交换与流通形式，考察剩余价值在资本家集团内部的分配形式。马克思通过对劳动产品的分配关系、流通关系的考察，进一步全面地和具体地阐明了资本主义的占有关系，阐明了产业资本所有制、商业资本所有制、金融资本所有制、土地资本所有制等诸资本主义所有制形态的共性和特性，从而使资本主义所有制的概念由抽象向具体上升。马克思这种分析研究生产关系的方法具有十分重要的意义。我们在研究当代资本主义生产关系和研究社会主义生产关系时，都必须遵循这一科学的方法。

在社会主义制度下，生产资料所有制问题，不仅仅是生产资料的支配问题，还要牵涉到劳动产品的分配关系、交换关系等环节。在对生产资料私有制的社会主义改造取得胜利，社会主义所有制确立，生产资料的归属问题基本解决后，所有制问题并不是就不再存在。刚刚建立起来的社会主义所有制还有待于继续完善。其完善过程，不仅仅是要求生产资料的支配关系的完善，而且牵涉到产品的分配关系、交换关系与消费关系的完善。因而社会主义政治经济学在研究所有制关系时，既要研究生产资料的公共占有形式本身的问题，又要研究体现这种占有的劳动产品分配形式、交换形式以及消费形式，也就是说要研究广义的社会主义所有制的问题。把所有制的问题仅仅归于生产资料的归属和支配，孤立地就生产资料所有制形式来谈论社会主义所有制，是不符合马克思的所有制理论的。

第四节　生产资料所有制的多样性和多层次性

对所有制进行历史的和辩证的考察，既从纵的角度分析与阐明人类历史上存在的各个不同类型的所有制形式，又从横的角度分析与考察同一社会形态客观存在的所有制的多层次的内在结构，这是马克思在研究所有制时的另一个特点。本节将对这一问题加以论述。

在人类历史发展过程中，生产资料所有制经历了一系列的发展变化，有规律地和分阶段地向前发展和演进。这是因为，生产资料所有制乃是生产资料与劳动者相结合的社会形式。这种结合的社会形式，首先取决于生产资料，特别是生产工具的状况。生产工具的性质和状况就是物质生产力的体现，因而生产资料所有制归根到底取决于物质生产力的状况。马克思说："生产者相互发生的这些社会关系，他们借以互相交换其活动和参与共同生产的条件，当然依照生产资料的性质而有所不同。"①他在与恩格斯合著的《费尔巴哈》中谈道："这种占有首先受到必须占有的对象所制约，受自己发展为一定总和并且只有在普遍交往的范围里才存在的生产力所制约。"同时，"这种占有受到占有的个人的制约"，"还受实现占有所必须采取的方式的制

---

① 马克思：《雇佣劳动与资本》，见《马克思恩格斯选集》第1卷，人民出版社，1972年，第74～75页。

约"①。在人类社会的发展史上，有一定的物质生产力水平，就有一定的生产资料所有制形式，而随着物质生产力发展到新的阶段，旧的生产资料所有制形式就为新的生产资料所有制形式所取代。在人类历史上依次出现的有如下几种所有制形式：原始公社所有制、奴隶主所有制、封建主所有制、资本家所有制及社会主义公有制。正是这种依次递进的具有不同性质的基本所有制形式，把人类社会区分为不同的社会形态：原始社会、奴隶社会、封建社会、资本主义社会及社会主义社会。

就某一社会形态来说，固然存在着作为这个社会形态特征的生产资料所有制形式，但是也必须看到，在一个社会中，所有制形式并不是单一的，除了基本的所有制而外，还存在着其他非基本的所有制形式，因而任何社会的所有制都具有多种形式以及由这些形式组成的多层次结构。

一个社会之所以具有多种所有制形式，是因为在任何社会，物质生产力的发展具有不平衡的性质。社会经济的不同领域，如在工业与农业之间，城市与乡村之间，不同部门、不同地区之间，生产力的水平和状况不可能一样，实际上都存在着发展程度上的高低之分。固然，某一特定的社会形态有其生产力的一般水平，比如"手推磨产生的是封建主为首的社会，蒸汽磨产生的是工业资本家为首的社会"②。但是一定社会形态的现实的物质生产力状况绝不是绝对地均衡和整齐划一的，而是在不同领域中存在着参差不齐的状况。特别是在新的社

---

① 马克思、恩格斯：《费尔巴哈》，见《马克思恩格斯选集》第1卷，人民出版社，1972年，第362～363页。

② 马克思：《政治经济学的形而上学》，见《马克思恩格斯选集》第1卷，人民出版社，1972年，第108页。

会形态的初始阶段，新社会的物质生产力还不可能立即获得充分的发展，社会经济不同领域的生产力构成的多样性和生产水平的差别就更加显著。生产力的这种多层次性质，决定了所有制形式的多样性。它表现为：新的生产资料所有制形式与旧的生产资料所有制形式并存；新的生产资料所有制也具有多种的具体形式，即具有多层次性。

在人类历史上，各个社会形态的生产资料所有制都不同程度地存在着这种多层次的占有关系。马克思在1879～1880年研究美洲印第安人的土地制度时，就已注意到美洲的原始公社解体期的土地所有制形式是极其多种多样的。[①]此外，马克思论述了古代东方的村落共同体中的多层次的土地占有关系。他指出：（1）最高的土地占有者是拥有统治权力并向村落公社收取贡赋的中央集权制的国家。（2）公社是土地的实际占有者。（3）共同体成员家庭对不再定期分配、归它长期使用的土地有私人占有关系。"在亚细亚的（至少是占优势的）形式中，不存在个人所有，只有个人占有；公社是真正的实际所有者；所以，财产只是作为**公共**的土地**财产**而存在。"[②]马克思又说："在财产**仅仅**作为公社财产而存在的地方，单个成员本身只是一块特定土地的**占有者**，或是继承的，或不是继承的，因为财产的每一小部分都不属于任何单独的成员，而属于作为公社的直接成员的人，……因此，这种单个的人只是占有者。只有**公共财产**，只有**私人占有**。对公共财产的这种占有方式可以发生十分不同的历史的、地域的等等变化，这要看劳动本身是由每一个私人占有者孤立地进行，还是由公社来规定或由高

① 参见马克思：《科瓦列夫斯基〈公社土地占有制，其解体的原因、进程和结果〉一书摘要》，人民出版社，1965年，第6页。

② 马克思：《政治经济学批判（1857—1858年草稿）》，见《马克思恩格斯全集》第46卷上，人民出版社，1979年，第481页

居于各个公社之上的统一体来规定。"①

多层次的土地占有关系也是中世纪封建社会的所有制的鲜明特征。马克思和恩格斯在许多著作中都曾细致地分析了中世纪的多层次的土地占有关系。大体说来，存在着如下的多层次的土地占有关系的体系：

第一，封建主的土地所有制关系。它是取得法律确认与保护的对土地的占有。在这里，所有者不仅是实际上的占有者，而且也是法律上的占有者。这种占有关系具有长期性和稳定性。这种所有者，如马克思所说，具有随心所欲地支配实物的权利，即拥有行使其自由意志的排他性的最高的支配权。封建主的土地所有制乃是一个宝塔形的多层次的土地占有关系的体系：最高的是国君对土地的占有，其次是各级封建主对土地的占有。在亚细亚社会，封建土地所有制还表现为国家所有制形式。马克思说：在亚洲，"国家既作为土地所有者，同时又作为主权者而同直接生产者相对立，……在这里，国家就是最高的地主。在这里，主权就是在全国范围内集中的土地所有权。但因此那时也就没有私有土地的所有权，虽然存在着对土地的私人的和共同的占有权和使用权"②。在我国封建社会，封建的土地所有制表现为国家所有制、贵族地主所有制、庶族地主所有制等一系列层次。

第二，没有得到法律认可的对土地的实际占有关系。封建社会一定范围内存在着土地使用者名义上没有所有权，实际上又有较稳定的占有关系。但由于没有取得法律认可，从而是第二级的现实占有关系。在实行土地国家所有的亚细亚社会，国君把田地授予某些贵族、

① 马克思：《政治经济学批判（1857—1858年草稿）》，见《马克思恩格斯全集》第46卷上，人民出版社，1979年，第478页注①。
② 《马克思恩格斯全集》第25卷，人民出版社，1974年，第891页。

官吏。这是一种土地的实际的占有。但这种封建地主的土地占有是受到至高无上的封建皇权的限制的，不同于近代资本主义社会的真正的土地私有制。此外，亚细亚社会的个体农民的土地私有制和村落共同体后期的农民家庭长期使用的土地，虽不是法律规定的真正的私有财产，但也是一种实际的私人占有关系。

第三，对土地的支配使用关系。在封建社会，还存在着直接生产者虽有对仅仅维持其生活的有限的土地的实际占有关系，但却没有所有权的情况。如在西欧，封建领主把土地分给农奴，这块份地农奴可以一辈子使用，但没有所有权，不能将它出卖和任意地支配。恩格斯指出，西欧中世纪有那种农民，"生前保有土地使用权，只在他死后土地才成为教会的财产"[1]。我国唐代实行授田制，授予农民的露田死后交还国家。农民对受授土地的这种长期使用，实际上是一种支配、使用关系，具有某些实际上的占有的性质，但没有法律上的所有权，因为土地的最高所有权仍然在皇帝手里，仍然掌握在封建国家手中。这种直接生产者对土地的实际上的占有关系，是一种束缚劳动力于土地的方式，它使农民"安土重迁"，稳定地为封建国家生产和交纳田赋形式的封建地租。正如列宁指出："土地属于耕作者的现象在实际上并非像你所设想的那样孤独地存在着，而不过是当时生产关系中的一个环节。这种生产关系就是：土地为大土地占有者即地主所瓜分；地主把这种土地分一块给农民，以便剥削他们，于是土地好像是实物工资，它为农民提供必需品，使农民能够为地主生产剩余产品；它是

---

① 恩格斯：《法兰克时代》，见《马克思恩格斯全集》第19卷，人民出版社，1963年，第547页。

一块使农民为地主服劳役的土地。"①可见，赋予直接生产者以对土地的支配权和使用权，使他们在短期内或长期内有支配、使用生产资料的权利和分享某些生产品的权利，乃是维护封建土地所有制的必要条件。因此，直接生产者对土地的某种不完全的支配、使用关系，可以说是封建土地所有制体系中的最低层次。

可见，要分析封建土地所有制，真正揭示这种所有制的全部内容和特点，就得认真分析实际存在对土地的所有、占有、支配、使用等多种形式的权利，就要揭示与勾画出封建土地所有制的多层次结构，而不能停留在某种抽象的所有制概念上。

资本主义社会的所有制也具有多种形式，它表现在以下两个方面：

第一，占统治地位的资产阶级所有制与前资本主义的所有制形式的残余并存。在帝国主义时期是占支配地位的垄断资产阶级所有制与中小资本家所有制并存。此外，还存在着依附于资产阶级所有制的个体私有制与合作社所有制。

第二，资本家所有制本身也存在具体形式的差别。马克思的《资本论》，通过对生产资料的资产阶级垄断这一社会形式及其在经济上的实现形式，即资本价值增殖的分析，阐明了资本家所有制一般。《资本论》还深入地研究了资本家所有制的许多形态，详细地论述了产业资本家、商业资本家、借贷资本家以及租地农场主占有生产资料的具体形式与他们的所有制在经济上实现的特点。马克思根据资产者对生产资料的所有、占有、支配、使用的不同状况，把资产阶级所有制区分为职能资本与所有权资本。所有权资本体现的是这种资本关系：货币资本的"法

---

① 《什么是"人民之友"以及他们如何攻击社会民主主义者？》，见《列宁选集》第1卷，人民出版社，1960年，第54页。

律上的所有者"①，把资本的支配权和使用权让渡给他人，从企业总利润中取得利息以实现资本所有权。职能资本体现如下资本关系：资本家依靠借贷来的货币资本从事经营并从总利润中取得企业主收入。职能资本与所有权资本的区别，体现了在发达的资本关系下，也就是在生息资本从产业资本分化出来后的生产资料资本家所有制的新特征。同样地，基于对生产资料的所有、占有、支配、使用的不同状况，我们还可以区分出资本家的直接所有制和间接所有制。直接的资本家所有制就是私人资本的直接占有。私人资本的企业，无论是个别资本的企业，或者是联合资本（如股份公司）的企业，都是归私人资本家直接占有的。间接的资本家所有制就是当代资本主义的国家所有制。资本主义国家所有制的国有企业不属于某个资本家或某个资本家集团所有，如美国的国有企业就不能说是洛克菲勒的、福特的、加利福尼亚财团的、东部财团的，或其他资本家和资本家财团的，而是整个垄断资产阶级的。这是一种间接的资本家所有制，因为在那里，生产出来的剩余价值是通过国家参与再分配，通过财政、信贷、税收以及价格等杠杆，最终又回到个别资本家手中。这种间接的资本家所有制是资产阶级所有制的新形式，是资本主义基本矛盾激化条件下的产物。可是，对于资本家所有制，也要分析与研究它的各种具体形式，找出它的内在结构与层次，由此阐明资产阶级内部各个集团的特点与相互关系，而不能停留在资产阶级所有制的一般概念上。

总之，马克思基于唯物辩证法，把社会经济视为是一个复杂的经济结构，而作为它的基础的所有制，也是一个由不同形式、不同层次

---

① 《马克思恩格斯全集》第25卷，人民出版社，1974年，第428页。

的所有制所组成的所有制结构或所有制体系。[①]因此，我们在研究某一社会形态的所有制时，要遵循马克思所确立的这一种科学的研究方法。也就是说，要从所有制的多样性和多层次性出发，不仅要分析社会的基本的生产资料占有形式，而且要分析它的非基本的形式，同时还要分析这一基本的所有制的各种具体形式、不同层次及其演变的规律。对于现阶段的社会主义社会来说，研究这种社会实际存在的生产资料所有制的结构和层次、各个层次之间的关系及其演变的趋势和规律，更具有重要的意义。

第五节　所有制产生与形成的历史过程

生产资料所有制在人类历史的发展过程中，依次出现了原始公社、奴隶制、封建制、资本主义、社会主义五种基本类型。这些所有制形式是与各个社会形态的物质生产力水平相适应的，并在该社会的所有制结构中占主导地位。但任何事物的产生和成熟都要经历一个逐步发展的过程，每种所有制形式的确立也不可能一蹴而就，而是经历了一个从形成到确立，从不成熟到成熟的发展过程。因而各种所有制形式在其产生的初始阶段总表现为不够成熟与不够完全，只有经过一定的发展阶段后，才成长为成熟的和完全的所有制形式。

马克思和恩格斯把唯物辩证法的发展观，运用于所有制关系的研究。他们批判了资产阶级历史学家和经济学家那种认为私有制永世长

---

① 马克思：《〈政治经济学批判〉导言》，见《马克思恩格斯选集》第2卷，人民出版社，1972年，第108页。

存，否认人类社会曾经经历了一个由公有制向私有制逐步演变的非历史主义的观点。马克思说："可笑的是从这里一步就跳到所有制的一定形式，如私有制。（而且还把对立的形式即**无所有**作为条件。）历史却表明，公有制是原始形式（如印度人、斯拉夫人、古克尔特人等等），这种形式在公社所有制形式下还长期起着显著的作用。"①马克思和恩格斯基于历史唯物主义关于生产关系一定要适合生产力性质的规律，科学地论述了人类社会由原始的公有制转变为私有制，又将最终转变为更高级的社会主义、共产主义公有制的历史辩证法。同时，他们还科学地阐明了任何所有制从产生、成长到确立，由不完全的形式到更完全的形式的发展的辩证法。

这里有必要谈一下马克思和恩格斯提出的"较完全的财产关系"②"完全的私有财产"③、较**完全的**所有制等这些反映所有制发展成熟程度的概念。马克思和恩格斯为了确切地表现历史上的私有制的产生、发展，向完全的私有财产过渡，经常使用上述概念。马克思在论述中世纪西欧土地私有制的形式时指出："把土地当作财产潜在地包含着把原料，原始的工具即土地本身，以及土地上自然生长出来的果实当作财产。"④并指出这是"较完全的财产关系"。那么什么是完全的所有制呢？如果就所有制一般来说，完全的所有制形式：（1）

---

① 马克思：《〈政治经济学批判〉导言》，见《马克思恩格斯选集》第2卷，人民出版社，1972年，第90页。

② 马克思：《政治经济学批判（1857—1858年草稿）》，见《马克思恩格斯全集》第46卷上，人民出版社，1979年，第500页。

③ 恩格斯：《家庭、私有制和国家的起源》，见《马克思恩格斯选集》第4卷，人民出版社，1972年，第160页。

④ 马克思：《政治经济学批判（1857—1858年草稿）》，见《马克思恩格斯全集》第46卷上，人民出版社，1979年，第500页。

它是对生产资料的长期的、持久的和稳定的占有。因为占有不具有持续性与稳定性，就不能说已经形成了所有制，更不具备完全的所有制性质。（2）它是最高的支配关系，在有阶级以来的社会中，它表现为由法律加以确认与维护的占有关系，即它是法律上的占有与事实上的占有的统一。因为没有法律上的认可，这种占有关系，就会缺乏法权力量的保护而成为不牢固的，对生产资料的最高支配权就不具备，经济主体对客观对象就无法行使自由意志。（3）它是全面的占有关系，即经济主体不仅占有生产资料而且也占有使用这种生产资料所带来的生产成果。因为不能占有生产成果，当然就说不上有经济上的占有关系，而如果不能全面地占有和支配生产成果，这种生产资料所有制也就是不完全的。很明显，这种对生产资料的完全的占有是占有的成熟形式。然而它是不可能一下子就形成的。从历史唯物主义的社会发展观来看，任何一种所有制形式都有一个从暂时的、不稳定的占有向长期的、稳定的占有发展的过程，都有一个由不完全的占有到完全的占有的发展过程（在阶级社会中，有一个从事实上的占有到得到法律承认的占有的发展过程），最后还要经历一个由初步确立到在全社会范围内占主导地位或统治地位的发展过程。

马克思主义在分析人类历史上的各个社会的基本所有制形式时，就贯穿着上述的唯物辩证法的发展观。

恩格斯在《马尔克》《家庭、私有制和国家的起源》及其他许多著作中，深刻地阐明了原始公社所有制向私有制转化和发展的辩证法，论述了中世纪的土地私人所有制的形成所经历的一系列阶段。第一步：土地的村社公共所有制逐步解体与土地家庭占有关系出现。它表现在一方面保留着土地公有制；另一方面，随着家庭经济的出现，公有地归各个家长制家庭使用。这种家庭使用的土地最初要每年重分，各个家庭只有短暂的支配权和使用权，因而这是一种土地归各个家庭的"交替的占有"①。这种占有关系，表现为土地的村社公共所有与私人支配使用的分离，因为农民家庭"对耕地或许有一定的占有权，但是更多的权利是没有的"②。因此，家庭的土地乃是私有制的萌芽，还未形成私人占有关系。恩格斯说："公社的耕地还是共同耕种的，或者只是在一定时间内交给各个家庭使用，因而还没有产生土地私有制"③。第二步：土地公共所有制解体与家庭占有的长期化和持续化。它表现于为适应村社农户家庭经济发展的需要，村社不再对土地进行每年重分，而是"每隔3年、6年、9年或12年"④再进行重分，个别家庭对土地有较长期的支配权和使用权。这意味着土地私人占有关系在扩大和发展中，它进一步削弱和排斥了土地的村社公共所有制。但是，土地私人占有制还未形成，还是一种不完全的私人占有关系。第三步：土地停止重分，最终变成农民家庭所有。随着农民家庭经济的进一步发展，村社土地停止定期分配，土地归各个家庭长期地支配与使用，因为"农户公社也越来越感觉到，停止周期分配，变交替的占有为私有，对他们是有利的"⑤。土地占有的长期化与持续化表明，农民家庭对土地的占有关系越来越充分和完全，向着更高的、任意支配的关系发展。在农户对土地的占有关系已经非常牢固，以致他人已经不能分享这种占有的情况下，它意味着私人占有的实际形成，即

① 恩格斯：《马尔克》，见《马克思恩格斯全集》第19卷，人民出版社，1963年，第353页。
② 恩格斯：《家庭、私有制和国家的起源》，见《马克思恩格斯选集》第4卷，人民出版社，1972年，第157页。
③ 恩格斯：《法兰克时代》，见《马克思恩格斯全集》第19卷，人民出版社，1963年，第541页。
④ 恩格斯：《马尔克》，见《马克思恩格斯全集》第19卷，人民出版社，1963年，第355页。
⑤ 恩格斯：《马尔克》，见《马克思恩格斯全集》第19卷，人民出版社，1963年，第355页。

"耕地变成了各个社员的私有财产"①。而随着私人占有关系的进一步发展，土地又成为世袭的。这时，耕地"虽然还不是个别农民绝对的自由地产，但农民有权加以处理，出卖或者用其他方式加以转让"②。

恩格斯就是这样细致地分析了村社土地占有关系的历史的演变。他分析了村社土地所有制中私人支配权和使用权与公共所有权的分离过程，阐明了直接生产者对土地的支配、使用由不充分到充分，由暂时的支配、使用到长期的支配、使用的发展过程，并以此揭示了土地的私人所有制产生与形成的历史进程。

马克思主义经典作家在研究和考察资本主义所有制的形成与发展时，也贯穿着唯物辩证法的发展观。他们周密而细致地研究与阐明了资本主义所有制的发生、发展和最终形成的过程，分析与阐明了资本主义所有制是怎样由初生期的不成熟与不完全的资本家所有制（如小老板的所有制形式）经过手工工场主所有制形式，发展到工厂主这一典型的资本家所有制，再进一步发展到股份公司形式的联合资本这种大资本家所有制，以及后来的帝国主义时期的垄断资本主义所有制（包括一般垄断资本主义所有制与国家垄断资本所有制）的。他们正是结合资本主义所有制产生、发展和演变的一系列阶段，阐明了资本主义生产关系与生产力的矛盾的不断深化，揭示了资本主义制度必然灭亡的根源，阐明了社会主义公有制必然产生和取代资本主义私有制的历史规律。

总之，马克思和恩格斯在研究人类社会历史上的生产资料占有形式的演变时，是基于生产关系一定要适合生产力性质的规律，把所有

---

① 恩格斯：《马尔克》，见《马克思恩格斯全集》第19卷，人民出版社，1963年，第355页。
② 恩格斯：《马尔克》，见《马克思恩格斯全集》第19卷，人民出版社，1963年，第356页。

制作为生产力的社会形式，深刻地阐明了所有制的一系列发展和演变是决定于生产力的性质，是不以人们的意志为转移的自然历史过程。这样，马克思和恩格斯就为我们揭示了人类历史上所有制的发展与变化的客观规律。

　　社会主义公有制的产生、发展和进一步完善，从不成熟到成熟也要经历一个历史发展的过程，不可能一蹴而就，或者一旦确立就不继续向前发展和不断完善了。也就是说，不能认为对资本主义工商业和对个体农民的社会主义改造一旦实现，公有制就不再发展和变化了。要看到社会主义所有制还要经历一个由不成熟、不完全的公有制，到成熟、完全的公有制，即全社会所有制的发展过程，此后还要由社会主义的公有制发展转化为共产主义的公有制。因此，研究与揭示社会主义公有制发展变化的客观规律，是社会主义政治经济学的重要任务。马克思主义经典作家研究所有制的发展所采用的方法，也是我们在这一研究中必须采用的方法。

第二章

发达社会主义所有制的特征

众所周知，科学共产主义的创始人，基于唯物辩证法的发展观，把共产主义社会区分为低级阶段的社会主义和高级阶段的共产主义。马克思主义创始人是以发达的资本主义国家为背景来考察共产主义社会的发展及其阶段划分的，他们没有谈到社会主义社会的划分阶段问题。而迄今为止的世界社会主义革命却是发生于资本主义经济只有中等发展水平或较低水平的国家，因而需要进一步考察与探索经济不发达国家的社会主义发展的阶段性问题。正因为如此，列宁提出了发达的社会主义的概念，实际提出了将社会主义区分为初始的、不发达的社会主义和成熟的、发达的社会主义两个时期的问题。不发达社会主义和发达社会主义的区分，在于社会主义生产关系成熟程度的不同。这种公有化成熟程度的不同，在所有制、分配、交换、消费等方面都有其具体的表现。本章将首先对发达的、成熟的社会主义所有制的特征，进行一些理论探讨。

社会主义所有制，主要就是生产资料公有制。生产资料的公共占有，是社会主义所有制的本质特征。马克思和恩格斯创立的科学社会主义理论，把历史唯物主义关于生产关系一定要适合生产力性质的原理，用于分析资本主义生产方式，阐明了社会主义所有制乃是资本主义生产方式所固有的生产资料的资本主义私人占有形式与生产社会化的矛盾尖锐化的必然产物。以机器大工业为物质技术基础的现代资本主义使生产资料日益社会化，使劳动因分工与协作的高度发展而日益社会化，使产品越来越成为社会劳动的产品。这样，资本主义私人占有形式显然与这种越来越先进的机器大生产所代表的现代生产力不相适应，并越来越成为这种物质生产力发展的障碍。生产关系一定要适合生产力性质的规律，要求用生产资料公共占有形式来代替资本主义私有制。马克思说："生产资料的集中和劳动的社会化，达到了同它们的资本主义外壳不能相容的地步。这个外壳就要炸毁了。资本主义私有制的丧钟就要响了。剥夺者就要被剥夺了。"[1]恩格斯说："这种解决只能是在事实上承认现代生产力的社会本性，因而也就是使生产、占有和交换的方式同生产资料的社会性相适应。"[2]列宁说："生产社会化不能不导致生产资料转变为社会所有。"[3]

实现由生产资料私有制到生产资料公有制的变革，不仅是生产关系一定要适合生产力性质的经济规律的要求，而且是改造整个旧的上层建筑，发展新的社会关系与社会意识以建立起新的社会主义上层建筑的基础，是共产党人实现消灭阶级、消灭剥削、解放全人类的宏伟革命目标的前提。正是如此，马克思和恩格斯所创立的科学共产主义就把生产资料公有化作为资本主义旧社会向共产主义新社会的历史性转变的开端。

---

① 《马克思恩格斯全集》第23卷，人民出版社，1972年，第831~832页。

② 《马克思恩格斯选集》第3卷，人民出版社，1972年，第318~319页。

③ 《卡尔·马克思》，见《列宁选集》第2卷，人民出版社，1960年，第599页。

从生产资料所有制与生产力的矛盾来论证社会主义取代资本主义的历史必然性，是科学社会主义不同于历史上的小资产阶级社会主义的一个重要特点。小资产阶级社会主义立足于某种"公平""正义""博爱"的道德观念之上，往往用分配方式的"平等"来作为未来社会的根本特征，只是要求改革分配方式而不是要实现所有制，从而生产方式的根本变革。小资产阶级社会主义的理论基础是卢梭以来的资产阶级启蒙学者关于"公平""正义"的道德哲学；而科学的社会主义的理论基础是历史唯物主义和政治经济学的剩余价值理论，它的出发点就是资本主义社会生产关系与生产力的矛盾。正如恩格斯说：马克思主义的历史唯物主义阐明，"一切社会变迁和政治变革的终极原因，不应当在人们的头脑中，在人们对永恒的真理和正义的日益增进的认识中去寻找，而应当在生产方式和交换方式的变更中去寻找；不应当在有关的时代的**哲学**中去寻找，而应当在有关的时代的**经济学**中去寻找"①。

高度地重视所有制问题，重视实现生产资料所有制从私有制到公有制的变革的意义与作用，是科学社会主义不同于历史上的小资产阶级社会主义的一个根本性的特征。如果说历史上的，特别是19世纪以来形形色色的小资产阶级与资产阶级的社会主义，都是以分配"均等"作为主要论题，并煞费苦心地把资产阶级为反对与抵抗社会主义而在分配领域采取的某些改良说成是实践中的社会主义，那么高度重视所有制问题的科学社会主义却是把从理论上阐明私有制的消灭与公有制的建立的历史必然性，作为它的主要论题。我们都知道，马克思在《哥达纲领批判》中，针对拉萨尔派回避所有制问题而侈谈"劳动

---

① 恩格斯：《反杜林论》，见《马克思恩格斯选集》第3卷，人民出版社，1972年，第307页。

是一切财富和一切文化的源泉"的机会主义纲领,指出:"只有一个人事先就以所有者的身分来对待自然界这个一切劳动资料和劳动对象的第一源泉,把自然界当做隶属于他的东西来处置,他的劳动才成为使用价值的源泉,因而也成为财富的源泉。"[1]阐明"一个除自己的劳动力外没有任何其他财产的人,在任何社会的和文化的状态中,都不得不为占有劳动的物质条件的他人做奴隶"[2]。马克思还由此论证了无产阶级政党的革命纲领,指出必须把所有制的变革作为首要的斗争任务。正如《共产党宣言》所明确宣布的:"共产党人可以用一句话把自己的理论概括起来:消灭私有制。"[3]

重视在所有制关系中进行彻底的变革,最终实现全社会范围内的彻底的公有化,是科学共产主义不同于小资产阶级社会主义的另一特点。小资产阶级的社会主义,由于缺乏科学的所有制的理论,因而它们不是把社会主义的彻底胜利与私有制的彻底消灭联系起来。某些小资产阶级的社会主义者的社会主义蓝图中,甚至还给资本家保留一席之地,如傅立叶设想的法郎吉中不剥夺资本家的生产资料,而且容许资本家领取股息。科学社会主义不仅把生产资料公有化作为实现对资本主义社会的全面变革与改造的桥梁和中心任务,而且还把实现生产资料彻底的公有化作为社会主义彻底胜利的必要条件。因此,马克思阐明共产主义的实现不仅要消灭资本家私有制,而且要消灭一切小私有制:"共产主义革命就是同传统的所有制关系实行最彻底的决裂。"[4]

---

[1] 马克思:《哥达纲领批判》,见《马克思恩格斯选集》第3卷,人民出版社,1972年,第5页。

[2] 马克思:《哥达纲领批判》,见《马克思恩格斯选集》第3卷,人民出版社,1972年,第5页。

[3] 马克思、恩格斯:《共产党宣言》,见《马克思恩格斯选集》第1卷,人民出版社,1972年,第265页。

[4] 马克思、恩格斯:《共产党宣言》,见《马克思恩格斯选集》第1卷,人民出版社,1972年,第271页。

由于对所有制的高度重视，马克思主义的经典作家创立了关于所有制问题的完整理论。在马克思和恩格斯的著作中，不仅仅包含了关于所有制一般的理论、前资本主义社会形态的所有制的理论，特别是关于资本主义社会的所有制的理论，而且还探讨了社会主义所有制的特征，它产生的途径，它的发展、完善和向成熟的共产主义所有制转化等问题，其中关于社会主义所有制的理论乃是他们的科学社会主义理论的最重要部分。马克思和恩格斯关于社会主义所有制的理论，尽管许多是以原则概括的方式表达的，但却包含着极其丰富的内容，充满了深邃而光辉的思想。此后，列宁结合苏联建设社会主义经济的新经验，进一步阐述了有关社会主义国家所有制以及合作社所有制的问题，进一步发展了马克思主义关于社会主义所有制的理论。斯大林总结了苏联国家工业化与农业集体化的经验，论述了社会主义所有制的两种形式以及社会主义向共产主义过渡中社会主义所有制的发展变化趋势。毛泽东根据我国的具体条件，对我国私人资本主义所有制和个体所有制的社会主义改造的形式、步骤、方式，以及社会主义国家所有制与集体所有制的逐步完善等问题，作了进一步的阐述。马克思主义经典作家这些关于社会主义所有制的理论是马克思主义理论宝库的重要组成部分，是指导我们社会主义所有制的研究与实践的理论基础。

关于发达的（成熟的）社会主义公有制的特征，是马克思主义的社会主义所有制理论的一个重要方面。按照马克思和恩格斯的论述，发达的社会主义公有制的特征可以概括为以下三个方面：单一的社会公有制；直接的社会公有制；不存在商品关系的社会公有制。

第一节　单一的社会公有制

马克思和恩格斯所设想的社会主义，是全社会范围内单一的公有制。《共产主义原理》中说："因此私有制也必须废除，代替它的是共同使用全部生产工具和按共同协议来分配产品，即所谓财产共有。"①

《共产党宣言》中说：无产阶级革命将"一步一步地夺取资产阶级的全部资本，把一切生产工具集中在国家即组织成为统治阶级的无产阶级手里"②，直至"全部生产集中在联合起来的个人的手里"③。

《资本论》指出，社会主义所实行的"对土地及靠劳动本身生产的生产资料的共同占有"④，使"一切生产资料因作为结合的社会劳动的生产资料使用而日益节省"⑤。

《反杜林论》更明确地指出，社会主义实行的生产资料的社会占有乃是"由社会占有全部生产资料"⑥，从而"社会成为全部生产资料的主人"⑦（重点为引者所加）。

可见，马克思和恩格斯在论述社会主义所有制的特征时，明确指出它是全社会公共占有制，即由社会占有全部生产资料。这种所有制形态，不仅完全消灭了资本家私有制，而且消灭了个体所有制，同时

---

① 恩格斯：《共产主义原理》，见《马克思恩格斯选集》第1卷，人民出版社，1972年，第217页。

② 马克思、恩格斯：《共产党宣言》，见《马克思恩格斯选集》第1卷，人民出版社，1972年，第272页。

③ 马克思、恩格斯：《共产党宣言》，见《马克思恩格斯选集》第1卷，人民出版社，1972年，第273页。

④ 《马克思恩格斯全集》第23卷，人民出版社，1972年，第832页。

⑤ 《马克思恩格斯全集》第23卷，人民出版社，1972年，第832页。

⑥ 恩格斯：《反杜林论》，见《马克思恩格斯选集》第3卷，人民出版社，1972年，第321页。

⑦ 恩格斯：《反杜林论》，见《马克思恩格斯选集》第3卷，人民出版社，1972年，第332页。

也不存在部分劳动人民的集体所有制，因而这是一种单一的全社会公有制，是纯粹的、无所不包的生产资料的全社会公共占有制。

为什么马克思和恩格斯所设想的社会主义所有制是单一的全社会公有制？这有两方面的原因：

第一，这是因为他们在研究与推论未来的社会主义生产关系时，是以19世纪中叶西欧发达的资本主义国家，特别是以英国的物质生产力为背景的。当时，西欧资本主义经济发展程度最高的英国，在工业中不仅早已通行着机器大生产，而且生产集中已经十分发达。在工业生产领域，资本主义生产神奇地发展了社会生产力。至于在农业中，使用机器的资本主义大农场也占据统治地位，个体农民的比重很小并已无足轻重，农业已由中世纪的手工业技术转变到现代化的技术基础上来，农业的生产力向大工业看齐，从而出现了社会各个经济领域生产力水平的均一化。正是根据这种工农业生产的全面社会化的发展趋势，马克思认为在这些国家，一旦无产阶级革命取得胜利，不仅有必要和有可能在工业领域中实行全社会公有化，而且有可能在农业领域内实现生产资料的全社会公有化。马克思和恩格斯也考察了当时生产力均一化程度不太高的资本主义国家，如法、德等国。他们针对那里还存在着大量的小农经济的情况指出，这些国家的农村在走向社会主义的征程中还要建立起社会主义的集体所有制，但是他们把集体所有制作为过渡性的所有制，认为它不需很长时间就将过渡到与工业相同的全社会所有制。

第二，这是马克思和恩格斯为了揭示社会主义所有制的本质特征，采用了科学的抽象分析法，即排除掉干扰因素，在使客观过程处于纯粹的、本原的形态条件下来研究其内部固有的本质联系。马克思说："物理学家是在自然过程表现得最确实、最少受干扰的地方考察自然过程的，或者，如有可能，是在保证过程以其纯粹形态进行的条件下从事实验的。"①为了揭示资本主义生产关系的本质特征，就必须舍象社会生活中的非资本主义的因素，因而马克思把资本主义生产过程最少受干扰，即资本主义经济发展最成熟、资本主义生产方式表现得最为典型的英国作为研究对象，通过理论抽象，再现出一个资本主义生产关系的纯粹模式。显然，在考察与研究社会主义生产关系时，也必须同样地采用这种科学的抽象法。因此，马克思在阐述社会主义所有制的本质时，就要从社会生产力达到较高发展水平的国家的实际状况出发，通过理论抽象，撇开那些在社会主义社会一定阶段还可能存在的不成熟的占有关系，设想出一个纯粹形态与典型形态的社会主义所有制模式。而主要就是这种原因使马克思把社会主义所有制设想为生产资料的全社会所有制，并且是单一的全社会所有制模式。

尽管今天世界上所有的社会主义国家的实际状况，距离单一的全社会公有制还很远，但是不能认为马克思、恩格斯论述社会主义所有制时所确立的单一的公有制模式，是脱离实际的空想。应该看到，社会主义国家物质技术基础的不断壮大，特别是方兴未艾的科学技术革命与由此带来的生产的高度社会化，不仅会使个体所有制变得狭窄和成为过时，而且会超出集体所有制的界限，并最终导致单一的全社会所有制的确立。可见，马克思和恩格斯关于社会主义社会的单一的全社会公有制的模式的论述，固然是一种对未来社会的预言，但它却是合乎科学的，并且反映了社会主义所有制形式发展的必然性。

马克思、恩格斯把单一的全社会公有制作为社会主义所有制的纯粹的与典型的形式，有着重大的理论意义。单一的生产资料公有制，

---

① 《马克思恩格斯全集》第23卷，人民出版社，1972年，第8页。

意味着物质的生产条件不仅已经消灭私人占有，而且摆脱了集体占有关系，实现了全社会的占有，即生产资料占有关系完全社会化；意味着全体社会成员在使用生产资料与享受其成果方面，实现了权利上的平等化；意味着个人利益、企业集体利益融于社会整体利益之中，从而实现了社会利益的一元化。还应该看到，这种生产资料占有上的单一的全社会公有制是社会主义所有制的成熟形式，它的实现标志着资本主义所有制向社会主义所有制的历史性转变的完成。马克思关于社会主义所有制成熟形式的论述，使人们懂得社会主义所有制的成熟形式，必须经过一个相当长的历史发展过程才能达到。因此，人们不能把社会主义所有制的初始的与不成熟的形式，说成是它的成熟形式，更不能认为在社会主义社会的幼年期，社会主义所有制就已彻底形成，从而不再需要继续完善，而只剩下合理组织生产力的任务。同时，这一论述又使人们更清楚地认识社会主义社会初始阶段的所有制的特征，看清它的发展和演变的趋势，并使人们巩固和完善社会主义所有制的自觉实践活动有了明确的目标。

第二节　直接的社会公有制

马克思和恩格斯在阐述社会主义所有制的特征时，除了论述它是生产资料全部为社会占有而外，还着重指出它是生产资料归社会直接占有。

马克思为了细致地分析生产资料占有关系，揭示它的内在层次，使用了直接占有与间接占有两个对立的概念。在间接的占有制下，经济主体拥有对某种生产资料的实际占有权，但这个经济主体之上还有一个最高的占有者，正是这个最高占有者赋予经济主体以一定范围内的生产资料的占有权。马克思在论述古代东方国家的土地占有关系时指出，在那里，土地的最高的、全权的占有者是中央集权的专制国家，基层是农村公社与农民家庭，就公社成员个人来说，也拥有土地的实际占有关系。但是，这种财产是由许多共同体之父的专制君主通过这些单个的公社而赐予他的，因而是一种间接所有制。马克思指出："对这单个的人来说是间接的财产，因为这种财产，是由作为这许多共同体之父的专制君主所体现的统一总体，通过这些单个的公社而赐予他的。"①间接占有乃是多层次的占有关系下的客观范畴，它的特征在于它对被占有的对象没有最高的支配权。这种情况阻碍了劳动者与生产资料之间的直接结合，阻碍了直接生产者在生产中表现出独立的自由意志、充分的自主性与积极性。而在直接的占有制下，经济主体之上不存在一个最高的主体。实际上的占有者，也是生产资料全权支配者，是生产活动的自主决策者。原始社会的公有制就是这种直接的公有制。马克思说："这种所有制的原始形式本身就是**直接的公有制**。"②在那里，组织在共同体中的全体成员是生产资料的最高的所有者和实际的支配者与使用者，由于不存在横插于直接生产者与生产资料之间的剥削阶级，从而原始氏族公社的生产体现了劳动者与生产资料的直接结合。正如马克思所说，这是一种劳动与"它的客观条件的原始共生状态"③。

马克思和恩格斯还指出，生产资料社会主义所有制也是直接的占

---

① 马克思：《政治经济学批判（1857—1858年草稿）》，见《马克思恩格斯全集》第46卷上，人民出版社，1979年，第473页。

② 马克思：《政治经济学批判（1857—1858年草稿）》，见《马克思恩格斯全集》第46卷上，人民出版社，1979年，第498页。

③ 马克思：《政治经济学批判（1857—1858年草稿）》，见《马克思恩格斯全集》第46卷上，人民出版社，1979年，第520页。

有制。马克思指出，社会主义把资产阶级垄断的生产资料变成"联合起来的生产者的财产，即直接的社会财产"①。恩格斯说，社会主义使生产资料"一方面由社会直接占有，作为维持和扩大生产的资料，另一方面由个人直接占有，作为生活和享乐的资料"②。

社会主义公有制是现代的直接占有制，它是直接占有的高级形式。这表现在以下三个方面：

第一，社会主义制度下，全体劳动者是社会和国家的主人，是享有经济的、政治的和社会的最高权利的主体，因此，生产资料也就归作为直接生产者的联合劳动者所有，联合劳动者本身就是生产资料的主人，是唯一的占有的主体，在他们之上没有一个更高的占有主体。联合的直接生产者是最高的占有主体，乃是社会主义的直接占有制的最根本的特征。

第二，社会主义的直接占有制表现为直接生产者在支配使用生产资料和从事社会主义生产中拥有充分的当家作主的权利，因而他们在劳动中具有高度的积极性、创造性和自主精神。在资本主义制度下，资本家私有制把直接生产者与生产资料隔离开来，使用生产资料从事物质生产的直接生产者，对生产资料没有支配权和使用权，对他们所从事的生产与经营没有自主权，因此他们在生产中，处于消极被动的地位，不能表现自己的意志，只能唯资本家之命是听，服从资本家的意志。正如马克思所说："**生产资料**，劳动的物的条件……也不是从属于工人，相反，是工人从属于它们。不是工人使用它们，而是它们使用工人。……它们

---

① 《马克思恩格斯全集》第25卷，人民出版社，1974年，第494页。
② 恩格斯：《反杜林论》，见《马克思恩格斯选集》第3卷，人民出版社，1972年，第319页。

不是生产产品的手段，……相反，工人对它们来说倒是一个手段。"①在社会主义直接公有制下，直接生产者与生产资料的结合中，不再横插进一个资产阶级的剥削活动，作为最高占有主体的联合劳动者，也是生产资料的支配者和使用者，他们以生产与经营的主体的身份出现，在生产和经营与管理活动中充分地表达自己的意志，行使对生产活动——不论是就宏观的社会主义国民经济活动，还是就微观的企业经济活动——的当家作主的权利和发扬主人翁的精神。正如马克思指出："社会化的人，联合起来的生产者，将合理地调节他们和自然之间的物质变换，把它置于他们的共同控制之下。"②这种对生产资料的直接占有制，使社会主义劳动成为表现人的劳动本质的自由的活动，也正是社会主义制度下劳动者无穷无尽的社会主义积极性的源泉。

第三，联合劳动者在全社会范围内直接占有劳动成果。直接占有者既然是生产资料的全权的所有者，从而也就是劳动产品的全权的占有者与支配者。在生产资料的社会主义的直接公有制下，联合劳动者不仅在生产与经营活动中有充分的权利，而且在产品分配中也拥有充分的权利，他们作为生产与经营的主体，在纯产品分配为积累基金与消费基金中表现出充分的自主决策权。正如恩格斯指出：社会主义实行"共同使用全部生产工具和按共同协议来分配产品，即所谓财产共有"③。这种情况表明，阶级社会中那种失去生产资料的直接生产者不能占有、支配他们的劳动成果而听任剥削者宰割摆布的情况不再存

---

① 马克思：《剩余价值理论》第1册，见《马克思恩格斯全集》第26卷Ⅰ，人民出版社，1972年，第419页。

② 《马克思恩格斯全集》第25卷，人民出版社，1974年，第926页。

③ 恩格斯：《共产主义原理》，见《马克思恩格斯选集》第1卷，人民出版社，1972年，第217页。

在。但是绝不能把联合劳动者占有劳动成果理解为由各个企业直接占有劳动成果。马克思和恩格斯论述的社会主义的直接占有，不同于个体所有者的直接占有，也不同于集体所有制的直接占有，而是社会主义联合体即"由社会全体成员组成的共同联合体"①，或全体社会成员的直接占有，是社会产品的总和（每个企业的产品都是它的一部分）在全社会范围内的直接占有。即企业生产的产品的分配从属于全社会的利益，用于发展全社会的生产和提高全体社会成员的福利，而不是归生产单位独自支配和用之于狭隘的小集体利益。

总之，社会主义直接公有制的实质是劳动者与生产资料的直接结合，联合劳动者既是生产资料占有的主体，同时又是生产与经营的主体。联合生产者按照全社会利益（它是企业利益与劳动者个人利益的集中体现）和体现这一利益的统一的经济计划，在社会主义生产、交换与分配中充分发挥他们的积极性。

第三节　不存在商品货币关系的全社会公有制

马克思和恩格斯都把资本主义社会称为商品生产的社会，把社会主义社会称为没有商品生产的社会，称为以直接的产品生产和直接的产品分配为特征的社会。马克思在《哲学的贫困》一书中，把未来的社会主义社会视为是没有商品交换的。他指出，社会主义公有制条件下"就是个人交换的死刑"②。恩格斯在《共产主义原理》中也说：

①　恩格斯：《共产主义原理》，见《马克思恩格斯选集》第1卷，人民出版社，1972年，第223页。

②　马克思：《哲学的贫困》，见《马克思恩格斯全集》第4卷，人民出版社，1958年，第116页。

"当全部资本、全部生产和全部交换都集中在人民手里的时候，私有制将自行灭亡，金钱将变成无用之物。"①马克思在《哥达纲领批判》一书中指出："在一个集体的、以共同占有生产资料为基础的社会里，生产者并不交换自己的产品；耗费在产品生产上的劳动，在这里也不表现为这些产品的**价值**。"②马克思、恩格斯的这些论点，也表现在列宁、斯大林关于社会主义社会的某些著作中。

按照马克思主义的理论，交换的形式是决定于生产资料所有制，是所有制的实现。"交换的深度、广度和方式都是由生产的发展和结构决定的。"③在生产资料公有制条件下，共同占有生产资料与产品的直接生产者之间就通行着无偿的活动交换与直接的产品分配；在存在着相互对立的生产资料所有者，特别是存在私有制的条件下，就决定了生产者之间的等价的商品交换。如前所说，马克思和恩格斯论述的社会主义是高度发达的与成熟的社会主义，它在所有制上是表现为成熟的全社会公有制，在生产资料占有关系上既不存在个人的占有关系，也不存在集体所有制的集体占有关系，全民所有制企业也不存在任何产品局部占有关系，而是实现了生产资料完全的全社会公共占有。这种全社会占有关系使各个生产单位（联合劳动者）之间不存在局部利益的矛盾，从而使商品等价交换的基础最终归于消灭。在那里，各个生产单位之间的发达的活动交换就将表现为无偿的产品交换。可见，真正的商品生产与以货币来进行的交换的消失，乃是以成

① 恩格斯：《共产主义原理》，见《马克思恩格斯选集》第1卷，人民出版社，1972年，第221页。

② 马克思：《哥达纲领批判》，见《马克思恩格斯选集》第3卷，人民出版社，1972年，第10页。

③ 马克思：《〈政治经济学批判〉导言》，见《马克思恩格斯选集》第2卷，人民出版社，1972年，第102页。

熟的全社会公有制为基础的生产方式的特征；商品交换为产品交换所取代，乃是单一的成熟的全社会公有制在交换关系中的必然表现。

固然，马克思、恩格斯不曾估计到社会主义社会还要经历一个存在商品货币关系的发展阶段，但是我们却不能由于现阶段的社会主义所有制还在生产与交换领域表现为商品货币关系，从而否认马克思关于不存在商品关系的社会主义所有制的论述的意义。因为，现阶段社会主义所有制还要表现为广泛的商品关系，联合生产者之间还要在等价基础上互相交换产品，耗费在产品上的劳动还要表现为价值，这正是现阶段社会主义所有制的不成熟性所决定的。我们不难设想，在社会主义社会中，随着物质生产力的发展，不仅个体所有制和集体所有制不再存在，而且全民所有制企业的产品局部占有因素与局部经济利益也将会消失，从而企业间的产品等价交换也将不再存在。那时，没有商品货币关系的完全的全社会公有制就将成为现实。特别是马克思主义经典作家把成熟的社会主义所有制与商品交换的消亡联系起来，也就是把成熟的社会主义所有制同直接的产品生产与直接的产品分配联系起来，由此来揭示成熟的社会主义生产关系的基本特征。可以说，马克思主义的经典作家曾设想了这样一个完全的社会主义的模式：

生产资料全社会占有——直接的产品生产——直接的产品分配[①]

或者另一个更完全的模式：

生产资料全社会占有——直接的产品生产——非商品性的活动交换——直接的按劳分配——社会产品的共同消费

[①] 参见马克思：《资本论》第1卷，人民出版社，1975年，第95~96页；马克思：《哥达纲领批判》，见《马克思恩格斯选集》第3卷，人民出版社；1972年，第10页；恩格斯：《反杜林论》，见《马克思恩格斯选集》第3卷，人民出版社，1972年，第348、350页。

　　这个十分简括的模式，揭示了以生产资料全社会公共占有制为基础的、摆脱了商品货币关系的社会主义生产、交换、分配和消费诸关系的基本特征，使我们清晰地看到高度成熟的社会主义经济与资本主义经济的本质差别。可见，马克思主义经典作家关于不存在商品货币关系的社会主义所有制的论述，对于我们深入地认识社会主义经济的本质和未来成熟的社会主义生产关系的性质，有着十分重要的意义。那种把现阶段社会主义所有制下存在商品关系，作为论证整个社会主义历史阶段均存在商品关系的理由，是没有说服力的。至于把马克思主义经典作家的这些论述，简单地说成是经不起实践检验和过时的论点更是十分错误的。

第三章

不发达社会主义所有制的特征

　　在第二章中，我们论述了发达的、成熟的社会主义阶段的生产资料公有制的基本特征，即社会公共占有的单一性，社会占有的直接性和占有对象的产品性。可以说，上述特征在一定程度上也是社会主义所有制的一般特征。[①]在研究社会主义所有制时，我们首先要认识社会主义所有制的本质特征，把握社会主义社会在所有制上的特殊性，弄清社会主义公有制与资本主义私有制及历史上一切私有制的差别。但是，在研究所有制时，历史唯物主义要求我们不仅要研究与区分各个社会形态的所有制的质的区别，而且就一个社会形态来说，还要研究与区分它的不同发展阶段在所有制上的特点与差别，要揭示这一社会形态在由低级阶段到高级阶段的发展进程中，所有制发展演变所经历的一系列的特殊阶段，揭示所有制形式适应物质生产力而演变的客观

[①] 把占有对象的产品性，说成是社会主义所有制的一般特征，并不是与现阶段社会主义经济还具有的商品经济性质相矛盾。因为社会主义商品乃是崭新的与特殊的商品，其中也含有某些产品因素。这一问题请参见拙著《社会主义商品生产若干问题研究》第二章，四川人民出版社，1983年。

规律。因此，更重要的就是研究与揭示现阶段的社会主义所有制的具体形式与特点。本章试图就这一问题进行一些探索。

在这里，有必要从研究社会主义所有制的方法——唯物辩证法谈起。众所周知，辩证唯物主义要求人们从运动的角度，从发展的角度来考察客观事物，去揭示它的本质和具体特征。如分析处在初生期的新事物，既要指出它与成熟期和衰亡期的共同本质，又要揭示它所具有的特征。

马克思在阐明社会主义社会的性质与本质特征时，就是着眼于考察从资本主义社会中刚刚脱胎而出的社会主义。着重论述这一发展阶段的社会主义在经济上的不成熟性。列宁在阐述马克思分析和研究社会主义的科学方法时指出："马克思把通常所说的社会主义称作共产主义社会的'第一'阶段或低级阶段。既然生产资料已成为**公有**财产，那末'共产主义'这个名词在这里也是可用的，只要不忘记这还**不是**完全的共产主义。马克思的这些解释的伟大意义，就在于他在这里也始终应用了唯物辩证法，即发展学说，把共产主义看成是从资本主义**中**发展出来的。""在第一阶段，共产主义在经济上还不可能是完全成熟的，还**不能**完全摆脱资本主义的传统和痕迹。"①列宁根据唯物辩证法的发展观，进一步论述了经济不发达的俄国所诞生的社会主义还要经历一系列阶段，才能过渡到发达的社会主义，指出了初生期的社会主义经济的不成熟性及明显的资本主义传统与痕迹。

为了深入而科学地阐明现阶段社会主义社会在所有制上的特征，我们必须遵循马克思主义经典作家所运用的这种方法，首先要基于唯物辩证法的发展观，从社会主义所有制初生的和初始的阶段的不成熟

---

① 《国家与革命》，见《列宁选集》第3卷，人民出版社，1960年，第255～256页。

性出发，来把握它的特征。具体地说，就是要看到现阶段的社会主义所有制，较之成熟的社会主义公有制，无疑带有不成熟的性质，特别是从经济落后国家诞生的不发达的社会主义，较之那些物质技术基础较强的国家的不发达的社会主义，在所有制形态上，就更加具有不成熟的特点。因此，我们在研究社会主义所有制时，必须从社会主义经济的客观实际出发，如实地与科学地揭示社会主义公有制不成熟的具体表现，并且探索与阐明社会主义所有制从不完善到完善，从不成熟逐步地走向成熟的运动规律，而不能停留在对社会主义公有制的一般描述上。

基于以上的方法，我国当前处在不发达社会主义——指从经济不发达的国家产生的社会主义社会的初始阶段，我国现阶段的所有制可以称作不发达的社会主义的所有制。不发达的社会主义的所有制，由于受到生产力发展水平的限制而具有的不成熟的特征，概括起来有以下五个方面：（1）公有化的不完全与社会主义社会所有制的多样性；（2）社会主义公有制形式的多样性与公有制内部的多层次性；（3）局部占有性的存在与社会主义公有制的不成熟；（4）直接占有的不完全与社会主义公有制的不成熟；（5）商品经济关系的存在与社会主义公有制的不成熟。

第一节　公有化的不完全与社会主义社会所有制的多样性

成熟的社会主义所有制的特征表现为生产资料公有制成为社会主义所有制的唯一形式，即由公有制占领整个社会经济领域，不存在任何私有制的残余，这种情况意味着社会一切生产资料的公有化。但是，现阶段的社会主义生产资料的公有化是不完全的，它表现在社会所有制领域中占主导地位的公有制与在局部领域存在的某些前社会主义时期所有制形式残余——例如个体所有制，以及特定领域的国家资本主义所有制等——的并存，从而社会主义社会的所有制不是纯粹的单一的公有制结构，而是带有多样性，即表现为由作为主体的公有制与某些前期所有制组成的复合结构。

所有制结构的多样化性质，是一切新社会形态初始阶段的鲜明特点，是由社会的物质生产力的发展具有不平衡的性质所决定的。

不用说经济比较落后的资本主义国家，即使是在那些拥有较为发达的物质基础的资本主义国家，正如实际所表明，其社会生产力的发展仍具有不平衡性。可以设想，这些国家在走上社会主义的道路后，也未必能够立即在社会所有经济领域消灭一切私有制形式及其残余，实现清一色的公有制结构。如果我们不是只从马克思主义经典作家的某些一般性的论述出发来认识社会主义，而是从世界各国经济的实际出发来考察与探索社会主义，我们有理由相信：在某些发达的资本主义国家建立起来的社会主义，在其初始阶段（尽管时期可能更短些），一定的多样性的所有制结构也很可能是难免的。而对于那些在原先经济落后的国家建立起来的不发达的社会主义，社会生产力具有高、中、低的多层次性则表现得更为鲜明，为了充分适应这些参差不齐的多层次的生产力的发展，在私有制的社会主义改造取得基本胜利后的一定发展阶段保持多样的而不是单一的公有制结构，就更是难以避免的了。

我国是从半殖民地半封建社会，经过新民主主义走上社会主义道路的。我国在进行生产资料私有制的社会主义改造时，面临着较低的物质生产力水平。那时，虽然工业领域、交通领域存在着一定数量的现代化的物质技术，但是就整个国民经济来看，仍然是以较陈旧与落后的技术为基础。在轻工业中，手工技术还占有很大比重，在农业生产中更是主要地依靠畜力动力和手工工具。当前在我国，以原子能为标志的现代化的物质生产力，以蒸汽机为标志的近代生产力，以手工磨与水碾为标志的中世纪生产力，甚至以刀耕火种为标志的原始生产力杂然并存，社会生产力的高、中、低诸层次表现得分外鲜明。而且生产力的这种性质与状况不是短时期内所能改变的。这就决定了我国实现生产资料的彻底的和完全的社会主义公有化的逐步性与长期性。因而在我国，生产资料私有制的社会主义改造的胜利只能是基本上实现生产资料的公有化，使社会主义公有制在国民经济中占据绝对主导地位。但是，在国民经济的某些领域内还将存在某些前社会主义所有制的残余。如还不能不保持相当数量的城乡个体所有制经济，在一定时期和一定范围内还存在国家资本主义经济。这些情况不仅是十分正常的，而且是不可避免的。在公有制占绝对优势的前提下，具有一定的前社会主义时期所有制因素的多样性的社会所有制结构，是我国社会主义社会初始阶段的固有的特征。只有在社会主义现代化经济建设取得胜利后，随着社会主义物质技术基础的建立与进一步壮大，社会主义公有制才能不断地壮大和成熟，才能完全地、彻底地排除与取代前社会主义时期所有制的残余，占领一切经济阵地。人们不能指望在对私人资本主义、个体农民与个体手工业者的社会主义改造取得基本胜利，社会主义制度刚刚确立，但社会主义的物质生产力尚未达到高度水平以前，就能够实现单一的公有制结构，就能够消灭一切旧的所有制的残余，立即将一切生产资料收归公有，实现一个没有旧社会"尾巴"的纯而又纯的单一的公有制结构。主张一步实现一切生产资料的全社会公有化，这不仅是不切实际的空想，而且本身违反了生产关系一定要适合生产力性质的规律。

现阶段社会主义社会所有制具有某些多样性，不能与从资本主义到社会主义的过渡时期的多种经济成分混为一谈，更不能把现阶段社会主义容许多样性的所有制并存，认为是在经济结构上倒退到从资本主义到社会主义的过渡时期。因为，社会主义社会初始阶段所有制结构的多样性，与从资本主义到社会主义的过渡时期的多种经济成分是根本不相同的。过渡时期的所有制结构的多样性表现为：社会主义公有制、资本家私人所有制、个体农民与个体手工业者私人所有制并存。"在这制度内**既有**资本主义的**也有**社会主义的成分、部分和因素。"①而社会主义社会初始阶段的所有制结构却不包含资本家私人所有制经济因素。社会主义必然要排斥和消灭私人资本主义经济，这是马克思主义的基本原理。在我国，私人资本主义经济经过生产资料私有制的社会主义改造，早已被消灭。虽然在我国经济生活的局部领域中（如在个体经济领域）可能会产生某些私人资本主义关系，但它在量上是微不足道的。随着社会主义经济的强大与国民经济管理体制的日益健全，它由以产生的缝隙将进一步消失。而在过渡时期的所有制结构中，私人资本主义经济是一个合法的与重要的成分。这就显示了社会主义社会所有制结构与过渡时期所有制结构不容混淆的原则差别，社会主义社会初始阶段的所有制结构中尽管还存在个体所有制，但它已经具有不同于原先那种独立的农民与手工业者私人所有制的新特点。如现阶段农村自留地与家庭副业这种个体所有制经济，它是附属于集体经济的，它在生产资料占有上是受到限制的，从而是一种不

---

① 《论"左派"幼稚性和小资产阶级性》，见《列宁选集》第3卷，人民出版社，1960年，第540页。

完全的个体所有制。城市的个体经济也受到强大的公有制经济的制约和从属于国家的管理。无论是农村还是城市的个体所有制，都是在某些局部领域内作为社会主义经济的补充而存在的，是社会主义自食其力的劳动者的个体所有制。

现阶段社会主义社会所有制的多样性是以社会主义公有制占绝对主导地位为前提。社会主义公有制成为社会所有制结构中的绝对主体，这乃是现阶段社会主义经济的特征。马克思说："在一切社会形式中都有一种一定的生产支配着其他一切生产的地位和影响，因而它的关系也支配着其他一切关系的地位和影响。"[①]在现阶段占据绝对主导地位的社会主义公有制，也已成为支配其他一切关系的所有制，已经"是一种普照的光，一切其他色彩都隐没其中，它使它们的特点变了样"[②]。作为绝对主体的社会主义公有制，决定社会经济基础的社会主义性质和国民经济发展的社会主义方向。越来越壮大的社会主义公有制对前社会主义所有制起着有力的制约、规范与改造的作用，并逐步地把它们纳入社会主义所有制体系之中。以上情况表明，社会主义社会的这种带有多样性的所有制关系无论在质的规定性与量的规定性上，都发生了深刻的变化，已经具有全新的社会主义性质。无疑地，社会发展到这一阶段，就意味着原先的私有制经济占重要地位的过渡性的经济结构发生了质变，意味着以公有制为基础的社会主义经济结构的基本确立。而社会一旦发展到这一步，也就可以说跨进了社会主义社会的门槛，即基本上建立了社会主义制度。

---

① 马克思：《〈政治经济学批判〉导言》，见《马克思恩格斯选集》第2卷，人民出版社，1972年，第109页。

② 马克思：《〈政治经济学批判〉导言》，见《马克思恩格斯选集》第2卷，人民出版社，1972年，第109页。

社会主义社会初始阶段所有制关系多样性的问题，在社会主义经济理论中，长期未曾加以阐明。在这种情况下，人们通常习惯于设想社会主义社会在所有制上是单一的，即必须是清一色的公有制。我国自从20世纪50年代末期以来，几度出现的在城乡取缔和消灭个体经营，即"割资本主义尾巴"的"左"的冒进行动，就是立足于这种社会主义社会单一公有制模式论的基础之上。在所有制问题上，人们至今还存在一些模糊认识。它表现在一些人听说社会主义社会还存在着多种形式的所有制，特别是还存在某些个体经济及其他前社会主义的所有制形式的残余就感到难以理解，甚至认为是"倒退""回到我国社会主义改造前的过渡时期"。其实，在我国这样的从半殖民地半封建社会的基础上建立起来的不发达的社会主义国家，认为社会主义制度一旦确立就要以纯而又纯的单一公有制结构为经济基础，并不是马克思主义的科学社会主义，而是一种脱离实际的空想。社会主义是以生产资料公有制为本质特征，它不仅要消灭资本家私有制，而且要消灭生产资料的个体所有制和一切前社会主义所有制残余。但正如任何一种所有制形式退出历史舞台，都必须首先有生产力的发展一样，要消灭一切前社会主义所有制的残余，也必须要有物质生产力的高度发展。而在不发达的社会主义阶段，社会的物质基础还难以发展壮大到这样的高度，因而个体所有制和其他旧所有制形式残余就不会立即全部灭亡。

社会主义社会单一模式论的依据是，不把社会主义社会的经济结构搞得更加纯粹，不排斥个体所有制经济及其他非社会主义经济，那么它们就将削弱社会主义经济。这种论据是简单化和站不住脚的。事实上，社会主义社会多样性所有制结构诸成分之间是既相对立，又相统一的。首先，就那些旧所有制形式残余来说，尽管它们还带有不同

程度的私人占有性质，但是仍然对社会主义经济起着积极作用。这是
因为，事物发展的辩证法表现为"无论在自然界或在社会中，实际生
活随时随地都使我们看到新事物中有旧的残余"①。这些旧事物的残余
与新事物之间是相辅相成的关系。在新事物初始发展阶段，它们之间
的互相促进的关系甚至会表现为主导的方面，旧的因素能够起着为新
事物的成长服务的作用。这种事物中新旧因素的辩证法也适用于社会
主义社会的所有制领域，这就是说，在社会主义社会的初始阶段，所
有制领域中带有一定的私有性质的旧形式的残余，也完全能卓有成效
地为社会主义新经济的发展服务。可见，以公有制和旧所有制形式残
余并存为内容的多样所有制结构，不是权宜之计，而是在一个相当长
的历史时期内生产力发展的必然要求。

区分与弄清社会主义社会的多样性的所有制结构中长期存在的
持续性因素与非持续性因素，既有理论意义也有重要的现实意义。基
于不发达社会主义的物质生产力的状况，可以说：在多样性的所有制
结构中，个体经济是一个长期存在的持续因素；国家资本主义经济将
会在一个较长时期内存在，但是它被严格地限制在一定范围内。如果
进一步从理论上来进行考察，可以说一个社会主义国家的生产力水平
越低，社会主义公有制生产力结构中以手工工具为技术基础的低级层
次的比重越大；以现代化技术为基础的层次的力量越不足，旧所有制
形式就将有更多的存在与活动的余地和保持更长的时期。这就是说，
体现私有制残余的旧所有制形式存在的范围和时期与社会生产力的水
平成反比，这是不以人们的意志为转移的客观经济规律。因此，为了
使生产关系最充分地适合生产力的性质，在社会主义建设中，人们必

---

① 《国家与革命》，见《列宁选集》第3卷，人民出版社，1960年，第256页。

须自觉地和充分地利用适合生产力性质的旧所有制形式的积极作用，而不能采取禁、堵和"割尾巴"的做法，在物质条件尚未成熟时，强制地制造公有制的"一统天下"。特别是对于像我国这样的底子薄、人口多的国家，现阶段社会主义还不能使社会主义公有制占领一切阵地，还不可能立即消灭一切私有制残余；恰恰相反，占绝对优势的社会主义公有制经济和一定范围内的个体所有制经济与某些其他体现私有制因素的经济形式并存，正是我国社会生产力发展所要求的。

为了从我国的国情出发，建设具有中国特色的社会主义，我们必须在理论上懂得不发达社会主义社会所有制结构的多样性具有客观必然性，从而在经济工作中以明确的思想作指导，并由此出发，正确地处理好占绝对优势的社会主义公有制与作为补充的旧所有制形式残余的关系。主要是处理好公有制经济与个体经济的关系，建立一个最优的社会主义社会所有制结构，以最有效与最充分地发挥各方面的积极性，促进社会主义公有制经济的发展。但是也要看到多样性的社会主义社会所有制结构内部存在的矛盾，即占主导地位的公有制与私人占有因素的矛盾。还要看到社会主义社会所有制结构中的个体所有制，以及其他的前社会主义所有制因素也并不是十全十美的，也存在私有制残余所固有的消极因素，如个体小商品经济还存在生产的分散性与自发性、价格上的较大波动性，以及收入的私人占有性质，因而个体所有制经济与社会主义公有制经济之间还存在着矛盾。但是，这种矛盾一般并不是资本主义与社会主义两条道路的对抗，也不同于合作化实现以前的个体私有者与工人阶级之间的矛盾，而是属于社会主义劳动者之间的非对抗性矛盾。社会主义国家要坚决地维护公有制的绝对主导地位，同时把个体所有制经济规范在合理的界限内，并且通过经济手段，以及必要的行政管理措施来加强对个体经营的调节、管理与指导，从而有效地解决这一矛盾，克服与避免其自发作用与消极性。

综上所述，在不发达、不成熟的社会主义社会，所有制结构还带有多样性，即公有化的不完全，乃是社会主义社会初始阶段的必然现象。只有社会生产力达到很高的发展水平，现代化大生产普及于一切经济领域，那时才将实现全社会范围内的生产资料公有化，社会主义经济结构才将表现为单一的公有制，而这就意味着公有制达到成熟和发达的阶段。

第二节　社会主义公有制形式的多样性与公有制内部的多层次性

社会主义公有制形式的多样性，是不发达社会主义所有制的一大特征。

现阶段社会主义公有制表现为全民所有制和集体所有制这两种基本类型。此外，还存在由全民所有制和集体所有制组成的联合体所体现的新的社会主义公有制形式。因而社会主义公有制具有多样性。

这里讲的公有制的多样性，不同于上一节所论述的社会主义社会所有制结构的多样性，因为在这里它并不体现占有的根本性质的差别，而只是体现公有化程度的差别。如全民所有制是以生产资料归社会公共占有为特征，是公有化程度的较高形式。集体所有制是以生产资料归部分劳动者占有为特征，公有化程度要低些。经济联合体的公有化程度则视其中全民所有制和集体所有制的比重及其分配形式等具体情况而有不同。有些联合体更接近全社会所有制，有些联合体则更接近部分劳动人民的集体所有制。这样，由上述多样的公有制组成的社会主义的公有制结构——它是社会主义社会的所有制结构的基础与绝对主体——就表现为一个公有化程度由低到高的多层次、多阶梯的复合构造，并且由此显示了社会主义生产关系的复杂性。而这种情况，又是与社会主义物质生产力的不平衡与多层次性相适应的。

全民所有制与集体所有制是社会主义公有制的基本形式。在不发达社会主义阶段，社会主义公有制两种基本形式将长期并存。在社会主义公有制体系中，全民所有制处于主导地位，是社会主义公有制的核心和基础。坚持和发展全民所有制，才能巩固社会主义经济制度，保证社会主义社会物质生产力获得最迅速的发展。但是，在不发达的社会主义阶段，甚至在发达的社会主义阶段，社会主义所有制还不可能表现为单一的全民所有制，集体所有制还将是公有制结构中的重要组成部分。集体所有制是以手工工具和初步的机械化为技术基础的所有制形式，它是与社会主义社会生产力的中级层次和低级层次相适应的。它在这些生产领域内，具有很大的优越性和旺盛的生命力，是不可替代的所有制形式。社会主义的物质技术基础的发展壮大是一个受物质生产力的发展规律所制约的自然历史过程，人们不可能随意地逾越它在这一发展中所要经过的一系列阶段。特别是在不发达的社会主义国家，把城乡集体经济由手工工具和一般的机器生产转移到现代化的机器大生产的技术基础上来，使它具有社会主义社会高层次生产力的水平，还需要经历很长的发展时期，这就决定了集体所有制对生产力的长期适应性。一般说来，社会主义国家的物质生产力水平越低，集体所有制存在的时间就越长，它在实现劳动力与生产资料相结合，进一步发展社会主义生产中，将长期地发挥重要的作用。可见，社会主义集体所有制的存在具有长期性，它是社会主义公有制体系中的具有稳定性的构成因素。这也就决定了全民所有制与集体所有制的长期并存，是不以人们意志为转移的历史必然性。

社会主义公有制，不仅仅限于全民所有制与集体所有制这两种形式。实践表明，随着社会主义生产社会化与经济联合化的发展，在所有制领域出现了一种由全民和集体两种所有制相结合而形成的混合所有制或联合所有制。我国近年来各地出现的农工商联合体，其中许多就是属于这种联合所有制。联合所有制是社会主义公有制的新形式，它的产生绝不是偶然的。众所周知，物质生产力的发展，要引起劳动方式即生产组织形式的变化，如小规模的联合劳动变成大规模的联合劳动，小规模的劳动分工协作变成社会范围内的劳动分工协作，小企业变成联合大企业——托拉斯。社会主义社会生产力的发展，必然要引起上述生产组织形式的变化，出现新的生产经营形式，既要出现生产领域的联合企业，也要出现流通领域的联合企业，或是包括生产与流通领域的联合企业。生产组织形式和生产经营形式的变化，并不就是所有制的变化，但是它在一定条件下，也会带来所有制关系的相应变化。因为生产与经营的联合，必然要产生资金的联合，原来独立的企业资金，比如分别归全民所有制或集体所有制的资金就要逐步地变成联合的社会资金。生产与经营的联合要引起生产资料的集中，原来归各个企业分散使用的生产资料，现在合并起来集中使用，实际上产生了一个新的经济范畴：联合生产基金。尽管经济联合的初期，所有制不变，不同单位的资金合在一起使用仍是各记各的账，所有权不变，但是随着经济联合的巩固和发展，这种联合资金在其管理方式、运用方式、实现方式上都将表现出与原单位企业资金不同的特点，从而逐步产生新型的联合资金这一经济范畴。在联合体是由全民所有制企业和集体所有制企业组成的场合，这一联合资金将具有全民所有制与集体所有制的特点，它意味着生产资料的进一步社会化。这也表明，经济联合体的长期发展终将引起所有制的某些变化。联合还要引起劳动的变化，原来的全民所有制企业的全民范围内的社会劳动和集体单位集体范围内的社会劳动，现在表现为联合体范围内的社会劳动，这就进一步发展了劳动的社会化。就分配关系来看，在联合之初分配方式不变，全民所有制企业仍然由国家支付工资，集体企业仍然是按原来的办法付给劳动报酬，由于进入联合体的集体所有制职工从联合企业收益中得到比原先更多的报酬，而这一增长的劳动报酬有一部分来自整个联合体的联合劳动。这就表明，按劳分配也要受较大范围的联合劳动成果的影响。随着联合体的进一步巩固和向高级形式发展，联合体内部的劳动报酬标准将趋向于统一化，这就意味着分配的社会化。可见，经济联合的长期发展，会引起生产资料、劳动和分配的进一步社会化，意味着一种新型的所有制——全民和集体混合生长的社会主义公有制的逐步产生。

联合所有制这种新型的公有制形式具有下述的特点：

第一，生产资料进一步社会化。经济联合体直接支配、使用的生产资料规模更大，联合化的生产资料本身就是社会化的生产资料。

第二，产品占有进一步社会化。经济联合大大地提高了生产力，不仅壮大了全民所有制经济，而且壮大了集体所有制经济。在这种情况下，联合体上缴给国家的税利将比过去多。由于原来集体所有制企业的剩余产品归集体所有制企业占有，现在通过转变为联合所有制，使原来集体企业占有的剩余产品很大部分直接归联合企业占有，并通过上缴转归国家集中使用，这就表明这种经济联合体的社会占有的因素不是削弱了，而是进一步扩大了。可见，不能简单地认为全民所有制企业与集体所有制企业的联合会冲淡与削弱全民所有制，恰恰相反，它会进一步壮大全民所有制。

第三，联合要引起经营管理形式的变化，并促使社会占有的直接性进一步发展。参加联合体的各个单位，必须对生产和经营享有相应的权利，这就有必要采取新的组织管理形式，如实行股份制。联合体不一定采取国家所有制，而可以实行自负盈亏，实行民主选举与国家委派相结合。它促使一种新的管理形式产生，使企业的职工享有更充分的管理生产的权利，从而意味着社会主义占有的直接性的加强。

为了保证联合所有制的社会主义性质，必须正确处理一系列经济关系，如收入分配上国家集中与企业留用的关系，企业自有资金中用于生产与用于消费的关系，自有消费基金中用于补充劳动报酬与用于集体福利的关系，等等。因而必须采取正确的措施来保证联合所有制的社会公有性质与经济的全面社会化。要按照生产关系必须适合生产力性质规律的要求来健全与完善联合所有制；要从实际出发，采取多样化的联合形式，正确处理各个方面的利益关系，特别要处理好国家、企业、个人之间，全民与集体之间，社会公共占有与企业局部占有之间的关系。

总之，联合所有制是社会主义生产社会化与联合化的发展进程的必然产物，是有发展前途的新的公有制形式。在大力加强全民所有制与集体所有制这两种公有制基本形式的同时，稳妥而积极地发展与完善社会主义联合所有制，将有力地推动社会主义联合化的进程，促进不同地区、不同部门的企业的共同发展和社会主义经济的高涨。

认识不发达社会主义公有制的多样性，有着重要的理论意义与现实意义。基于这一认识，人们在建立与完善社会主义所有制结构时，就不能在公有制内部搞"一刀切"，即一味地追求单一全民所有制结构，也不能只允许建立由全民所有制和集体所有制组成的双重公有制模式结构，而应该容许在某些范围内的联合所有制的存在和发展。社会主义国家应该根据各自的国情，考虑到国家土地的多少、自然条件、经济条件、人口数量及增殖率、待业人口的状况、全民所有制经济的扩大再生产能力等因素，来确定全民所有制、集体所有制和其他公有制形式的相互关系及其合理比例，确立最优的社会主义公有制结构。其中最重要的是要在坚持全民所有制经济主导地位的前提下，确定与建立全民所有制与集体所有制之间的最优比例和结构，这样才能使社会主义生产关系有更充分的适应性，从而为生产力发展开辟更广阔的道路。

社会主义公有制的这种内在结构，会随着物质生产力的发展与生产力内部诸层次结构的变化而发生变化。这种变化的趋势与规律是：随着手工工具发展为机器生产，随着一般的机器生产发展为高度自动化的机器大生产，随着国民经济各个领域、各个部门、各个企业在现代化的物质技术基础上的均衡化，公有化程度低的集体所有制形式将逐步为公有化程度高的全民所有制形式所取代，并最终实现单一的、完全的社会主义全民所有制。但是期望在不发达的社会主义阶段完成这一变革，却是不现实的。

社会主义公有制内部的多层次性，是不发达社会主义公有制不成熟性的另一表现。社会主义公有制内部的多层次性概念，既用以表现社会主义全民所有制与集体所有制存在的内在层次结构，也用以表现社会主义联合所有制的内在层次结构。笔者认为，这一概念，是富有理论意义与现实意义的。

这里讲的公有制内部的多层次性，不同于公有制形式的多样性，更不同于所有制多样性。社会主义社会所有制的多样性是指社会主义社会存在着根本性质不同的所有制，既有公有制又包括私有制的残余。公有制形式的多样性，是指社会主义公有制在性质上有重大差别的多种具体形式，如全民所有制与集体所有制，以及联合所有制。它们是社会主义公有制内部的属于部分质变的重要阶梯。而公有制形式内部的多层次性，是指公有制内部存在着属于部分质变的若干小环节或若干阶梯，它们没有根本性质的差别，只是公有化程度不同。就全民所有制来说，社会主义的国营企业在法权规定上，都是属于全民所有制。尽管国营企业可以根据企业的具体条件，采取多种经营管理形式，但这些经营管理形式上的差别，不会改变国营企业的全民所有制的根本性质。但另一方面，也必须看到，如果从现实的占有关系出发，即从生产资料的支配、使用状况，产品的支配、使用状况和利润上缴的状况等来进行研究，那么，管理形式不同的全民所有制企业，实际上存在着公有化程度高低不同的差别，从而使全民所有制体系表现出占有的全民性从高到低的一系列阶梯与多层次。例如，国营企业经济责任制采取利润分成、利润包干、一般盈亏责任制、国家征税自负盈亏、集体承包、个人承包等多种形式。这些责任制形式并不改变企业的全民所有制的根本性质，但是如果就剩余产品在国家、企业集体、个人之间的分配与占有关系来看，上述不同经营管理形式实际上体现了社会公共占有性程度不同的几个小阶梯。由于全民所有制企业包括许多不同的产业部门，它们的物质技术条件、自然条件、经济条件有差别，同一生产部门的企业的具体状况也不一样，因而完善的社会主义国民经济管理体制，应该在经济上适当地承认全民所有制体系内部的这种社会占有性上的程度差别。只有这样，才能有效地调动企业与职工的积极性，特别是有利于克服"大锅饭"和平均主义。可见，社会主义全民所有制内部的层次性，乃是必要的与合理的。

社会主义公有制内部的多层次性，在集体所有制领域表现得最为鲜明。社会主义集体所有制的合作经济一旦产生，它的形式不可能是整齐划一的，而是具有公有化程度高低不同的多种形式，如互助组、初级社、高级社等。社会主义国家在合作化过程中，由于各地区的具体条件的差异，合作化就必然有先有后，进度不可能一样。我国在农业合作化中，根据毛泽东提出的积极领导、逐步前进的方针，采取了从社会主义萌芽性质的互助组，到半社会主义性质的初级社，再到社会主义性质的高级社的循序渐进、逐步登楼的方式，实际上就是由集体所有制的最低层次，逐步向较高层次递进，从而使农业社会主义的改造顺利地向前发展。

在生产资料私有制的社会主义改造取得基本胜利后，就一个社会主义国家来说，各领域、各地区的集体所有制合作经济，仍然会存在着公有化程度高低不同的多种形式，这是社会多层次的生产力所决定的。就农村集体所有制来说，如在农业物质技术基础较强，农业机械化程度和劳动生产率较高的地方，适应有效地运用社会化的生产资料（农业机器与现代技术）和在较大范围内直接组织集体劳动即实行劳动社会化的需要，可以建立在较大范围内统一核算、集体化程度较高的合作社。而在农业物质技术基础较低，主要依靠手工工具、手工劳动、畜力动力，农业劳动生产率较低的地方，由于生产资料社会化程度较低，以及由此决定了劳动社会化程度较低，这就要求把直接组织集体劳动限制在较狭窄的范围，因而只能实行在较小范围内统一核算、公有化程度较低的合作社。至于在那些经济条件与自然条件都很差，农业物质技术基础极为低下，工业性的农业生产资料十分薄弱，从而劳动社会化还缺乏物质基础的地方，直接组织集体劳动就有很大的局限性，分户或个人分散劳动甚至要占据部分的或主要的地位，这就决定了要实行某种不成熟的集体所有制。可见，就公有化程度来看，农村集体所有制的合作经济也是具有多层次性的，这是由农村各地区、农业内部各个部门生产力的不平衡所决定的。从各个地区生产力的具体水平与状况出发，使集体所有制采取多层次形式，即公有化程度高低不同的一系列阶梯和层次，才能使农村集体经济组织在所有制形式上不拘一格，保持充分的灵活性，才能使各种集体所有制形式对于相应层次的生产力表现出贴切的适应性，才能保证劳动者与生产资料最有效地结合起来以进行物质生产，才能使社会主义集体所有制最充分地适合生产力的性质。反之，如果不顾现实的物质生产力的差别，从主观意愿出发，去强制推行某种单一的集体所有制的模式，就会使所有制或是超越，或是落后于生产力的状况，从而对生产力发生破坏作用。

在我国合作化高潮时期，在某些地方合作化步子很快，甚至有一哄而起、追求单一的高级合作化的现象。特别是1958年，出现了脱离各地具体条件实行"并队""并社"，推行单一的大队基本所有制的情况，有的地方还致力于推行公社基本所有制，从而使所有制的公有化程度超过了生产力的水平。党中央1961年提出了"调整、巩固、充实、提高"八字方针，在农村缩小了基本核算单位，一度出现了一定程度上的多种层次的集体所有制并存的局面，使我国农业生产迅速地得到恢复。但"文化大革命"中，宣扬和强制推行"穷过渡"，搞清一色的大队集体所有制模式，又一度使所有制超越了生产力的现实水平，给我国农业生产带来了巨大的破坏。粉碎"四人帮"后，特别是党的十一届三中全会以来，实行多种形式的农业生产责任制，允许集体经济多种经营形式并存，建立与发展了多层次的集体所有制结构，从而调动了劳动者的积极性，搞活了集体所有制经济。我国农村集体经济几起几落的正反两方面经验充分证明：对于一个不发达的社会主义国家，只有基于本国的国情，在发展集体所有制经济中，采取灵活的政策，保持集体所有制的多层次，建立起一个集体所有制内部的合理的层次结构，才能真正地做到使社会主义集体所有制形式最充分地适合生产力的性质，有力地促进农业生产力顺利地与不断地发展。

综上所述，基于不发达社会主义所固有的公有制形式的多样性与公有制内部的多层次性，人们必须根据本国的具体条件，正确地规划与确定社会的公有制结构和各类公有制形式内部的最优的层次结构，以保证生产关系充分地适合生产力的性质。这是促使社会主义经济不断发展的经济前提。

第三节　局部占有性的存在与社会主义公有制的不成熟

不发达社会主义公有制的不成熟，不仅表现在生产资料公有化的不完全，即社会尚未占有**全部**生产资料，从而在某些经济领域内还存在非社会主义性质的生产资料占有形式的残余，而且公有制本身还具有不成熟和不完全的特征。具体地说，就是公有制体系中局部占有关系的存在，如存在着生产资料及产品由局部劳动者占有的因素。

笔者在第二章中指出，发达社会主义的生产资料公有制，不仅消灭了私人占有，不存在集体占有制，而且也不存在产品局部占有的因素，从而不再有企业的局部利益。这种情况下，企业的生产物成为**完全的**社会产品，并在全社会范围内统一分配。这种占有关系意味着实现了全体社会成员在占有生产资料以及劳动成果上的平等，从而是成熟的与完全的社会公共占有制。而在社会主义的初始的、不发达的阶段，社会的公共占有关系还远远没有达到这样的成熟程度，生产资料的局部占有性质、因素与痕迹尚未完全退出经济关系的舞台。

集体所有制就是这种局部占有关系的鲜明表现。社会主义集体所有制实现了将生产资料由私人所有转归劳动者集体所有，实现了由小私有制到公有制的转化。但是集体所有制毕竟是小范围内的公有制，即部分劳动者公共所有制，它不是全体社会成员的公共所有制；虽然生产资料已经是共同占有，但是被限制于几十人或几百人的狭小的集体范围内。在那里，生产资料在事实上和法律上都属于集体。在集体与集体之间，各自占有的生产资料有数量与质量的差别。在生产资料占有上处于有利地位的集体企业，其收入就要高于自然条件与经济条件差的集体企业。这种收入的不同来源于生产资料占有上的差别与不平等。很显然，在存在着生产资料集体所有制的条件下，这种不同收入的一定数量归集体单位占有是不可避免的。可见，社会主义制度下的集体所有制的生产尽管在一定程度上也体现全社会利益，但直接与更多的是体现小集体利益。这种情况表明，集体所有制只是实现了局部范围的生产资料公有化。集体单位对生产资料较完整的局部占有与直接体现局部利益的性质表明，它是不成熟的社会主义公有制。

局部占有因素和痕迹也体现于现阶段的全民所有制中。全民所有制的特征在于生产资料属于全社会所有，它的产品也归全体人民共同享有，在全社会范围内按共同的标准在劳动者之间分配。生产资料与产品的所有权属于全民，这表明社会主义全民所有制不仅与任何形式的私人占有不相容，而且与集体所有制有质的区别。但是，现阶段的生产资料全民占有关系还不是纯粹的。纯粹的全民占有是生产资料的全民占有与产品的完全全民占有的统一，而现阶段的全民占有关系却包含产品的企业局部占有的因素与痕迹。这是因为全民所有制企业的劳动者一方面是从社会公有的统一的消费基金中按全社会范围内的统一标准取得劳动报酬，另一方面还要从归企业占用与支配的企业奖励基金中取得一部分补充劳动报酬。在现阶段，企业的奖励基金实际上包括两个因素：一是来自企业劳动者付出了超额劳动的部分，如由职工加班或增加劳动强度而增加的利润留成和职工奖励基金。来自这一方面的补充劳动报酬体现了按劳分配。二是来自企业占用生产资料（包括物质技术条件、自然条件、经济条件）的差别。在实行全面的经济核算制和价值规律发生作用的条件下，这种在生产资料占有上，处于有利条件的企业就会实现一个超出平均水准以上的超额利润或企业级差收入。在完全的全民所有制条件下，这种由生产资料的有利条件而带来的级差收入应该全部收归国家使用。但是，在现阶段的社会主义为了贯彻企业物质利益原则，进一步鼓励企业加强经营管理，更好地发挥设备的效率，加速设备的改造与更新，加快技术革命与技术革新，充分地利用资源和地理条件以大大提高经济效益，可以允许企业留用少许级差收益，列入企业的自有基金，用于劳动者的补充劳动报酬。这种企业和职工对级差收入的分配、占用和占有的关系表明，全民所有制企业除了产品主要地归全社会占有而外，还存在产品的企业局部占有的因素与痕迹。这种企业对产品的局部占有因素的存在与产品全民占有关系的不完全，表明现阶段的全民所有制企业的经济活动还未能体现完全的、无差别的全民利益，却在一定程度上体现了企业中的部分劳动者的局部利益。归根到底，这种占有关系表明生产资料的全社会占有的不完全和不彻底。

现阶段的全民所有制还存在着产品的企业局部占有因素与痕迹，这并非凭空虚构，而是对在总结社会主义建设的经验教训基础上，进一步加以改进与完善了的全民所有制的具体形式与关系的一种理论概括。社会主义国家在建立与组织全民所有制时都曾经采用过某种取消产品局部占有因素的纯粹的全民所有制模式，它的集中表现是苏联战时共产主义的国营企业所有制。在那里对国营企业一律实行物资的统一供给，产品的统一分配和对所有的职工实行消费品的统一配给。在那里不存在产品的企业局部占有与企业物质利益，也未能贯彻消费品按劳分配和体现个人物质利益的原则。这是一种共产主义式的所有制关系。它的产生在客观上是由于苏维埃俄国当时面临着特殊历史条件，而在主观上则是由于联共（布）采取了在革命后立即推行共产主义生产与分配的过早、过急的方针。这种超越了社会物质生产力发展水平的社会主义全民所有制模式，带来与加深了苏联的经济困难与危急局面。后来列宁及时地提出了新经济政策，在国营企业实行了经济核算制，采取了贯彻物质利益原则的措施，如在企业实行利润留成，对工人发放奖金，等等。国营企业这一系列管理方式上的调整，实质上是给全民所有制企业以某些产品的局部占有权利。尽管斯大林时期曾经采用了高度中央集权型的管理体制，强调全民所有制企业的生产资料所有权、支配权与产品占有权、分配权集中于国家，但是苏联的全民所有制企业仍然实行利润留成，职工要从奖励基金中领取奖金，从而实际上保存着企业对产品的局部占有关系。我国20世纪50年代以来，国营经济的管理体制采用了苏联模式，全民所有制企业的产品占有中实际上存在企业局部占有的因素与痕迹；社会主义政治经济学满足于对全民所有制做法权形式的描述，而不去揭示它的现实的占有关系，从而把社会主义的全民所有制当成是"完全的"与"彻底的"，看不见我国社会主义初始时期全民所有制的不成熟性，特别是未能正视和从理论上阐明社会主义全民所有制存在的局部占有关系的因素与痕迹，甚至把某些同志在这一方面提出的有益的见解[1]当作修正主义来

---

① 如骆耕漠在1959年提出的社会主义全民所有制有"大全民"与"小全民"的论点。

批。在"文化大革命"中，"四人帮"更是在理论上大批奖金制度，把强调重视企业的经济利益当作是破坏全民所有制，复辟资本主义；在实践上取消一切利润留成和企业基金制度，提倡所有国营企业分配一律，"不分你我"共同吃"大锅饭"。这种"平等"占有的、纯粹的、完全的"全民所有制"，超越了我国现阶段社会生产力的发展水平，挫伤了广大劳动者的积极性，给我国国民经济带来极大的破坏。粉碎"四人帮"后，特别是党的十一届三中全会以来，由于实行了利润留成和扩大企业经营管理自主权等一系列措施，正确处理了国家与企业之间的利益分配关系，在事实上使现阶段全民所有制企业在分配关系中保留有必要的产品占有因素，从而大大地调动了企业生产与经营的积极性，搞活了经济。可见，全民所有制企业的产品占有关系，严格地说并不是纯全民的，而是含有企业局部占有的因素与痕迹，这是为当前社会主义国家的全民所有制占有关系的实际状况所证明了的。

不发达社会主义的全民所有制，还存在产品局部占有的因素与痕迹的观点，在理论上也是有根据的。如果我们真正把唯物辩证法的发展观用于社会主义所有制的研究，那么，我们就不仅要阐明社会主义公有制的产生、壮大和最终占领一切社会经济领域的发展过程，而且还需要阐明社会主义全民所有制由初始期的不完全、不成熟形式发展到成熟形式的过程。

马克思主义经典作家深刻地阐明了任何一种社会生产关系都是在克服与扬弃旧的生产关系中确立与发展起来的。他们论述了生产关系在走向成熟中所要经历的"推陈出新"的辩证发展过程。马克思说："资产阶级社会借这些社会形式的残片和因素建立起来，其中一部分是还未克服的遗物，继续在这里存留着，一部分原来只是征兆的东西，发展到具有充分意义，等等。"①马克思在论述社会主义社会时指出："它不是在它自身基础上已经**发展了的**，恰好相反，是刚刚从资本主义社会中**产生出来的**，因此它在各方面，在经济、道德和精神方面都还带着它脱胎出来的那个旧社会的痕迹。"②列宁在论述初生的社会主义生产关系时也强调指出，它里面不可避免还包孕着旧的残余与痕迹。他说："无论在自然界或在社会中，实际生活随时随地都使我们看到新事物中有旧的残余。马克思并不是随便把一小块'资产阶级'法权塞到共产主义中去，而是抓住了从资本主义**脱胎**出来的社会里那种在经济上和政治上不可避免的东西。"③用这种辩证法的发展观来考察不发达社会主义阶段的全民所有制，它包含着某些不成熟的占有关系的因素就完全不足为奇了，而正是这种产品局部占有关系的因素与痕迹，体现了初生期的不完全的全民所有制中的旧的残余。像我国这样经济落后、现代化的大工业生产不发达的国家，在无产阶级夺取政权建立起国营企业的初始阶段，一步做到在产品占有中消除一切局部占有关系与局部利益关系，一步做到将生产资料归全体社会成员，无差别地、彻底平等地占有，一步就实现联合生产者在经济利益上的全社会无差别化，这不符合马克思主义的唯物辩证法。

总之，占有的全社会性的不纯粹，作为其基本规定性的生产资料全社会占有性与产品的企业局部占有因素与痕迹的并存，是不发达社会主义阶段全民所有制的特点。这一特点，从另一个方面表现了不发

---

① 马克思：《〈政治经济学批判〉导言》，见《马克思恩格斯选集》第2卷，人民出版社，1972年，第108页。

② 马克思：《哥达纲领批判》，见《马克思恩格斯选集》第3卷，人民出版社，1972年，第10页。

③ 《国家与革命》，见《列宁选集》第3卷，人民出版社，1960年，第256页。

达社会主义阶段社会主义公有制的不成熟性。

第四节 直接占有的不完全与社会主义公有制的不成熟

社会主义消灭了私有制把生产资料与直接生产者相隔离以及对生产者的剥削所造成的劳动异化现象，全体劳动者成为生产资料的最高的和全权的占有者。劳动者的生产资料所有者地位，决定了他们在社会生产中以主人翁的身份来进行生产，以全权的经济主体的身份来实现他们与生产资料相结合，而没有一个剥削阶级横插其间。这表明马克思和恩格斯关于社会主义使生产资料归"社会公开地和直接地占有"[①]，使生产资料成为"联合起来的生产者的财产，即直接的社会财产"[②]的论述，对现阶段社会主义公有制仍然是适用的。

现阶段社会主义全民所有制采取国家所有制形式。由于社会主义国家是全体劳动者的代表，因而国家所有制是由国家代表全体劳动者行使其对生产资料的最高支配权，对国民经济的计划管理权和对剩余产品的统一分配权。而不存在在私有制下那种直接生产者对生产资料缺乏支配权，对他们自身所从事的生产与经营活动缺乏自主权，对他们所创造的剩余产品缺乏分配享用权等情况；劳动者与生产资料相隔离、疏远，从而造成劳动异化的根源已经被消除。而且，在一个完善的社会主义国民经济管理体制中，完全能做到把国家对国民经济的严格的集中管理与发挥企业的积极性结合起来，不断扩大与加强广大职

---

① 恩格斯：《反杜林论》，见《马克思恩格斯选集》第3卷，人民出版社，1972年，第319页。

② 《马克思恩格斯全集》第25卷，人民出版社，1974年，第494页。

工在企业微观经济活动中的自主管理与经营，使他们自觉地为搞好企业的生产与经营而献计献策，充分发扬他们在社会主义生产中的主人翁精神与自主的积极性。这也意味着劳动者与生产资料的结合，业已带有直接的性质。那种把国家所有制看成是与直接占有制不能相容，认为只要国家所有制存在，劳动者对国家来说就必定会产生某种被雇用的关系，劳动者与生产条件和劳动产品，就会处于某种"疏远化"的状态的种种观点都是不正确的。这些观点未能基于国家本质的变化，揭示出社会主义国家所有制下，劳动者在占有生产资料上的崭新特征。

但是也必须看到，在不发达的社会主义，直接的公有制还带有不完全的性质。这是由于：

第一，社会主义占有的直接性，乃是占有公共性的一个必要内涵。生产资料的成熟的和彻底的公有化，必须经历一个很长的历史发展阶段，不能一蹴而就。作为这种公有化的特征与表现的占有直接性，也就要经历一个逐步发展、逐步提高，从不完全到完全的历史发展过程。

第二，直接占有，或劳动者与生产资料的直接接合，是以直接生产者自主地支配生产资料和直接生产者对生产活动能充分表达他的自由意志为重要标志的。社会主义的直接占有制，是联合劳动者的直接占有，是直接占有的高级形式，它必然具有高于原始社会的直接占有制，或是个体小生产者的直接占有制的新内容。它表现在全社会联合劳动者的直接占有，即组织在各个生产单位中——马克思称之为公社——的全体社会成员直接参加经济管理与国家管理以及在他们所从事的生产活动中充分表达自己的意志。但是社会主义经济中，企业的经济活动必须与其他企业的经济活动相协调，并成为有组织的国民经济活动的一部分，而不能脱离整体，自行其是。因此，直接生产过程中企业联合劳动者的意志，必须服从全社会联合劳动者的意志——它体现在统一的经济计划中，而企业的自主决策就必须服从社会的决策。在这里，直接生产者在生产活动上的高度自主，乃是以自觉地服从国家的统一计划管理为前提的。那种认为直接占有就是绝对的生产自主，就是全部微观经济活动统统由企业自由决定的观点，是毫无根据的。这种观点，是把联合劳动者的直接占有与个体私有者的直接占有混为一谈。可见，作为社会主义的直接占有，要求切实保证与实现劳动者在生产活动中的高度自主，要求把国家对生产的计划管理和发挥企业及广大职工的积极性结合起来，要求建立起完善的国民经济管理体制和建立起高度民主的政治制度。

必须看到，社会主义国家的经济管理体制的完善化，是一个很长历史时期内才能逐步解决的。为了使社会主义直接占有获得更充分的体现，除了必须探索与寻找到一种科学的国民经济管理体制之外，还需要具备国际国内的客观条件，需要社会主义事业的高度发展和社会主义国家经济实力的极大增强，而这将是一个很长的历史时期才能逐步解决的艰巨任务。

第三，完全的社会主义的直接占有性，表现在企业产品归全社会联合劳动者占有。直接占有在于直接生产者对劳动成果有自主的支配权，劳动者对于劳动产品，即他的劳动的对象化形态，能够行使其意志而不是听命于他人。无论是历史上的原始公社的直接占有制，还是后来的小生产者的直接占有制，都体现了直接生产者基于自身利益而自主地支配劳动产品（包括剩余产品）。但是现代的、社会主义的直接占有，乃是直接占有制的最高形式，它区别于原始公社和小生产的劳动者的直接占有，它是社会全体成员的直接占有，使剩余产品的分配从属于全社会的利益，使其用于社会的生产发展和提高全体劳动人民的福利。如果企业将生产的剩余产品只是由本企业范围内的职工分占，只是用于增加企业集体利益，那么，这种局部占有关系就成为社会共同占有的障碍。因此，不能把直接占有理解为职工对企业剩余产品的占有权，这种局限于部分劳动者范围内的直接占有，只能是集体所有制的特征，而不是高级的社会主义直接占有关系的特征。因此，只是从形式上将直接占有制理解为联合生产者对剩余产品的自主分配权，而不问这种收益分配是否真正体现了产品的全社会的平等的占有与分享，便是不正确的。特别是把那种体现剩余产品归企业集体占有与分享的企业所有制称为"直接占有制"，更是离开了马克思主义经典作家所阐述的社会"直接占有"的固有的含义。

基于社会直接占有的含义，我们就会看到，在不发达的社会主义阶段存在的集体所有制，还不是生产资料与产品的全社会直接占有，而全民所有制企业，由于还存在某些产品局部占有因素，企业的生产与分配关系，并不是完全体现全社会无差别的利益，而是在一定程度上体现了企业的局部利益，因此这种全民所有制也还未具备完全的"社会直接占有"的性质。

上述三个方面表明，无论是就联合劳动者对生产过程的充分的自主支配还是对产品的全社会占有关系来看，在社会主义社会的初始阶段，社会主义公有制的直接占有关系还是不完全和不充分的。马克思主义的发展观，要求人们把生产资料公有化程度的提高同劳动力与生产资料结合的直接性质的加强联系起来考察。这就是说，只有随着社会主义物质技术基础的进一步加强与生产力发展水平在全社会范围内的均衡化，随着单一的全民所有制企业的产品局部占有关系的消失与联合生产者的经济利益融合为无差别的全社会利益，随着国民经济管理体制的进一步完善，国家政权对企业的强制性的干预逐步转变为社会中心的计划指导和联合体之间的平等协商，随着企业的生产与经营自主性进一步加强，劳动者在经济活动中的决策自主和当家作主精神进一步地发扬，才将导致对生产资料的社会直接占有性质的日益充分和更加完全。这也就是说，为了要发展劳动者与生产资料的直接结合关系，就必须大力提高社会生产力，进一步提高全民所有制的全社会占有水平，进一步完善国民经济管理体制和进一步加强联合劳动者的生产自主性。

第五节　商品经济关系的存在与社会主义公有制的不成熟

商品货币关系的存在是现阶段社会主义公有制的不成熟性的又一重要表现。

如前所述，按照马克思主义经典作家的论述，在发达社会主义公有制条件下不存在商品货币关系。把商品货币关系的消亡与社会主义公有制联系在一起，这并不是经典作家在社会主义所有制理论上的失误，恰恰相反，他们正确地抓住了典型的和高度成熟的社会主义公有制关系的重大特征。因为在那里，全部生产资料已经归整个社会公共占有，人们的劳动已经成为完全的全社会联合劳动和完全的直接社会劳动，劳动产品已经成为完全的社会产品，从而在那里，商品生产与交换就为社会产品的直接生产和直接分配所代替。

但是在不发达的社会主义阶段，公有制关系的发展还远未达到这样的成熟程度。它表现在：

第一，还存在生产资料公有化的初级形式即集体所有制，这种所有制由于生产资料与产品归集体局部占有，集体在对外部的交换关系中，就要采取商品交换的形式。正如斯大林所说："这种情况就使得国家所能支配的只是国家企业的产品，至于集体农庄的产品，只有集体农庄才能作为自己的财产来支配。然而，集体农庄只愿把自己的产品当作商品让出去，愿意以这种商品换得它们所需要的商品。现时，除了经过商品的联系，除了通过买卖的交换以外，与城市的其他经济联系，都是集体农庄所不接受的。"①

第二，不发达社会主义的全民所有制还存在着产品企业局部占有的因素与痕迹，人们的劳动除了体现社会联合劳动的性质之外，还在一定程度上具有企业联合劳动的性质，从而是一种不完全的直接社会劳动，它还要体现一定的特殊的局部利益，企业的产品还不是完全的社会产品。正由于此，社会主义的联合生产者在相互进行交换中，除了服从社会公共利益外，还要考虑企业的经济利益，不会把自己的产品无偿地送给对方，因此企业之间的交换就仍需要贯彻等价交换原则，这种交换也就仍然带有商品交换的性质。当然，由于进行交换的毕竟是全民所有制内部的相对独立的生产与经营单位，它们同属于一个主人，不存在私人商品生产者之间的那种完全独立的经济利益，从而这种社会主义全民所有制内部的交换也就带有产品交换的因素。这种情况表明，全民所有制企业之间的交换是一种崭新的、具有过渡性的商品交换关系。

第三，不发达社会主义阶段所有制结构中还存在个体所有制，劳动者个人及其家庭是生产资料与产品的所有者，因而他们所从事的只能是商品生产与商品交换。

---

① 斯大林：《苏联社会主义经济问题》，人民出版社，1953年，第14页。

以上三点表明，社会主义制度下的商品生产与商品交换存在的根源，仍然在于不成熟的生产资料公有制与不完全的社会主义公共占有关系，在于社会主义经济中多种利益主体，即国营单位、集体单位与个体单位的存在。另外，必须看到，生产资料的公有化越是不成熟和不彻底，经济结构中利益主体越是复杂与多样，商品生产与交换关系就越是联结社会经济生活的重要纽带。在这种情况下，社会生产、分配、交换和消费诸关系均带有某些商品关系的性质，而社会主义的各个经济规律也将受到商品生产所固有的价值规律作用的渗透与制约。到社会主义社会的高级阶段，个体所有制及其他体现有私人占有关系的所有制不再存在，集体所有制转化为公有化程度更高的全社会所有制，全民所有制不再带有局部占有的因素与痕迹，一切生产单位之间的利益完全归于一致，占有关系还分你我的资产阶级权利将归于消灭，调节经济主体间的利益关系的等价原则就最终退出历史舞台，从而商品生产关系与商品交换关系也就归于消失。那时社会主义的生产、分配、交换与消费诸过程，将摆脱商品性关系的影响与束缚，从而使社会主义经济所固有的直接产品生产与直接产品分配的性质得到鲜明的表现，这也就意味着社会主义全民所有制发展到完全的、成熟的阶段。

以上社会主义公有化的不完全性，公有制还带有局部占有性，公有制形式的多样性与多层次性，直接占有的不完全性，商品货币关系的存在等方面，都是社会主义公有制还未充分发展，还不成熟与不完全的表现。这种在生产、分配、交换等方面都带有种种局限性的社会主义公有制的存在，是由不发达社会主义的生产力发展水平所决定的，它完全符合社会主义所有制产生后，还要不断地发展、完善和逐步地由低级形式转化为高级形式的规律。看不见社会主义公有制有一

个由初始期的不完全、不成熟到完全和成熟的演变，否认生产资料公
有化是一个不断发展、不断提高的过程，认为在一个生产力水平较低
的社会主义国家，公有制一旦出现就会具有完全的、成熟的形式，就
立即出现了彻底的全社会公有制，这样的观点，不符合唯物辩证法的
发展观。

第四章

现阶段的社会主义全民所有制

概述了不发达社会主义社会所有制的一般特征，从本章起，对不发达社会主义所有制的三种具体形式分别加以研究。

第一节　社会主义全民所有制在占有关系上的特点

社会主义全民所有制，马克思和恩格斯通常称之为社会所有制，或自由人的联合体公共所有。马克思说，社会主义制度下的生产资料"是联合起来的生产者的财产，即直接的社会财产"[①]。"设想有一个自由人联合体，他们用公共的生产资料进行劳动，并且自觉地把他们许多个人劳动力当作一个社会劳动力来使用。"[②]恩格斯把社会主义所

---

①　《马克思恩格斯全集》第25卷，人民出版社，1974年，第494页。

②　《马克思恩格斯全集》第23卷，人民出版社，1972年，第95页。

有制称为"社会直接占有"①，"社会（即首先是国家）保持对生产资料的所有权"②；又说："社会主义的任务，勿宁说仅仅在于把生产资料转交给生产者公共占有。"③

列宁也使用"社会所有"这一概念。他说："生产社会化不能不导致生产资料转变为社会所有。"④但他也使用"全民所有制"的概念。他曾经说过，社会主义的任务就是把一切生产资料转归全体人民所有。

全民所有制概念成为社会主义政治经济学通行的范畴，始于30年代斯大林把社会主义国家所有制称为全民所有制。1936年苏联新宪法第6条和第9条规定，社会主义制度下生产资料属"国家所有（即全民财产）"或"国家（全民）所有"。此后，苏联的政治经济学著作中就普遍使用全民所有制的概念。

社会主义全民所有制是社会主义公有制中社会化程度较高的形式，也是社会主义所有制中占据主导地位的所有制形式。在我国，全民所有制企业生产的产品在国民总产值中占了很大的比重。坚持与不断完善社会主义全民所有制，乃是保证整个国民经济沿着社会主义方向迅速发展的根本前提。因此，对全民所有制的性质、特点、具体形式、发展的趋势与规律进行深入的理论研究是十分必要的。特别是当前我国正处在开创社会主义现代化建设新局面的新的历史时期，为了

---

① 恩格斯：《社会主义从空想到科学的发展》，见《马克思恩格斯选集》第3卷，人民出版社，1972年，第437页。

② 恩格斯：《致奥·倍倍尔（1886年1月20日—23日）》，见《马克思恩格斯全集》第36卷，人民出版社，1975年，第416页。

③ 恩格斯：《法德农民问题》，见《马克思恩格斯选集》第4卷，人民出版社，1972年，第303页。

④ 《卡尔·马克思》，见《列宁选集》第2卷，人民出版社，1960年，第599页。

使我国生产关系更加适合生产力，为了建设具有中国特色的社会主义，我们正在进行经济体制改革，而全民所有制的具体形式的完善正是经济体制改革的一个重要内容。这就更加要求我们进一步地加强对全民所有制的理论研究。

本书第一章业已指出，所谓广义的生产资料所有制的内涵。广义的社会主义生产资料全民所有制，也就是体现于生产资料的占有、支配、使用，产品的分配、交换等方面的社会公共占有关系。

在这里，有必要指出，由于社会主义初始阶段生产资料公有化的不成熟与不完全，全民所有制企业还存在着局部经济利益。这种经济利益关系的特点，必然要表现在全民所有制内部存在的所有、占有、支配和使用等既相统一又相矛盾的较为复杂的关系上。如现阶段的全民所有制采取国家所有制形式，全民所有制关系就首先表现为国家对生产资料与产品的所有、占有、支配和使用关系。这就是，代表全民的国家是生产资料的最高所有者，国家不仅是宪法确定了的法权上的所有者，而且也是实际的所有者。国家所有制既要从国家对包括企业的生产与交换在内的国民经济活动的计划管理——实质上是生产资料的支配和使用——来实现，又要从国家对企业的剩余产品的占有中得到实现，如企业剩余产品大部分要以利润或者税金形式上缴国家。全民所有制关系还包括企业对生产资料的支配、使用和对产品的占用与占有关系。在对社会主义全民所有制进行政治经济学的研究时，必须遵循马克思主义经典作家所采用的方法，特别要注意以下几个方面：

第一，要研究经济领域的现实的占有关系。在社会主义政治经济学中的全民所有制概念是经济范畴，而不是法律概念。作为法律概念，它的主要内容是生产资料——工厂、铁路、矿藏、河流、森林、山地、草原、荒地、滩涂和其他海陆自然资源——属于代表全民的国家所有，由国家来行使其自由意志和最高的支配权。作为政治经济学范畴，它是经济上的占有关系的理论表现。正如马克思所说：生产资料的占有"是发生于对这些条件的实际活动、现实关系之中，即实际利用它们作生产者主观活动的条件"[1]。政治经济学在研究所有制时，应当透过它的法权形式，深入到生产关系的里层，去揭示它的本质。因此，分析与阐述现阶段社会主义全民所有制的特征，必须是从现实的占有关系出发，而不是从生产资料是全民财产这一法权形式出发。

第二，要研究与分析包括生产、分配、交换、消费等全部生产关系的总和。这就是，作为生产与经营的基本单位的企业，对固定给它使用的生产资料虽没有所有权，但却有部分的支配权和使用权，对于企业剩余产品也有部分的支配权和使用权，这主要表现在企业有权支配和使用从利润中形成的自有资金上。可见，现实的全民所有制关系客观存在着所有、占有、支配、使用上的复杂关系。

列宁在论述土地问题时，强调了必须懂得土地关系上"所有权、占有权、支配权、使用权等概念的区别"[2]。列宁这里实际上是论述了生产资料占有关系的复杂性。这一论点对于现阶段社会主义全民所有制的研究，具有重要的指导意义。显然，在研究社会主义全民所有制时，必须全面地分析生产资料的占有、支配、使用，产品的分配、交换与消费等经济关系。因为只有运用这种研究方法，才能够做到：（1）深入地揭示现阶段社会主义全民所有制的特征，确切地区别现阶段的不成熟的全民所有制与未来的成熟的全民所有制。（2）区分国营企业的一些不同的经营形式在所有制上的特点。比如，某些小型的、

---

① 马克思：《政治经济学批判大纲（草稿）》第3分册，人民出版社，1963年，第111页。
② 《社会民主党在俄国第一次革命中的土地纲领》，见《列宁全集》第13卷，人民出版社，1959年，第314页。

全民所有制的国营企业租借给集体经营，或租借给私人经营，有的租借期长，有的租借期短。这些不同的经营形式，在公有化程度上会带来什么变化？这些经营形式分别属于全民所有制内部的哪一层次？这就只有通过企业对生产资料和剩余产品的占有、支配和使用状况的分析，才能加以阐明。（3）对全民所有制为什么适应生产力，以及怎样才能更充分、更全面地适合生产力进行科学的理解，从而找到进一步完善社会主义全民所有制的途径。

归根到底，只有运用多方面分析占有关系的方法，才能深入地揭示与阐明现阶段的社会主义全民所有制的发生、发展、成熟和向更高的全社会所有制形态过渡的运动规律。同时，人们也才能基于对社会主义全民所有制的更深入的理论认识，更加自觉地改革和完善我国的国民经济管理体制；根据我国的具体情况与各类企业的具体条件和特点，采取恰当的与灵活的措施来调整全民所有制内部的所有权、占有权、支配权、使用权；通过国家、集体、个人之间利益关系的最合理的调整，进一步完善我国的社会主义全民所有制。

第三，要从宏观和微观两个方面进行研究。要把握住社会主义全民所有制的占有关系的全貌，必须既要从宏观的即国民经济整体的角度，又要从微观的即企业的角度来进行研究与论证。

所有制乃是某一经济主体——一定的阶级、社会集团、个人或社会全体成员——在特定的社会劳动方式下实现的对于生产资料和产品的占有。因而分析和研究任何一种所有制形式，我们都既要从微观即从个别生产单位的角度来进行，同时又要从宏观即社会总体的角度来进行分析。在私有制社会，由于作为占有者的经济主体是独立的私有者和生产者，因而分析所有制关系，主要从微观角度出发，着眼于个别的、独立的、分散的生产与经营者的占有关系的分析。如只要通过奴隶制作坊的占有关系，阐明奴隶主对生产资料和生产者——奴隶以及生产品的占有方式，就大体揭示了奴隶占有制的本质特征。只要通过分析地主对土地的独占，对租用土地的农民的劳动产品（包括地租和其他附加缴纳）和活劳动（劳役）的占有，就大体揭示了封建土地占有制的本质特征。只要通过对企业主对生产资料的占有方式和对雇佣劳动者的无偿劳动的占有方式的分析，就大体揭示了资本家所有制的本质特征。当然，为了揭示上述所有制形式的具体内容，还要进行宏观的分析，如对奴隶制和封建土地所有制。还要分析国家对生产者的劳动产品与劳役的占有形式，特别是当代国家垄断资本主义大大发展的时期，为了揭示资本家所有制形式的新特点，更要重视国家对企业中生产的剩余价值的占有、使用和分配关系的分析与研究。

在社会主义全民所有制占主导地位的社会主义经济制度下，国家代表全体社会成员作为社会的占有主体，全民所有制首先体现于国家对国营企业的生产资料的所有、支配和使用，以及对剩余产品的占有、分配和使用关系中。就更广泛的意义来说，国家把国营企业以外的其他生产单位的剩余产品与个人的收入，通过税收形式转化为财政收入，以及国家财政收入的分配、使用（包括用于国营企业以外的其他经济单位和事业单位），均是全民所有制关系的体现。可见，在社会主义制度下，要揭示全民所有制的全貌，就有必要从宏观的、整体的，包括一切企业的，即全社会的角度来进行考察与研究。从现阶段来说，必须从国家这一经济主体的角度进行考察，研究与分析国家对生产资料与产品实行占有、支配、使用的具体形式。

但是，在现阶段的社会主义生产方式中，企业占有十分重要的地位。社会主义企业是马克思所指出的生产者的联合体的具体形式，是进行社会主义生产与经营的基本单位。统一的社会主义经济肌体，就是由作为它的细胞的企业所组成的。社会主义的国民经济活动则是企业经济活动的总和。社会主义全民所有制，主要就是通过一个个互相紧密联系又相对独立的国营企业对生产资料和产品的占有、支配和使用来实现的。离开一个个作为直接生产者联合体的企业的占有关系来谈论全民所有制关系，无异于离开生物的细胞来谈论生物肌体的构成。因此，要阐明现阶段社会主义全民所有制的特点，就必须从社会主义全民所有制企业的具体占有形式的分析着手。这就决定了还必须采用微观的分析方法。

总之，既要着眼于宏观的分析，又要着眼于微观的分析；既要从国家的角度来进行研究，又要从企业的角度来进行研究，也就是说要把以上两个方面恰当地结合起来。这样，在认识全民所有制关系时，就既能避免那种把全民所有制归结为国家所有，忽视企业的占用的片面观点，又能避免那种只是归结为企业的占用，忽视国家所有的片面观点，从而也就能对现阶段的社会主义全民所有制关系，有比较全面的与科学的认识。

全民所有制企业是社会主义劳动者联合体，较之集体所有制来说，它是社会主义劳动者联合体的高级形式。在这一社会主义劳动者联合体中，劳动者以主人翁的身份支配和使用生产资料，相对独立地进行物质生产并且分享劳动的成果。社会主义全民所有制的产生，意味着千百年来丧失了生产资料所有权的劳动者按照他人意志被强制地从事劳动的时代已经结束。

在全民所有制这一社会主义劳动者联合体中，生产资料与产品绝不仅仅归本企业的联合劳动者占有，也归全社会的联合劳动者占有。对社会财富占有的平等性和企业之间经济利益的一致性，是全民所有制的特征。具体地说：

第一，全民所有制企业生产资料属于全社会，在现阶段，生产资料属于代表全体人民的国家。全民所有制企业的固定资产，是国家用社会资金投资兴建的，交付给企业长期使用；企业的流动资金是国家拨给的，企业的固定资金和流动资金都是全民的财产，代表全体劳动人民的国家有最高支配权。企业对生产资料有部分的支配权和使用权，包括对某些多余的非基本生产资料的转让权，但是基本生产资料不能由企业自由处理，更不能作为商品自由地出售，而且多余的非基本生产资料要经上级批准后才能转让给其他企业，获得的收入应作为设备更新与技术改造之用，因而这部分生产资料将仍然以生产基金的形式保留在企业中。在实行固定生产资金有偿占有制的条件下，企业要向国家交付固定资产占用费，但这是国家管理企业的固定资金、贯彻经济责任与物质利益原则的一种形式与方法，而不是企业向国家购买生产资料，因而根本不存在偿清固定资产价值后将这部分由企业支配和使用的生产资料转变为企业所有的问题。有的同志认为企业对固定资产付息，是企业向国家"购买"生产资料。这种论点是不能成立的。因为企业本身不是一个从国家分离出来的独立的占有者，不是一个独立的、完整的占有主体与利益主体，企业向国家偿付基本建设贷款与利息，不是所有者之间的买卖关系，而只是全民所有制经济中采用全面经济核算制下的经营管理方式，因而不存在固定资产的所有权转移给企业的问题。全民所有制企业还实行利润留成，自留利润中一部分作为扩大再生产基金，用于企业的挖潜、革新、改造，并且可以与一部分折旧基金共同用来进行基本建设。由自留利润中形成的这一部分固定资金，尽管可以使企业从中享有更直接的物质利益，但是它的性质与国家直接投资兴建的固定资产一样，仍然是全民的财产。以上情况表明，在全民所有制企业的再生产与企业资金的运动中，将不断再生产出资金的全民占有关系，在那里不存在也不容许存在资金的全民占有关系转化为企业占有关系或集体占有关系。这也是社会主义再生产作为公有制生产关系再生产的必然表现。

第二，产品的全社会共同占有与利益的全社会共同分享。全民所有制企业相对独立地进行生产，它们的产品归社会共同占有、统一分配使用，这是生产资料社会共同占有的必然结果和固有的要求，是社会全体成员在支配生产资料上的平等地位的表现。

社会主义全民所有制是社会化大生产的必然产物。在资本主义经济发展中所孕育出来的现代化的大生产，它所代表的生产力水平早已突破了资本家私有制的界限，也突破了集体所有制的界限。这种现代生产力的本性，要求有全社会公有化的占有形式。正如恩格斯指出："这种解决只能是在事实上承认现代生产力的社会本性，因而也就是使生产、占有和交换的方式同生产资料的社会性相适应。而要实现这一点，只有由社会公开地和直接地占有已经发展到除了社会管理不适于任何其他管理的生产力。"①因为只有把生产资料归社会全体劳动者统一支配、调度和使用，把使用这些生产资料而创造的产品归社会全体劳动者统一分配、使用和享有。一句话，只有确立社会对生产资料和产品的公共占有关系，才能有效地运用现代高度发达的物质生产力，最充分地发挥现代化的物质生产手段的效果，才能最全面地、充分地调动劳动者积极性，保证劳动者与生产资料的有效结合。总之，现代生产力的本性不仅是与私有制相冲突，而且也是与部分劳动者的公有制，即集体所有制不相容。正因为如此，要实行全民所有制，要

① 恩格斯：《反杜林论》，见《马克思恩格斯选集》第3卷，人民出版社，1972年，第318～319页。

把企业的大部分剩余产品归国家集中占有（通过上缴利润或税金形式），要由代表全社会的国家，把集中占有的社会产品统一分配，按照社会主义经济规律的要求，形成用以扩大再生产和归社会集体消费以及归个人消费的各种基金，使社会产品在分配使用上从属于全社会的共同利益，即保证社会主义生产最迅速地发展和社会全体成员的生活水平不断地和共同地提高。

必须看到，如同任何新生事物的新特征都不能立即充分地表现出来一样，现阶段的全民所有制，只是初步具有上述的生产资料归全社会平等占有和剩余产品归社会成员平等分享的两方面的特征。这些本质特征尚未获得最完满、最充分的体现。而原因在于以下两个方面：

第一，生产资料与产品的全民占有关系尚未成为占有的唯一形式，在某些经济领域内还存在着集体所有制，局部经济领域内还存在个体所有制。在这种情况下，现阶段的全民所有制的真正的和名副其实的占有者，只是全民经济领域内的职工，而集体经济领域内的劳动者和个体经济领域内的劳动者，还不具有充分的占有者的身份。虽然他们还是要在一定程度上占有与分享全民所有制经济发展的利益，但是就他们的现实的生产关系来说，他们还不是直接的占有者，还不能直接从全民单位的生产成果中获取收入。

第二，现阶段的社会主义全民所有制企业还存在产品的局部占有因素与痕迹，还未能完全摆脱局部利益，从而与体现无差别的全社会共同利益的发达社会主义的全民所有制有重大差别。

生产资料所有制是生产关系的一个重要内容，是生产关系的基础。所有制的形式和性质从根本上来说，是取决于社会生产力的水平，而直接决定因素则是生产资料的状况与性质。此外，劳动力条件的状况与性质对生产资料所有制也有重要的影响。人类历史上，在生产资料归奴隶主所有，劳动者完全没有人身自由的情况下，产生了最野蛮的公开强制劳动的奴隶占有制；在生产资料归封建领主所有，劳动者处于半自由的情况下，产生了以人身依附关系为特征的封建主占有制；在现代资本主义社会，生产资料归资本家私人占有，劳动力归工人自己所有，这就产生了以剥削雇佣劳动为特征的资本家所有制。

现阶段社会主义全民所有制之所以还存在产品的局部占有因素，从根本上来说，是由现阶段社会生产力的水平所决定的。现阶段社会主义社会的物质技术基础尚未获得充分的发展与增强，企业所使用的生产工具与技术手段尚未普遍达到高度自动化与自控化的先进水平，生产社会化尚未达到高度水平，这就决定了生产资料公有化尚未臻于成熟的程度。

现阶段的社会主义社会的劳动力这一生产的人身条件的发展程度与性质，也是决定全民所有制的不完全性的重要因素。

在社会主义制度下，劳动者成为生产资料的主人，不再是剥削阶级直接驱使的人身工具，劳动力也不再是为换得供糊口的工资而出售的商品，而是新社会自由人的生命力的表现。社会主义是联合的生产方式，社会主义劳动是联合劳动。在社会主义全民所有制企业中，劳动者的劳动力是以联合的、社会的劳动力的形式，直接与公有化的生产资料相结合。"他们用公共的生产资料进行劳动，并且自觉地把他们许多个人劳动力当作一个社会劳动力来使用。"[1]显然，这种联合劳动的性质与劳动力和生产资料的结合方式是密切相关的。现阶段全民所有制的联合劳动既要表现为全社会的联合劳动，又要表现为企业联合劳动（这里是指全民所有制企业的联合劳动）。在全社会联合劳

---

[1] 《马克思恩格斯全集》第23卷，人民出版社，1972年，第95页。

动下，个人劳动是直接地作为社会总劳动的有机组成部分，同时，个人劳动也直接地体现全社会的利益。这种全社会联合劳动乃是劳动社会化的高级形式。在社会主义联合劳动还带有某些企业联合劳动的性质的情况下，个人劳动要通过企业联合劳动这一中间环节才能成为社会总劳动的有机组成部分，同时，个人劳动除了主要体现全社会利益之外，还要体现企业局部利益的因素。这种企业联合劳动，体现了劳动的社会化还在发展中，还不彻底，还未发展到全社会联合劳动的高度。

企业联合劳动的特征是劳动还带有企业局部利益的因素。在社会主义社会，劳动还不是人生的第一需要，还具有谋生手段的性质，消费品的按劳分配更给人们的劳动打上了个人物质利益的烙印。社会主义劳动的个人利益的特点，表现在全民所有制企业的联合劳动的局部利益因素上。因为只有保证企业联合劳动在体现全社会利益的同时又体现一定的企业局部利益，才能有效地实现个人劳动的物质利益；也只有这样的联合劳动对于劳动者才具有吸引力，才能充分调动劳动者的积极性，才能巩固与进一步发展社会主义的劳动联合化。可见，体现与带有一定的局部利益性质的企业联合劳动，是社会主义社会劳动社会化的一个不可逾越的发展阶段。

在社会主义社会，生产资料的社会化性质以及社会主义劳动的上述性质，必然要表现在劳动者与生产资料的结合形式上，表现在社会主义全民所有制所带有的某些产品局部占有性质与因素上。因为只有这样的不完全的社会主义全民所有制，才能保证劳动者与生产资料的最有效的结合，才能实现生机勃勃的社会主义生产。可见，现阶段社会主义全民所有制的特点不是偶然的，它是由现阶段社会主义的生产力的性质与状况所决定的，首先是由生产力中的物质因素的性质所决定的，但也决定于生产力中的人的因素的性质。社会主义经济建设的实践经验表明，为了及时地采取恰当的形式来调整与完善社会主义全民所有制关系，社会主义政治经济学不能只是一般地论证生产社会化决定生产资料公有化，而应该进一步地分析什么样的生产社会化要求具有什么样特点的生产资料公有化；不但应该分析物质生产条件的性质、状况与全民所有制具体形式的内在联系，而且还要进一步分析劳动力的发展程度、性质与某种全民所有制具体形式的内在联系。特别是要从现阶段的生产力中的物的要素与人的要素的特征，来深入地阐明决定现阶段不完全的全民所有制存在的历史必然性。

既然现阶段社会主义全民所有制还带有一定的对产品的局部占有的性质，那么，社会主义国家就必须寻找一个与这种所有制关系相适应的完善的国民经济管理体制。具体地说，要使那些经济效果大的全民所有制企业中的联合劳动者除了分享与他们提供给社会的劳动总量相应的报酬之外，还要允许他们获得合理的与适当的超额收入，以作为物质鼓励。也就是说，要看到全民所有制企业对产品的局部占有因素是客观存在的，产品的企业局部占有因素体现了企业集体物质利益，而这一物质利益关系乃是社会主义经济利益的重要方面。

总之，不发达社会主义的全民所有制关系体现了：（1）生产资料的国家最高所有权与企业的部分支配权的差别与统一；（2）生产资料的全社会公共占有与产品的企业局部占有因素的差别与统一；（3）全社会共同利益与企业局部利益因素的差别与统一。归根到底，现阶段的全民所有制关系，体现了崭新的社会主义的全社会公共占有关系与陈旧的占有关系的痕迹的差别与统一。现阶段全民所有制关系中还存在某些陈旧的占有关系，是并不奇怪的。因为历史上任何一种新的所有制关系产生的初始阶段，往往还要包含着某些旧的所有制关系的因素、残余与痕迹。在生产资料全民所有制确立的初期，全社会公共占有关系还不完全、不发达，还未能彻底摆脱旧传统影响的束缚，还在一定程度上体现了某些资产阶级权利性质的占有因素，这不仅不足为奇，而且可以说是完全合乎规律的现象。

现阶段全民所有制关系还不是纯粹的生产资料与产品社会公共占有的关系，实际上还是生产资料社会公共占有与产品的企业局部占有因素的统一。基于这一点，在社会主义国民经济管理体制中，就要正确地处理这一复杂的占有关系。这就是说，一方面要保证生产资料归社会统一支配，企业收入归社会统一支配；另一方面，又要使企业在支配生产资料与分配收入上有一定的自主权，如企业能够占用与支配一定的企业盈利，用作职工的补充劳动报酬。这样，全民所有制企业职工的劳动报酬，就会因为企业经济效果的大小而有某些差别。如果一个企业的经营管理好，经济效益高，其职工的劳动报酬可以高于其他企业。不承认全民所有制企业之间在劳动报酬上的合理差别，搞平均主义，是与现阶段的全民所有制不相适应的。

在不发达的社会主义阶段，必须正确地调节国家与企业的利益关系，正确规定企业的局部利益的度和量的界限，既要允许企业实现适当的与合理的局部利益，又要坚持社会主义全民所有制的性质，保证劳动者社会主义利益的共同性。为此，必须使企业的剩余产品绝大部分归国家集中和统一支配，同时又允许企业有自留利润及有权建立和支配补充的劳动报酬基金，允许一部分企业和职工先富起来。

第二节　社会主义全民所有制企业的自主权与经济责任

社会主义全民所有制企业是社会主义经济中具有相对独立性的商品生产者，它拥有必要的经营自主权。这一相对独立的经营自主权是由全民所有制企业的性质决定的：（1）社会主义全民所有制关系中，存在着所有权与支配权及使用权的一定程度的分离，生产资料属于代表全社会的国家所有，但是作为生产基本单位的企业却对生产资料拥有部分的支配权和使用权。这种对生产资料的支配权和使用权就是通过企业的必要的生产与经营自主权表现出来的。（2）既然企业是组织生产与经营的基本单位，为了充分调动它的积极性，使企业能根据内部与外部的经济条件，最经济合理地运用生产资源（生产资料与劳动力）以发挥自己的优势，就必须保证企业有一定的生产与经营自主权。（3）企业作为具有一定的自身的局部利益的经济单位，为了实现与维护自身的合理的经济利益，也必须有自身的经营自主权。（4）企业作为相对独立的商品生产者，为了机动灵活地适应市场机制而进行生产与经营，更必须有自身的经营自主权。可见，必要的自主权是社会主义全民所有制企业在国家统一的计划管理下，自主地与有效地进行生产与经营的前提条件。

经济理论界长期流行单纯地由国家自上而下决定国民经济总体的经济活动和企业的一切经济活动的国家单一决策论。这种理论主张将企业的产供销人财物等一切经济活动统统由国家统一管理，不承认企业的自主权。这种理论是高度中央集权型的社会主义模式的产物，缺陷在于：（1）不承认企业应该有必要的经营管理自主权，违反了社会主义生产方式的性质。社会主义社会是自由的劳动者的联合体，企业是这一经济联合体的基层组织①。企业所具有的经营主体地位，正是劳动者对生产资料直接占有的必然表现，它体现了社会主义的自由劳动与资本主义的雇佣劳动及历史上一切强制性劳动的原则差别。（2）不承认企业有必要的经营管理自主权，在理论上忽视了现阶段全民所有制的性质。如上所述，现阶段的社会主义全民所有制企业还有其一定的局部经济利益，而企业的经济利益是不可能自发地和轻易地得到实现的，它必须以企业拥有自主权和善于运用其自主权作为保证。（3）不承认企业有必要的自主权，把经济活动的一切决策权（包括微观的经济活动的决策权）集中于国家，不给企业一定的决策权的理论与做法，违反了现阶段还存在商品关系的社会主义经济的性质与要求。因为在商品生产与商品交换的条件下，全民所有制企业是作为一个商品生产者来从事生产与经营的，而商品生产总是以生产者拥有一定范围的独立经营的自主权为前提。因为必要的自主权是商品生产者能够在价值规律的作用下有效地组织企业的生产与经营的必要条件。如果没有必要的自主权，全民所有制企业就不能适应市场机制而及时地、灵活地调整自己的生产与经营，就不可能从事任何真正的与有效率的商品生产。（4）不承认企业有必要的自主权的理论，违反了社会主义国民经济管理中正确处理国家、企业、个人三者关系的原则。社会主义国民经济有计划、按比例地发展是以国家严格的计划管理与企业和广大劳动者在生产中积极性的充分发挥相结合为前提的。因而实行单一的国家决策，搞无所不包的国家计划，不允许企业有必要的自主决策权，不仅不能使计划切合实际，而且会压抑企业与职工的积极性，从

---

① 列宁也称社会主义国家是"由许多生产消费公社构成的体系"。见《苏维埃政权的当前任务》，载《列宁选集》第3卷，人民出版社，1972年，第508页。

而把企业变成一切依靠国家自上而下的计划和靠外力来推动的算盘珠子，而这种情况是不符合生气勃勃的社会主义建设的要求的。

单一的国家决策论，在理论上是站不住脚的，在实践上是有害的，并业已为社会主义建设的经验教训所证明。因此，正确的计划管理方法是，把国民经济活动中国家的决策与企业的决策和个人的决策结合起来，做到"管而不死""活而不乱"。这样，也就要求在坚持国家计划管理的前提下，允许全民所有制企业有必要的以及在适当范围内的经营管理自主权。

全民所有制企业的自主权应该包括以下几个内容：

第一，生产经营权。企业在服从与完成国家指令性计划的前提下，在一定范围内拥有生产计划制订权。在实行指导性计划的范围内，企业主要是根据国家规定的价格、税收、信贷等状况来决定生产什么（品种、规格）、生产多少（数量），从而拥有更充分的生产与经营的自主权。生产经营权还包括购销自主权。购销自主权是企业实现生产与经营自主权的必要条件。它表现为企业在服从国家的有计划的物资调拨与有计划的商品购销的前提下，在一定范围内有权按照生产与经营的需要自行采购原材料、机器设备等生产资料，同时，对一定范围内的产品可以自行决定是由商业或物资部门销售还是自销。

第二，收益分配权。一定的收益分配权是企业自主权的必要内容，是社会主义全民所有制企业的产品局部占有关系的体现。企业的收益分配权表现为企业实行利润留成制，对于实行国家征税或自负盈亏的企业，向国家上缴税金后的收入归己支配，自留利润形成企业基金，由企业在服从国家政策规定的前提下，自主地用于建立生产发展基金、集体福利基金和补充劳动报酬基金。企业的分配权关系和企业职工对一部分企业劳动成果的占有，关系到全民所有制企业的局部利益的实现，关系到企业职工的收入水平与物质福利，关系到劳动者积极性的发挥，因而在企业自主权中处于核心地位。

第三，资金支配权。资金是社会主义企业用于组织生产与经营活动的货币，在社会主义经济还存在商品关系的条件下，它是社会主义生产基金运动的必要的与始发的形式。社会主义联合劳动者占用用以进行生产的一定的生产资料，表现为企业占用、支配与使用一定数量的社会资金。企业只有具有一定的资金占用权及支配权，才能真正实现企业的生产与经营自主。资金占有权表现企业有权运用归它占用的固定资产来组织生产，有权按照政策规定出让部分剩余的固定资产。企业的留成利润或收入所形成的自有资金是企业拥有充分的自主权的社会资金，它的主要部分是企业支配的生产发展资金。企业可以在国家政策规定的范围内，将它用于本企业的扩大再生产，或者用于其他老企业或新企业的扩大再生产。企业有权根据生产需要取得银行贷款，用于基本建设和流动资金。企业有了必要的资金占用权与支配权，就能使剩余产品一部分直接归企业支配，并由此形成企业积累（它表现为企业扩大再生产基金与属于集体福利基金的非生产性积累）。必要范围内的资金支配权，使企业具有一定的自行扩张能力，从而能使企业在实现内涵的扩大再生产中发挥自主性，这是加速企业的技术改造、实现技术进步的重要条件。如果缺乏必要的资金支配权，企业不仅将失去扩大再生产能力，而且连简单再生产也难以进行（如在全收全支，将折旧基金也大部分上缴国家的管理体制下那样），作为社会主义生产的基本单位的企业就会失去活力。可见，保证企业有必要的资金支配权是健全与完善企业自主权的重要内容。

第四，劳动人事权。为了完善社会主义劳动组织，使生产合理化和杜绝人浮于事，避免浪费劳动力资源，也为了使企业集体劳动具有与商品生产相适应的社会必要劳动的性质，就必须按照社会化大生产的要求科学地组织、管理与使用企业的劳动力。因此必须给企业必要范围内的支配劳动力的权力，包括按照企业本身的性质与生产计划调整职工数量、各类职工的构成，按照企业扩大生产的需要增招劳动力，等等。

企业以上的自主权是互相联系、不可分割的，它们共同构成社会主义全民所有制企业的统一的自主权的主要内容，是企业在组织生产、交换与分配的活动中更有效地发挥积极性与自主性的必要条件。如果企业不具有这些必要的自主权，它就不可能在充分发挥广大职工积极性、创造性的基础上顺利地实现企业所固有的进行社会主义生产与经营的职能，也不能卓有成效地维护社会利益和企业经济利益。在坚持国家对宏观的国民经济活动的集中管理，坚持对那些骨干性的国营企业的生产以及关系国计民生的基本产品的生产的直接计划管理的前提下，把必要的日常性的经济活动的决定权归于企业，是社会主义经营管理的重要原则。

全民所有制企业是使用社会公共的生产资料，为社会公共利益而进行生产的相对独立的基层组织，它必须对自己的经营活动承担严格的经济责任。因此，对社会负责是社会主义全民所有制企业的重要特征。

企业的经济责任是全面的经济责任。它表现在企业要为完成国家下达的生产计划和上缴利润指标承担责任，如企业对于国家交付给它长期使用的固定资金要交付占用费，对从银行取得的贷款要如期归还和偿付利息。企业还要全面履行经济合同，如对提供给其他企业的原材料、机器设备和其他产品的质量、数量、规格、交货日期等承担物质责任。作为从事商品生产与经营的企业的经济责任，最集中地表现在企业要以收抵支，依靠拨给它使用的资金最有效地组织再生产，要厉行节约，要合理地使用社会资金，并为亏损承担物质责任。正如列宁所指出："各个托拉斯和企业建立在经济核算制基础上，正是为了要他们自己负责，而且是完全负责，使自己的企业不亏本。"①

企业的经济责任是十分广泛的，它涉及企业全部经济活动（生产活动、交换活动、分配活动等），它包括众多的方面，如企业与国家之间，企业与企业之间，企业与消费者之间，企业与企业内部各单位、各职能部门之间，企业与职工之间，等等。完善的国营企业经济责任制，通过各种组织工作、政治思想教育以及责任与利益挂钩等机制，使经济责任贯彻到企业生产与经营活动的每一个环节，落实到每一个职工身上，从而真正成为一种全面的经济责任。这种全面的经济责任是全民所有制企业所实行的全面的经济核算制的重要内容。

企业的经济责任是严格的物质责任，它表现于企业既要因如期完成合同享受经济利益，也要为工作差错承担物质责任、履行罚款，不能将未完成合同而引起的国家与其他企业的经济损失推卸给国家和其他企业，由社会来负担。保证企业有充分的经济利益和必要的生产与经营的自主权以及严格的经济责任，这是不完全的社会主义全民所有制的固有要求，是使企业成为相对独立经营的商品生产者的必要条件。只有在责、权、利三者相结合的条件下，才能使全民所有制企业实现它应具有的"与统一性相联系的独立性，才会发展得更加活泼。"②

但是必须看到，全民所有制企业的独立的商品生产者的身份只是相对的。社会主义全民所有制企业不同于在所有制上彼此分离，在经

---

① 《给财政人民委员部》，见《列宁全集》第35卷，人民出版社，1959年，第549页。
② 《论十大关系》，见《毛泽东选集》第5卷，人民出版社，1977年，第273页。

济利益上彼此对立，对自身经济活动具有全权的资本主义企业。资本主义的商品生产者是以完全的独立性为特征，其经济活动完全从属于他们追求最大限度利润的欲望，因而企业的决策具有完全独立的与最高的性质。而在全民所有制的纽带下，彼此之间密切联系和互相依存的社会主义商品生产者，必须适应国民经济有计划、按比例发展规律的要求，不断地协调互相间的经济活动，按全国一盘棋的原则，实现均衡的发展。因而，在全民所有制领域内，企业的独立性是相对的，企业的经济活动决策权是部分的，企业的生产与经营的自主性是不完全的。归根到底，企业的自主权是有限制的。更具体地说，企业自主权的限制表现在国营企业的自主权不能超过企业进行日常的生产与经营所必要的经常性决策的限度，那些与社会主义国民经济总体的发展有关的经济活动，如国民经济增长的幅度、国民收入中积累与消费的分配、投资方向、价格形成、利率的决定、劳动报酬的基本水准与增长幅度，等等，这些方面的决策权（即所谓宏观决策）应该属于代表社会整体利益的国家，不能放任自流，悉由企业自主。而且还要看到，归企业的日常生产与经营的决策，也是受到限制的，特别是对于实行指令性计划的企业，自主权更必须约束在有利于贯彻国家统一的指令性计划的范围内。

基于全民所有制企业的自主权的限制性，我们在调整国家与企业的权限，扩大企业经营管理自主权时，必须使企业的自主权适合现阶段社会主义全民所有制的要求，不能不问具体条件，搞"一刀切"。因此，在健全与完善社会主义的国民经济管理体制时，必须根据具体情况，根据各类企业的特点，探索与寻找社会主义联合的商品生产者的经营独立性的合理界限，寻找与确定企业所应拥有的局部利益的大小以及企业自主权的范围与限度；在坚持国家决策为主的前提下，把国家决策与企业决策及个人决策结合起来。

第三节　社会主义全民所有制企业的经营管理形式

为了使全民所有制的具体形式进一步完善，必须从企业经营管理形式的改进着手。

一、社会主义全民所有制企业经营管理形式的改进

企业经营管理形式是生产单位组织与运用生产要素（生产资料与劳动力）来进行物质生产的形式与方法，在存在社会主义商品与货币关系的条件下，它是企业组织与运用资金来进行商品生产与经营的形式与方法。作为生产单位组织与运用生产要素的具体经济组织形式，它与体现生产者对生产资料与产品的占有关系的所有制是有区别的。例如，全民所有制企业经营管理形式可以根据一个国家不同历史时期的具体经济条件而改变，或在同一时期适应不同的企业生产的条件而采取多样形式，从而具有一定的变易性与灵活性，而所有制形式则是决定于物质生产力的性质。从而具有较长时期的稳定性。在这种情况下，企业经营管理形式的变化并不会引起所有制性质的改变。因此，我们不能将企业经营管理形式混同于所有制形式。但是也必须看到，由于企业经营管理形式涉及对生产资料的支配与使用，以及对企业劳动成果的分配与占有，因而它又是与所有制互相联系的，从而可以视为是所有制的实现。另外，由于企业经营管理形式的调整与完善，必然要涉及企业的生产关系的某些变革，因此它也就要体现某种所有制

的进一步的完善。

国有企业的经营管理形式，必须最充分地适合现阶段社会主义全民所有制的特点。也就是说，它必须坚持生产资料的全社会所有和国家的统一支配及统一使用，但又要使企业有部分的支配权和使用权；它必须坚持产品的全社会所有与国家的统一分配，但又要保持企业对产品的局部占有因素；它必须坚持社会公共利益，但又要承认企业的某些局部利益。适应于上述要求的国营企业的经营管理形式，乃是能够把权利、责任和利益结合起来的全面的经济核算制。

社会主义国家要找到一种适合本国具体条件的国有企业的全面的经济核算制，还是一个在很长时间内，通过不断总结实践经验才能逐步加以解决的艰难课题。

我国20世纪50年代以来确立的国民经济管理体制，对国有企业实行了统负盈亏的管理形式。在这种经营管理形式下，一方面国家实行大包大揽，企业的一切经济活动统统由国家集中管理；另一方面，企业的亏损由国家承担。这种经营管理形式是一定历史条件下的产物，存在着严重的弊病，如国家管得过多过死，企业既缺乏经营自主权，又缺乏自身的经济利益，自然也不为所从事的生产活动承担经济责任，因而企业缺乏生产与经营的积极性，躺在国家身上吃"大锅饭"。在这种经营管理形式下，企业管理落后、技术进步缓慢、劳动生产率低等弊病是不可避免的。正因为如此，革新与完善国有企业的经营管理形式，是使全民所有制的生产关系充分适合生产力性质，促使国有经济迅速高涨的先决条件。

我国近年来在国有企业中开始实行的经济责任制，如各种利润包干制、利润分成制和盈亏责任制（包括独立核算、国家征税、自负盈亏形式），使国有企业的经营管理形式得到很大的革新与完善，并逐步走向全面的经济核算制。

独立核算、国家征税、自负盈亏，是盈亏责任制的高级形式，是能较为充分地适应现阶段全民所有制的性质与要求的国有企业经营管理形式。其主要内容是：企业在资金管理上实行以收抵支，亏损不补；在利润分配上实行上缴税金，盈余归己。自负盈亏废止了统收统支、吃"大锅饭"的国家统负盈亏的企业管理经营形式，是真正的、全面的、严格的经济核算制，是使企业真正以不完全的商品生产者的身份自主地进行生产与经营的形式。实行自负盈亏可以说是全民所有制企业经营管理体制与方法上的一个飞跃。

自负盈亏使企业有了更充分的经济利益，企业向国家缴纳税金（包括工商税、固定资产税、所得税等）后，剩余利润全部留归企业，作为自有资金，用来建立企业生产发展基金、集体福利基金、奖励基金、后备基金。由于税金具有一定的稳定性，在税率未重新调整以前企业可以稳定地从利润增长额中取得更多的收入归自身支配。这就表明，较之利润分成制，自负盈亏使企业的收入与企业成果更直接地联系起来，成为更有效地贯彻物质利益原则的经济形式。

自负盈亏使企业有了更大的生产与经营的自主权。自负盈亏要求企业在生产与经营中更充分地发挥自主性，因此，要保证企业在服从国家计划的前提下，在某些生产范围内有必要的计划制订权；要保证企业有更充分的购销权和一定产品的定价权，允许企业在国家规定的幅度内，根据市场情况使价格上下浮动；要保证企业有充分的资金支配权，使企业能有充分的资金支配。此外，还要保证企业有更充分的劳动人事权，使企业能有效地组织企业联合劳动。自负盈亏还使企业具有更完全的经济责任。实行以收抵支和自负盈亏，要求企业对自己的生产状况和经营成果负完全的责任，要求企业不亏损并取得盈利，要求明确而严格规定企业与国家之间、企业相互之间、企业与职工个人之间所承担的各种经济责任，从而把工作的成果与经济利益紧密地联系起来。可见，实行独立核算、自负盈亏，能把更充分的"利"、更完备的"权"和更严格的"责"三者结合起来，使企业成为一个有内在的动力、有高度的积极性与自主性的经营主体，成为一个真正的法人。实行自负盈亏，不仅能较为彻底地克服吃"大锅饭"经营管理形式下的种种弊端，而且还能极大地调动国家、企业与广大职工的积极性，使全民所有制的优越性充分地发挥出来。

社会主义国家企业的自负盈亏是相对的，即与统负盈亏、由国家包干、吃"大锅饭"的管理体制相对而言，并不表明企业脱离了统一的社会主义全民所有制经济肌体。自负盈亏不是说企业的收入全部由企业自身支配而不上缴国家，也并不表明对于自负盈亏的国有企业，国家就撒手不管，听任企业自由活动；恰恰相反，企业利润要按规定上缴国家财政，企业的独立性有其限度，不能脱离国家的集中管理，企业的自主生产与经营不能脱离社会主义国民经济有计划发展的轨道。即使对于亏损企业，国家仍然要采取措施，帮助企业进行整顿，使之关停并转。可见，不能把自负盈亏当作是绝对的。对于自负盈亏企业，在扩大它在人财物产供销等方面的权利和减少国家对企业经济活动的干预时，要注意维护社会主义全民所有制，保证国家对国民经济的计划管理不受削弱。因此，要在总结实践经验的基础上，逐步摸索企业的利益和权利的合理范围与界限，寻找自负盈亏企业独立自主权的"度"与"量"，对于企业的权利不能一放无底，一扩无边，也不能放而不管。

自负盈亏是商品经济的范畴，它以生产单位用自身的资金收入抵偿资金支出为特征。自负盈亏作为一种企业经营管理形式，在不同的所有制下具有不同的性质。社会主义公有制企业的自负盈亏，根本不同于资本主义私人企业的自负盈亏，它是一种社会主义的经营管理形式，是一种最全面的与最严格的经济责任制，是为巩固和发展社会主义公有制服务的。不仅不改变社会主义全民所有制性质，而且可以更充分地适应不成熟的社会主义全民所有制的要求。这是因为，社会主义全民所有制是存在着产品的企业局部占有的不完全的全民所有制，它一方面实行独立核算，自负盈亏，通过税金形式使企业劳动成果归全民占有；另一方面又通过企业支配自有资金，将一部分劳动成果用于职工的补充劳动报酬与提高职工的福利，从而使企业对产品的局部占有因素得到实现。可以说，正是这种自负盈亏的经营管理形式，使国营企业的占有形式最恰当地适应了现阶段不成熟的社会主义全民所有制的性质。

实行自负盈亏，企业上缴税金后的利润形成自有资金，但自有资金不是真正的"自有"。不能把自有资金的性质误认为是归企业占有，因为全民所有制企业对自有资金的全权占有关系是不存在的。应该说，自有资金的所有权仍然是属于全民的。自有资金中的生产发展基金，用于企业的扩大再生产，它与流动资金一样都是全民所有的，不存在由全民所有转归企业所有的问题。唯一体现了企业对产品的局部占有关系的，只是自有资金中用于职工补充劳动报酬这一部分（还包含集体福利中直接归劳动者享受的部分）。但是这一部分不是自有资金的主要部分，而且它的数量要受到国家的管理、限制与调节。可见，自有资金不是企业所有，而是由企业自主地占用与支配的资金。因此，自负盈亏企业拥有自有资金，并不会改变企业全民所有制性质。

二、国内外有关全民所有制性质的观点

为了进一步分析与研究社会主义全民所有制的性质和特点，下面针对国内外有关全民所有制性质问题的几种有争论的观点，进行一些讨论。

（一）关于社会主义国家所有制与直接占有制相对立和排斥的问题

国内外理论界在关于社会主义所有制的讨论中，存在着一种将社会主义全民所有制的国家所有制形式，视为与社会主义的直接占有制互不相容的观点。这种观点认为，在国家所有制下，生产者与生产资料仍然处在相分离的状态，生产资料对劳动者仍然是异己的力量，并且认为在这种社会主义所有制形式下，必然要产生劳动异化和官僚主义等现象。持这种观点的人主张将社会主义公有制与国家所有制形式"脱钩"。

这里涉及国内外理论界有争论的社会主义直接占有制的问题，因此有必要进一步搞清楚什么是直接占有制。

直接的占有制，是社会主义公有制的重大特征。在本书第二章中，我们已经指出，社会主义的直接占有制有两方面的内容：（1）全社会联合劳动者在生产资料的支配和使用上有充分的自主权。（2）全社会联合劳动者在占有劳动产品上的平等地位。在不发达的社会主义阶段，全民所有制的国家所有制形式，也是具有上述两方面的内容与性质，尽管这两重性质还不是十分完全的，即社会主义占有的直接性还不是很成熟和很完全的。

下面进一步讨论这一问题。

1. 社会主义国家所有制并不是与联合劳动者在生产资料的支配和使用中发扬自主性不相容

社会主义的直接占有制，在微观上表现为组织在企业中的联合劳动者，通过一定形式直接参加企业的经营管理。在支配生产资料和进行生产活动中当家作主，从而使企业的生产活动成为经营主体的劳动者意志的直接表现。在宏观上，它表现为全社会联合劳动者通过社会主义的民主形式，直接参加国家的经济管理，在社会主义经济建设中当家作主，从而使整个国民经济活动成为全社会联合劳动者的意志的直接表现。联合劳动者在进行社会生产中，特别是在他们直接参与的企业的生产与经营中当家作主，使他们在企业的各种经济活动中表现出高度的主动性与积极性，充分地发扬主人翁的精神。这意味着直接生产者的意志、利益、愿望与要求直接体现于生产活动之中，从而实现劳动主体与生产活动的统一。这样，社会主义劳动就成为劳动者自身的要求，成为社会主义劳动者的劳动本质的表现。这种社会主义直接占有制的实现，标志着千百年来直接生产者被强制地按照剥削者的意志来从事生产的强制劳动被彻底克服。那种在历史上的强制劳动形态下，特别是在资本主义强制劳动形态下形成与遗留下来的轻视劳动、厌恶劳动、缺乏主人翁精神与责任感等心理，也将为人们彻底抛弃。这一切变化，意味着劳动的又一次深刻的解放，它必然会使广大劳动者的积极性、创造性得到充分发挥，并带来社会主义社会生产力持续而强有力地高涨。这也正是马克思主义经典作家在论述社会主义所有制的本质特征时，十分重视社会的直接占有性质的原因。

社会主义的直接占有性并不是随着全民所有制的确立，就可以自然而然地得到充分地体现。必须看到，要使这种社会主义直接占有性充分地表现出来，必须以寻找到一个适当的全民所有制的具体形式为前提。特别是由于社会主义初始阶段的全民所有制采取国家所有制形式，在那里国家以社会的名义占有生产资料和对国民经济活动实行集中管理，在这种情况下，客观上存在着加强国家的集中管理与发挥企业的自主性的矛盾，这一矛盾是现阶段全民所有制内在矛盾的一种表现。因此，要使社会主义全民所有制的直接占有性质充分地体现出来，就要求建立起一个能发挥国家、企业与职工的积极性的完善的国民经济管理体制。我们看到，在那种国家与中央管理机关过度集权的管理体制下，一方面国家管得过多过死，另一方面企业缺乏必要的自主决策权，企业的人财物产供销等方面的活动，几乎完全按照上级机关的决定与指令办事。在这种情况下，进行直接生产的劳动者不可能在生产中充分表达自己的意志和充分发挥他们搞好生产与经营的积极性、主动性和首创精神。在这种情况下，劳动者与生产资料的直接结合的性质虽然不能说是名义上的，但应该说是不完全的。

可见，社会主义的直接占有，不仅要以消灭生产资料的资本家私有制，确立生产资料的公有制为根本前提，而且要以建立一个能够有效地实现劳动者相对独立地与自主地进行生产与经营的完善的国民经济管理体制为条件。这就是说，人们在实现生产资料国有化，确立了社会主义国家所有制以后，还必须注意研究和正确划分国家与企业的权和利，要在坚持生产资料的国家所有制的前提下，给企业必要的支配权和使用权，以发挥企业在组织生产与经营中的积极作用，健全企业的民主管理，使国民经济管理体制和企业经营管理形式不断改进，使社会主义国家所有制关系不断完善，这样才能使社会主义全民所有制的直接占有性质获得日益充分的体现。如果人们只是注意生产资料国有化，而不注意经济管理体制的合理化，例如只注意发挥国家的经济职能，而不注意甚至忽视企业的职能，不注意发扬经济民主，使企业广大职工积极参加企业的民主管理和参加国家和社会事务的管理，那就谈不上劳动者真正当家做主，也就谈不上劳动者真正的直接占有。

唯物辩证法要求人们对客观事物的本质关系与矛盾，如实地加以分析，决不能主观地加以夸大与臆造。另一方面，人们也不能夸大加强社会主义国家的集中管理与发挥企业的独立自主性之间的矛盾，更不能认为社会主义国家所有制与直接占有是不相容的。因此，上述那种认为生产资料归国家所有，从而劳动者就不能与生产资料直接结合，就会产生劳动异化和官僚主义，就不是恰如其分地反映社会主义国家所有制关系内在矛盾，实在是一种错误的论断，是从一个极端走向了另一个极端。

历史唯物主义阐明了国家所有制的性质决定于国家的阶级本质。社会主义国家是代表社会主义社会全体劳动人民的利益，它领导社会全体成员有效地实现对生产资料的占有和进行社会主义经济建设。社会主义国家所有制的产生，意味着使劳动者与生产资料相分离和造成劳动异化的资本家私有制不再存在。日益民主化的社会主义国家，将克服那些妨碍劳动人民当家作主的因素，保证人民群众日益广泛地参与国家的政治、经济等方面的管理，使他们作为新社会主人的地位体现得愈加鲜明。可见，社会主义的国家所有制不仅不改变全体劳动者作为占有主体的性质和不影响他们作为社会与生产的主人的地位，而且正是实行全体联合劳动者对生产资料的占有的一种必要的形式。把社会主义国家所有制当作产生劳动异化和官僚主义的原因的观点，完全无视社会主义人民民主国家的本质及其特点，在理论上是毫无根据的。特别是那种认为国家所有制要产生剥削的观点，则更是离开了马克思列宁主义的基本原理。

社会主义国家所有制并不排斥企业对生产资料的必要的支配权和使用权，也不取消企业的组织生产与经营的职能。社会主义国家所有制中，存在着生产资料的国家所有权与支配权及使用权的一定程度的分离；国家的生产资料的所有者与最高支配者的地位是与企业作为生产资料的部分的与不完全的支配者的地位同时并存的。现阶段社会主义国家所有制下，国家代表全体社会成员行使对生产资料的占有权与最高支配权，社会主义国家对宏观经济和微观经济的集中管理的经济职能并不取消作为基层生产单位的企业的自主经营职能。恰恰相反，社会主义国家的自上而下的组织与管理国民经济的职能的有效实现，乃是立足于充分发挥千万个企业的自主性与积极性的基础之上。只要人们善于在坚持社会主义全民所有制的国家所有制形式的前提下，进一步完善国民经济管理体制，真正地贯彻民主集中制的原则，既保证国家强有力的与集中的经济组织与管理的职能，又避免国家大包大揽，管得过多过死，并且注意发挥企业在组织微观经济方面的重要作用，这样完全能够保证与发挥企业的生产与经营的自主性，从而有效地实现全民所有制的直接占有的性质。那种认为只有改变即取消全民所有制的国家所有制形式，才能实现直接占有的主张是根本不能成立的。

把国家所有制与联合劳动者的直接占有相对立的观点，往往是对企业的生产的独立性与自主性做了绝对化的理解，忽视了这种全民所有制企业的生产独立性是相对的与有限制的。毫无疑问，在社会主义经济中，企业是具有相对独立性的基层单位，而在社会主义经济还存在商品生产与商品交换的条件下，企业还是一个具有相对独立性和生产与经营自主性的商品生产者。但是社会主义的商品生产与商品交换，是在同一个最高所有者内部的基层经营单位之间进行的。因此，严格说来，这是带有某些产品性因素的不完全的商品生产与商品交换。共同的所有者，把各个相对独立的企业紧密地联系在一起，使企业的生产、交换与分配等活动，紧密地交织在一起，成为全民所有制经济的整体活动的一个部分。因此，企业的生产与经营的独立与自主，只具有相对的性质，是服从于统一性的独立性，是受整体性所规范与约束的自主性，这种自主性绝不能超越整体活动所规定的界限。因而，企业的经营管理自主权只能被限制在不影响国家的集中统一领导的范围内，企业的自主活动也不能摆脱国家的计划管理而为所欲为。企业生产的独立性和自主性是相对的，绝对的独立与自主，是与社会主义公有制经济不相容的。如果把企业的独立性与自主性强调得过了头，甚至把国家的集中管理看作是对企业自主权的侵犯，是限制了社会主义直接占有的观点，是一种夸大了全民所有制企业的独立性和自主性的错误认识；而把企业的商品生产看作是完全的，把企业的相对的独立性与自主性看成是完全的独立性与自主性的观点，则是混淆了私有制的商品生产与社会主义联合劳动者的商品生产的界限。

2. 社会主义直接占有制是全体联合劳动者平等地占有劳动产品

社会主义直接占有制的另一特点，是全体联合劳动者在占有劳动产品上的平等地位。它是社会全体劳动者的直接占有，而不是部分劳动者即集体所有和企业的直接占有。

在社会主义社会的初始阶段，将分散在各个全民所有制企业中的剩余产品集中在拥有最高权威的经济主体即国家手中，然后由国家将这一社会纯产品中的生产资料部分在各个地区、各个部门之间，进行有计划的分配，将其中的消费品的主要部分在国有企业全体职工之间，以统一的水准按劳分配，将消费品中作为社会福利基金、社会保障基金的那一部分在某些社会成员之间进行分配，这样，就能实现劳动产品的全社会的直接占有。反之，如果没有拥有最高权威的国家来对社会产品实行集中的占有和有计划的分配，如果将剩余产品的占有权与分配权归于企业，不仅难以保证生产基金在全社会范围内有计划调拨与合理使用，而且也难以保证消费品的按劳分配，这样，劳动产品的全社会占有就难以实现。如果出现了上述情况，企业即使是冠以全民所有制之名，也缺乏全民所有制之实。可见，国家所有制并不违反全社会直接占有制的要求，恰恰相反，它是实现全社会直接占有的有效保证。

基于以上论述，我们看到，社会直接占有制固有的两个方面的内容，仍然体现于国家所有制形式中，认为取消国家所有制形式才能实现社会主义直接占有的论点是不能成立的。

（二）关于社会主义公有制是否就是集体所有制问题

国内外理论界存在着关于马克思的社会主义所有制是合作社的集体占有的看法。持这种观点的同志往往把马克思在《哥达纲领批判》中关于社会主义社会是"一个集体的、以共同占有生产资料为基础的社会"①的论述作为根据，说马克思心目中的社会主义公有制就是集体所有制。其实，这是对马克思原意的误解。

社会主义社会的成熟的公有制，乃是全社会公有制，这是马克思19世纪40年代以来就一直坚持不变的观点，如马克思和恩格斯在《共产党宣言》中指出，社会主义社会在所有制上的变革是"把一切生产工具集中在国家即组织成为统治阶级的无产阶级手里"②，把"全部生

---

① 马克思：《哥达纲领批判》，见《马克思恩格斯选集》第3卷，人民出版社，1972年，第10页。

② 《共产党宣言》，见《马克思恩格斯选集》第1卷，人民出版社，1972年，第272页。

产集中在联合起来的个人的手里"①。这就明确地阐明了全社会公共占有的公有制的模式。马克思在论述社会主义社会时使用的"集体"一词，往往是指自由人组成的联合体即全·社·会·集·体。马克思在许多场合把生产资料公共占有制说成是"集体财产"。《哥达纲领批判》中的"集体的、以共同占有生产资料为基础的社会"，并不包含实行集体所有制的意思，而是意味着全体社会成员"共同占有生产资料"。因为该文接着说："生产者并不交换自己的产品；耗费在产品生产上的劳动，在这里也不表现为这些产品的**价值**。"②显然，这种生产者之间不进行商品交换，从而产品不具有价值的所有制，只能是全社会所有制而不能是集体所有制。国内外某些书刊在论述马克思的社会主义公有制是集体所有制这种观点时，还往往以马克思的《法兰西内战》一书中的有关论述为根据，认为该书论述了未来社会主义社会的所有制是集体所有制。这也是没有根据的。众所周知，1871年法国无产阶级建立巴黎公社，是世界历史上无产阶级为实现历史使命而向资本主义制度发起猛烈进攻的第一次伟大壮举。马克思总结了巴黎公社的宝贵经验，进一步发展了科学共产主义学说。马克思也根据巴黎公社在社会经济改造方面的经验教训，进一步充实与发展了他的有关社会主义所有制的思想。这些思想表述如下：

（1）社会主义制度下，生产资料乃是"自由的联合的劳动"③的物质条件，社会主义要消灭生产资料的私人所有制而代之以用联合劳动的形式来占有生产资料。（2）社会主义的经济组织即所有制结构，

---

① 《共产党宣言》，见《马克思恩格斯选集》第1卷，人民出版社，1972年，第273页。

② 马克思：《哥达纲领批判》，见《马克思恩格斯选集》第3卷，人民出版社，1972年，第10页。

③ 马克思：《〈法兰西内战〉初稿》，见《法兰西内战》，人民出版社，1964年，第143页。

表现为由各个小联合体组成的大联合体。"这种组织不但应该在每一个工厂内以工人的联合为基础，而且应该把这一切联合体结成一个大的联盟"①；而每一个联合体是自主生产或自治的经济单位"由人民自己当自己的家"②。（3）无产阶级革命后，在实现把资本家私人占有的生产资料公有化的经济改造中，有必要把合作社所有制作为走向公有制"更高形式"③的一个过渡性的阶梯。

马克思充分肯定了巴黎公社没收资本家的工厂，交给工人集体以合作社形式生产这一革命措施的重大意义。在批驳资产阶级对这一革命措施的攻击时，马克思指出："如果合作制生产不是作为一句空话或一种骗局，如果它要排除资本主义制度，如果联合起来的合作社按照总的计划组织全国生产，从而控制全国生产，制止资本主义生产下不可避免的经常的无政府状态和周期的痉挛现象，那末，请问诸位先生，这不就是共产主义，'可能的'共产主义吗？"④

有的同志认为，马克思在这里是论证了社会主义所有制要采取合作社，即集体所有制形式。这也是一种误解。要看到，马克思在这里是基于社会主义是由亿万无产者自己在埋葬资本主义制度的革命斗争中创造的历史唯物主义原理，对巴黎公社在剥夺资产者、实现劳动者经济上的解放方面的革命措施，予以肯定和高度评价，并且基于科学共产主义的理论，"正确地把握住这些事变的性质、意义及其必然后果"⑤。马克思在这里对作为革命果实的合作制，并不是把它当作

---

① 恩格斯：《〈法兰西内战〉导言》，见《法兰西内战》，人民出版社，1964年，第10页。

② 马克思：《〈法兰西内战〉初稿》，见《法兰西内战》，人民出版社，1964年，第117页。

③ 马克思：《法兰西内战》，人民出版社，1964年，第59页。

④ 马克思：《法兰西内战》，人民出版社，1964年，第59页。

⑤ 恩格斯：《〈法兰西内战〉导言》，见《法兰西内战》，人民出版社，1964年，第1页。

社会主义所有制的典型模式，而只不过是作为向完全的社会主义所有制过渡的阶梯和过渡形式，是作为对资本家所有制实行根本的经济改造的最初步骤。如马克思在论述公社的性质与意义时指出："他们知道，以自由的联合的劳动条件去代替劳动受奴役的经济条件，需要相当一段时间才能逐步完成（这是经济改造）；这里不仅需要改变分配方法，而且需要一种新的生产组织，或者勿宁说是使目前（现代工业所造成的）有组织的劳动中存在着的各种生产社会形式摆脱掉（解除掉）奴役的锁链和它们的目前的阶级性质，还需要在全国范围内和国际范围内进行协调的合作。"①这里，马克思十分明确地阐明，实现对资本家私人所有制的根本改造，不仅要改变分配关系，而且需要一种"新的生产组织"，而合作制显然还不是马克思所设想的"新的生产组织"。

马克思从来认为要实现工人阶级的经济解放，必须要在所有制方面实行根本的变革，使生产资料完全地与彻底地社会化。马克思并没有停留在合作化所有制形式上。在《法兰西内战》一书中，他还论述了工人阶级面临着通过"把环境和人都完全改变"的一系列步骤，来"达到现代社会由于本身经济发展而不可遏制地趋向着的更高形式"的任务②。合作社这种劳动人民局部范围内的公有制本身不是所有制改造上的"更高形式"，而是走向公有制的"更高形式"的一个阶梯，这是十分明白的。

马克思把合作社所有制形式作为走向社会公共占有制的一个步骤。对于这一点，恩格斯有明确的阐述。恩格斯在《〈法兰西内战〉

---

① 马克思：《〈法兰西内战〉初稿》，见《法兰西内战》，人民出版社，1964年，第143页。
② 马克思：《法兰西内战》，人民出版社，1964年，第59页。

导言》中，在论述巴黎公社关于把关闭的工厂中原有的工人联合成合作社来开工生产，并把这一切合作社结成一个大联盟的计划时说："这种组织，正如马克思在《法兰西内战》中完全正确地指出的，归根到底必然要导致共产主义。"①恩格斯后来在写给奥·倍倍尔的信中更指出："我的建议要求把合作社推行到现存的生产中去。正像巴黎公社要求工人按合作方式经营被工厂主关闭的工厂那样，应该将土地交给合作社，否则土地会按照资本主义方式去经营。这是一个巨大的差别。至于在向完全的共产主义经济过渡时，我们必须大规模地采用合作生产作为中间环节，这一点马克思和我从来没有怀疑过。"②恩格斯在这里说的"完全的共产主义经济"是指完全的社会主义。可见，把合作社所有制作为走向完全的社会所有制的过渡形式，这从来是马克思、恩格斯一贯的和不可动摇的思想，而把集体所有制当作社会主义公有制的高级形式，甚至说这是马克思的主张，则是毫无根据的。

这里，还有必要谈一下马克思主义经典作家提出的社会所有这一概念。认为社会所有就是生产资料归企业联合劳动者集体占有，这也是一种误解。因为马克思主义经典作家通常把社会主义社会的所有制称为"社会所有"，即德文的gesellschaftlichen eigentums，中文常译为"公有"。《资本论》第1卷第24章结尾的那段话道："以个人自己劳动为基础的分散的私有制转化为资本主义私有制，同事实上已经以社会生产为基础的资本主义所有制转化为公有制比较起来，自然是一个长久得多、艰苦得多、困难得多的过程。"③其中的"公有制"，按德

---

① 恩格斯：《〈法兰西内战〉导言》，见《法兰西内战》，人民出版社，1964年，第10页。

② 恩格斯：《致奥·倍倍尔（1886年1月20日—23日）》，见《马克思恩格斯全集》第36卷，人民出版社，1975年，第416页。

③ 《马克思恩格斯全集》第23卷，人民出版社，1972年，第832页。

文原文则是gesellschaftlichen eigentums，英文译为socialized property[1]，严格的译法是"社会所有制"。可见，"社会所有制"与"公有制"本来是一个词。

马克思主义经典作家关于社会所有的涵义是十分清楚的。社会所有制，也就是一切生产资料归社会全体成员占有。马克思通常使用生产资料归"联合起来的生产者"[2]所有或"自由人联合体"[3]所有一语。应该指出，这里不是指局限于企业范围内的劳动者联合体，而是指全社会范围内的劳动者组成的大联合体即社会。社会所有制的主体是组成社会主义社会的全体劳动者，而不是部分劳动者集团。因此，社会所有制是全社会所有制，不是集体所有制，这是十分明白的，不应该有任何怀疑。把社会所有制当作集体所有制，并以此来作为提倡现阶段社会主义实行以集体所有制为基础的经济制度的论据，无疑离开了马克思和恩格斯关于社会所有制的原意。

[1] 参见马克思：《资本论》德文版第1卷，柏林版，1953年，第804页；《资本论》英文版第1卷，莫斯科版，1961年，第764页。
[2] 《马克思恩格斯全集》第25卷，人民出版社，1974年，第926页。
[3] 《马克思恩格斯全集》第23卷，人民出版社，1972年，第95页。

322

第五章

社会主义制度下的集体所有制

在原来经济落后，现代化大生产尚未成为社会物质生产的独占形式的社会主义国家，社会主义公有制除了表现为全民所有制以外，还要采取集体所有制的形式。在社会主义所有制结构中，集体所有制是不可缺少的与重要的组成部分。特别是在我国这样的物质技术基础薄弱，农业人口众多的国家，集体所有制经济更是在国民经济中大量存在和占有重要的地位。为了加速我国的社会主义现代化经济建设，我们必须在坚持全民所有制经济的主导地位的前提下，使集体所有制的合作经济获得充分的发展。同时，要寻找与探索适合我国现阶段社会主义国情的集体所有制的具体形式，使之进一步完善，充分发挥它的优越性。因此，深入地研究与进一步阐明社会主义集体所有制产生的原因、性质、具体形式及其演变的规律，具有重要的理论和现实意义。

第一节　社会主义集体所有制在占有关系上的特点

社会主义集体所有制与全民所有制一样，是生产资料的社会主义公有制，不存在人对人的剥削与压迫，它的生产目的要从属于增进全体劳动者的公共利益这一最高目的，它的经济活动要服从国家的计划管理与调节。但是，集体所有制又具有不同于全民所有制的重大特征，即它的生产资料的公有化局限于企业的联合劳动者范围内，是部分劳动人民的公有制，从而与全民所有制的生产资料基本上是在全社会范围内公有化有所不同。由于集体所有制的公有化程度较低，因而它是社会主义公有化的初级形式。

集体所有制有以下一些主要特点：

一、生产资料与产品的较为完整的集体占有制

集体所有制企业的生产资料（生产工具、机器设备等）是集体范围内联合劳动者的财产，由集体自行支配、使用和出售，国家和其他单位不能实行"一平二调"。集体单位还享有对产品的支配权。这表现在集体单位的收入，除了小部分上缴给国家外，其余统统归集体支配。集体单位在出让产品给全民所有制企业或其他集体单位时，要实行等价交换。集体单位创造的剩余产品，国家与其他单位不能用各种形式无偿地占用。集体所有制单位的产品支配权还表现在企业对自身的收益实行自主的分配，由企业根据自身的状况自行决定内部积累、向外投资与集体消费等的比例。同时，集体单位的消费基金由集体单位根据自身情况，采用适当的劳动报酬形式来贯彻按劳分配，使这部分产品归企业内的联合劳动者所分享。可见，集体所有制乃是生产资

料与产品归部分劳动者集体占有、支配与使用的基本上完整的小集体
或集团占有关系。

集体所有制（这里指通过对小农和个体手工业者的社会主义改造
而产生的最初的或第一代的集体所有制经济），把生产资料归劳动者
集体所有，作为联合劳动的物质条件，是对个体私有制的否定，是所
有制关系的一次深刻的变革。但是，也要看到集体所有制所具有的公
共占有关系的局限性。在那里，只是实现了生产资料在部分劳动者范
围内的公有化，还未实现生产资料在全社会范围内的公有化。此外，
还要看到集体所有制在占有关系上还不是彻底平等的，各个集体单位
占有的生产资料在数量上有多有少，在质量上有好有差，因此也决定
了集体所有制单位占有的产品数量有差别，收益有高低，有些富裕
些，有些不那么富裕。如果说，社会主义全民所有制将实现生产资料
与产品占有上的全社会平等，那么，集体所有制就只是在集体单位内
部的联合劳动者之间实现了生产资料与产品占有上的平等，而没有实
现集体单位之间的生产资料与产品占有上的平等。在这一领域里，人
们还在事实上默认某些单位（如那些占有更有利的生产资料的单位）
对于生产资料享有某种特殊的权利，从而容许联合劳动者在生产资料
占有权上的差别与不平等。尽管这种占有权利上的差别，已经不再体
现私有制下的阶级对抗，而是体现联合劳动者富裕程度的不同，但是
它毕竟是实际上存在的生产条件分配权的差别，它表明集体经济领域
的公有化程度还不高，还存在着旧的占有关系的痕迹。

二、集体经济利益

集体所有制单位是劳动者自愿组织起来通过联合劳动以谋取经济

利益的企业。它是实行独立经营，并由组织在企业中的劳动者共同分享经济利益和承担经济责任的社会主义利益共同体。集体单位的生产资料归集体所有，企业的收益归集体支配，这种生产关系直接地体现了集体经济利益。

集体经济利益具有两个方面的特点：（1）小范围内的公共利益。集体经济利益又是一种不成熟的社会主义利益，它不同于全民利益，而是一种小范围的利益即集团利益。这种作为社会主义所有制的组成部分的集体所有制，其集体经济利益绝不仅仅是集体范围内的局部利益，而且是与全社会公共利益相一致的和互相联系的。否认集体利益与全民利益的一致和互相联系，认为集体利益只是单纯的、封闭式的小集团利益，这种观点是不对的。因为这种观点忽视了资本主义社会的合作社与社会主义制度下的集体所有制的合作经济的重大差别。不过，我们也必须看到，由于集体所有制的生产资料与产品由集体单位直接支配，它的收益归集体联合劳动者所分享，因而集体利益乃是组织在集体单位内部的联合劳动者的物质利益的直接体现。集体所有制的生产与分配关系决定了集体单位在生产与经营中获得的级差收益首先归集体范围的劳动者分享，而不是全部列入全社会的基金，由全体社会成员共同分享。因此，尽管集体利益也体现全民利益（它包括其他集体单位的利益），但是它毕竟直接地和主要是体现本集体单位的联合劳动者的利益，从而与全民所有制企业的经济利益主要是体现全社会范围内的联合劳动者的共同利益有着明显的差别。这种情况表明，集体经济利益作为公共利益范畴之一，它的社会共同性主要还是体现在集体单位的联合劳动者的集体范围内，具有一定的局限性，从而使集体经济利益成为一种初级的社会主义利益。（2）最直接的利益关系。由于集体经济实行自负盈亏，企业收入在上缴税金之后归集体占有，在扣除生产费用与其他集体基金后，全部作为劳动报酬基金，在集体成员间按劳分配。集体所有制的这一分配关系，使企业的生产状况与劳动者的收入密切地联系起来。集体单位的生产好，企业收入就大，个人分配就多，多产多收多得；反之，少产少收少得。在这里，生产与收入的关系表现得十分清楚；企业共同利益与个人利益的一致体现得最充分；生产中的个人物质利益体现得最直接，成为直接生产者看得见和摸得着的东西，这样也就能更充分地发挥社会主义物质利益关系刺激劳动的作用。集体经济利益关系的这一特点，又表明了它的优越性，使它成为在社会主义社会很长发展阶段内吸引劳动者组织起来进行社会主义生产的牢固纽带。

三、集体范围内较完全的直接的公有制

集体所有制的性质，决定了它必须采取自负盈亏的经营方式。这是因为集体生产的开支与劳动者的劳动报酬均依靠集体经济单位自身的收入而不能依靠国家财政拨款，它没有"大锅饭"可吃，也没有"铁饭碗"可端。这种情况决定了集体单位必须实行独立经营，在生产、交换和分配等活动中主要依靠自主决策。相反，如果不是由集体单位的联合劳动者直接地占有与支配生产资料，自主地决定企业的产品生产、产品销售与收入的分配等经济活动，而是由一个远离直接生产过程的国家机关或上级行政组织来包办代替，那就不能保证自负盈亏的集体所有制企业正常地和持续地进行扩大再生产。

综上所述，较完整的集体所有、集体经济利益、直接的集体占有，构成了社会主义集体所有制的主要内容和特征，与全民所有制所体现的社会公共占有、社会整体利益、直接的社会占有有明显的差

别。上述特点使集体联合劳动组织成为占有主体、利益主体与经营主体的统一，成为社会主义经济中具有较为充分的独立性的基层单位。正是由于集体所有制的上述特点，使它在生产、交换与分配中既能服从社会主义国家的计划管理与指导，兼顾国家利益与企业利益，又能充分发挥企业联合劳动者的生产与经营的积极性，并且依靠自身的力量来进行社会主义的扩大再生产，使它成为与社会主义社会生产力的中等层次相适应、具有充沛生命力的所有制形式。

集体所有制经济在性质上是社会主义的公有经济。列宁指出："在生产资料公有制的条件下，在无产阶级对资产阶级取得了阶级胜利的条件下，文明的合作社工作者的制度就是社会主义制度。""有了完全合作化的条件，我们也就在社会主义基地上站稳了。"[①]列宁的这一论述，是马克思主义的社会主义所有制思想的重要发展，是我们认识我国现阶段集体所有制的性质，以及我国所有制体系的性质的科学依据。要看到我国在实现了农业合作化和对个体手工业的社会主义改造后，农业和手工业领域的生产关系就已经发生了由私有制到公有制的飞跃，确立了社会主义经济制度。因此，一切否认集体所有制的公有制性质和社会主义性质，或者认为它是半社会主义性质的观点都是错误的。

然而与全民所有制相比较，集体所有制在生产资料公有化程度上还比较低，它的公共占有关系被限制在部分劳动者范围内，在利益关系上带有集体经济利益的特点，因而它是社会主义公有制的一种低级的、不成熟的形式。集体所有制的公有化的不成熟性决定：（1）集体单位的生产带有更完整的商品性，比全民所有制在更大程度上从属于

---

① 《论合作制》，见《列宁选集》第4卷，人民出版社，1960年，第684、687页。

价值规律的调节作用，特别是在更大程度上从属于市场机制的作用。

（2）集体单位的收入与劳动报酬在一定程度上取决于企业占有与使用的生产资料的状况，因而在不同企业之间会有较大的差别。例如，一些集体单位扩大再生产资金较为充裕，而另一些单位则较为拮据；一些单位的成员较为富裕，而另一些单位职工收入则低一些。生产的更完整的商品性和集体收入与职工分配收入的更大差别性，乃是社会主义集体所有制固有的特点。认识集体所有制的上述特点，才能为建立起集体经济的完善的经营管理形式和建立起对集体经济进行计划管理的恰当的体制，提供正确的指导思想。例如，集体所有制企业的经营管理形式，必须贯彻责、权、利相结合的原则，保证集体单位具有商品生产者与经营者的地位，充分地发挥它的自主的商品生产与交换的积极性。为此，国家对集体单位的管理方式，也必须主要地采用依靠经济杠杆和价值规律，通过利益关系的调节，来促使与推动集体单位自觉地调整它的经济活动。此外，必须真正承认集体单位之间的收入差别，在集体经济领域的劳动报酬中进一步贯彻允许一部分人先富起来的原则。总之，不能把管理全民所有制经济的体制和方法，不加区别地搬到集体经济中去，不能用不适应的行政管理方法束缚集体单位的手足，使它的经济活动失去商品性质。

必须看到，集体所有制的上述特点，不能不给社会主义国民经济的运行机制增添一些新的矛盾，如在生产与交换方面，从属于市场作用的集体单位经济活动的自发性和社会主义经济有计划、按比例地发展的要求的矛盾。此外，在消费品分配方面，即劳动报酬水平上，集体单位与全民所有制单位之间，以及集体单位之间的矛盾，也是经常存在的。因此，社会主义国家，必须大力发展全民所有制的国营经济，加强国营经济对集体经济的联系、影响与引导，充分发挥全民所有制经济的主导作用。加强国家对集体经济的计划管理，除了主要依靠间接计划的方法而外，根据需要对集体经济的某些生产活动，也可以采取下达一些具有指令性的指标的方式，来进行必要的直接的计划调节，以便把集体单位的经济活动有效地纳入有计划发展的轨道，尽可能地避免与克服集体所有制经济在生产、交换和分配中可能产生的某些消极因素，保证集体经济健康发展。如果不注意克服集体经济活动中的某些消极因素，否认作为社会主义公有制的低级形式的集体所有制与作为社会主义公有制的高级形式的全民所有制之间的差别和矛盾，对集体所有制经济采取放任自流的态度，那么，集体所有制对生产力发展的适合性就不可能被充分地发掘出来，集体所有制的优越性也不可能得到充分的发挥。

传统的社会主义经济理论，曾经流行着如下的观点：集体所有制的不成熟即公有化程度低，是集体经济的缺陷，而公有化程度越高就越优越。社会主义所有制理论中的这种越公越优越的观点，是完全错误的。根据马克思主义关于生产关系一定要适合生产力性质的原理，在业已实现公有制的前提下，评价某种公有制形式优越性的最主要的标志，在于看它是否适应生产力的发展以及适应的程度。如果某种公有制形式充分适应生产力的发展需要，即使它公有化程度低，也是具有优越性的；公有化程度很高，但超越了现实生产力的发展水平，那么它不仅不能保护与促进生产力发展，甚至会有破坏作用，也就谈不上有什么优越性。基于这一观点，对于社会主义社会那些生产力水平较低的领域来说，能够具有充分适应性从而表现出它的优越性的，理所当然地不是那些公有化水平较高的所有制形式，而是公有化水平较低的集体所有制。可见，在评价社会主义所有制的作用与意义时，不能脱离生产力的性质，不能把公有化程度较低，简单地当作是集体所有制的缺陷，基于它对物质生产力的适应性，宁可说它是集体所有制的优点。这也就是说，在认识集体所有制的性质与意义时，头脑中必须有一点辩证法。总之，阐明集体所有制的特征，搞清楚集体所有制在现阶段的优越性之所在，不仅具有理论意义，而且具有重大的现实意义。有了正确的理论作为指导，才能使我们在巩固与完善集体所有制中，避免重犯那些脱离现实需要的"拔高""升级"，把集体经济搞成有名无实，即名为集体所有，实为国家所有或半国家所有的错误做法，才能在调整生产关系中自觉地保持与维护集体经济的特色，进一步增强集体所有制经济对生产力的适应性，使其对社会主义生产发展的强大推动作用最充分地表现出来。

第二节　社会主义集体所有制存在的长期性

集体所有制存在的长期性，是一个具有重要理论意义与现实意义的问题。进一步从理论上弄清集体所有制长期存在的客观依据，才能在实践上自觉地维护集体所有制经济，抵制各种削弱与破坏集体所有制的"共产风"。众所周知，1958年以来，存在与流行着否认集体所有制将在我国长期存在的观点，如脱离各地区的具体条件，一味地宣传越大越公越优越，脱离现阶段农村物质生产力水平，提倡及早地由集体所有制向全民所有制过渡，等等。在这种及早过渡论的影响下，许多地方在对个体农民与个体手工业的合作化实现后，不顾集体所有制经济尚未巩固和壮大，就仓促地实行"并社""升级"，由小集体向大集体过渡，并且急忙提倡大集体向全民所有制过渡，甚至对稳定集体经济的正确主张进行批判，斥之为右倾保守。这种否认不发达社会主义阶段集体所有制的长期存在，宣扬和提倡及早过渡和"穷过渡"的观点是社会主义所有制理论中的"左"的表现。特别是"十年动乱"中，"四人帮"不仅大肆宣扬"穷过渡"论，而且还竭力推行这种及早过渡。彻底清除这方面"左"的思想影响还要花很大气力。因此，我们还有必要对集体所有制的长期性进一步加以论述。

集体所有制存在的长期性，是不发达社会主义阶段的物质生产力的性质所决定的。集体所有制是社会物质技术基础尚未达到社会主义现代化水平领域中的所有制形式，它以其较低的公有化程度充分地适合这些领域的较低的物质生产力水平。由于在原先经济不发达的社会主义国家，社会物质生产力发展具有不平衡与多层次的性质，在国民经济的许多领域中，例如农业、轻工业、饮食服务业等部门中还存在着以手工工具与手工劳动为基础的劳动方式。生产力的发展有其客观规律而不能听凭人意。在这些生产力水平较低的生产领域，特别是农业，由手工工具的技术基础提高到大机器生产的技术基础，实现劳动方式的现代化，绝不是一朝一夕的事，还需要一个相当长的历史时期，这也就决定了这些领域集体所有制的长期存在是一个经济的必然性，是一个不以人们的意志为转移的客观规律。对于集体所有制，也正如马克思所说："在它们所能容纳的全部生产力发挥出来以前，是决不会灭亡的；而新的更高的生产关系，在它存在的物质条件在旧社会的胎胞里成熟以前，是决不会出现的。"①对于集体所有制存在的长期性，人们必须有充分的估计和清醒的认识。

"穷过渡"论的错误，不仅在于这种理论无视不发达社会主义阶段集体所有制对生产力的适合性，而且在于它宣扬超越物质生产力

① 马克思：《〈政治经济学批判〉序言》，见《马克思恩格斯选集》第2卷，人民出版社，1972年，第83页。

水平而实现所有制的跳跃式变革，认为只要凭借人们的能动性，就可以在较低的生产力水平下实现高级的公有制形式。如人民公社实行以大队为基本核算单位，甚至过渡到县联社和全民所有制，以致认为正是由于生产力水平低下，反而能更快实现向公有化高级形式的过渡。这种理论把社会主义制度下人的主观能动性夸大为无所不能，以至于可以取代物质生产力的决定作用，这样就离开了马克思主义。事实上，在社会主义制度下，变革生产关系中的人的主观能动作用，表现为社会主义国家根据生产力与生产关系矛盾的状况，局部地或全面地调整生产关系的自觉性和及时性。在这里，生产关系变革的决定性力量，仍然是生产力，人们调整生产关系的内容、幅度与限度都不是听随人意，而是决定于生产力的性质、状况与要求。生产力发展到什么水平，生产关系就变革到什么程度。毛泽东指出："任何人不可以无根据地胡思乱想，不可以超越客观情况所许可的条件去计划自己的行动，不要勉强去做那些实在做不到的事情。"①由于在未认识到客观经济规律的要求时，人们也可能做出一些使经济形式的变革超过了生产力的发展水平的"愚蠢的对事业有害的急躁冒进"②，从而出现那种生产关系脱离生产力而超前变革的现象。这种现象绝不是表示人们的主观能动性已取消了客观经济规律的作用，这种超前了的所有制关系或早或迟要退回来，重新与生产力相适应，从而显示出生产关系一定要适合生产力性质的规律是不以人们的意志为转移的。

就集体所有制的变革来说，人们的主观能动作用表现为社会主义国家根据各个地区的物质生产力的状况与要求，采用适当的集体经济

---

① 《〈中国农村的社会主义高潮〉的序言》，见《毛泽东选集》第5卷，人民出版社，1977年，第224页。

② 《胜利冲昏头脑》，见《斯大林全集》第12卷，人民出版社，1955年，第172页。

组织形式，并且要使之稳定与不断完善，而不能任意地变革，更不能追求"一大二公"，把集体所有制的规模任意扩大，在基本核算单位上"升级""拔高"。特别是要看到全民所有制与集体所有制是同社会生产力的两种层次相适应和又有差别的，人们不能在手工工具与畜力动力的技术基础上实行由集体所有制向全民所有制过渡。

说集体所有制具有长期性，并不是意味着它是凝固不变的，恰恰相反，同任何所有制形式一样，它还要随着生产力的发展而不断完善。特别是集体所有制还是社会主义公有制的低级形式，它必然要发展和提高到公有化水平更高的形式——全社会所有制，因而集体所有制是带有过渡性的经济形式。马克思和恩格斯都是把这种公共占有还不完全的集体所有制作为向全社会所有制过渡的中间环节。马克思指出，无产阶级"将以政府的身分采取措施，直接改善农民的状况，从而把他们吸引到革命方面来；这些措施，一开始就应当促进土地私有制向集体所有制的过渡"①。本书第四章曾引证过恩格斯说的话："至于在向完全的共产主义经济过渡时，我们必须大规模地采用合作生产作为中间环节，这一点马克思和我从来没有怀疑过。"显然，马克思和恩格斯基于西欧大陆国家的具体条件，业已设想无产阶级夺取政权后，实现农业社会化还要通过私人占有、合作社占有、全社会占有等一系列步骤，他们已经把集体所有制即"合作社占有"看作是农业领域由个体所有制走向成熟的全社会所有制，即恩格斯说的"完全的共产主义"的过渡形式。可见，马克思和恩格斯是把集体所有制作为走向农业社会化的一级阶梯，而不是作为农业社会化的完成。当然，他

---

① 马克思：《巴枯宁〈国家制度和无政府状态〉一书摘要》，见《马克思恩格斯选集》第2卷，人民出版社，1972年，第635页。

们把这一过渡看得较为短暂，不曾认识和也不可能认识到集体所有制存在的长期性。但是，马克思和恩格斯阐明了通过集体占有最终走向全社会占有的规律，这是具有重要的理论意义的。对于像我国这样的原先经济落后的国家，在社会主义时期，要在城乡建立起使用大机器生产的社会主义物质技术基础还需要经历相当长的时期，因而，集体所有制在我国城乡长期存在是不可避免的。因此，认为发展集体所有制经济只是某种权宜之计的观点是错误的。但是，另一方面，也必须看到，社会主义集体所有制要提高它的公有性质和最终过渡到全社会所有制，是生产资料公有化的必然趋势和规律；否认集体所有制发展为全民所有制的历史必然性，把集体所有制凝固化，也是错误的。这种观点不仅不符合马克思和恩格斯的论述，也不符合社会主义公有制由初期的不成熟形式向成熟形式发展的辩证法。

第三节　社会主义集体所有制经济的经营管理形式

社会主义集体所有制关系要通过企业的经营管理形式来体现。集体经济的经营管理形式，必须要适应巩固与发展由物质生产力所决定的劳动方式的需要。由于各国的具体条件不一样，没有一种适合一切国家的固定不变的集体经济的模式。因此，社会主义国家必须在总结自己经济建设的经验教训的基础上，寻找与确定一种与本国的国情相适合的、最适当的集体所有制合作经济的经营管理形式。

早在1957年，寻找一种适当的形式，以进一步巩固与完善社会主义集体所有制的问题就已经提出来了。毛泽东说："我国的社会主义制度还刚刚建立，还没有完全建成，还不完全巩固。……农业生产合作社和手工业生产合作社有一部分也还是半社会主义性质的；完全社会主义化的合作社在所有制的某些个别问题上，还需要继续解决。在各经济部门中的生产和交换的相互关系，还在按照社会主义的原则逐步建立，逐步找寻比较适当的形式。"①毛泽东实际上提出了进一步完善农村社会主义集体所有制的问题。但是，由于"左"的影响与十年动乱，在很长时期内，这一重大课题未能获得解决。

党的十一届三中全会以来，由于实事求是的马克思主义的思想路线在全党重新确立，人们的思想获得了解放，集体所有制中的经营管理形式发生了很大变化。例如，在亿万农民的大胆创造与党中央的积极提倡下，我国农村多种形式的农业生产责任制，特别是联产承包责任制迅速地得到推广，带来了我国农业集体经济经营管理形式的具有重大意义的变革。一个适合我国国情的集体经济的经营管理形式已经出现在人们面前。本节只就农业中的生产责任制问题展开论述。

当前，我国农村的农业生产责任制形式多种多样，如果按承包经营内容来划分有：对土地耕种的承包，即种植业的承包；多种经营的承包，包括兼业户的承包与脱离种植业的多种经营的专业承包。如果以承包的主体性质划分有：以户为单位承包，即家庭承包责任制；以组为单位承包；以劳为单位承包。如果以承包的方法划分有：不联产的责任制（小段包工、定额计酬等形式）；联产承包，其中又有包产到户、到组、到劳和包干到户等形式。

上述多种形式的农业承包经营，组成了我国现阶段集体所有制的承包经济。这一承包经济是以联产承包为基本特征，以家庭经营为基

---

① 《关于正确处理人民内部矛盾的问题》，见《毛泽东选集》第5卷，人民出版社，1977年，第374页。

础。仅1982年，我国农村实行联产承包责任制的生产队已占生产队总数的92％，其中包产到户、包干到户已占78.7％。

以家庭承包责任制为主体的集体所有制承包经济的产生绝不是偶然的，它是我国新的历史时期农业生产蓬勃发展的产物和农村生产力进一步成熟发展的需要。这种承包经济，可以说是适应现阶段农村具体条件的具有中国特色的合作经济新形式，是自农业合作化以来农村生产关系的一次重要的局部调整，它使我国农业集体所有制的具体形式得到讲一步的完善，并更加适合农村生产力的性质。因此，这一新生事物刚刚出现，就显示出巨大的生命力。它的普遍推广更带来了我国近年来农业生产迅速发展、农民收入普遍增长、生活大大改善与农村面貌大大改观的可喜变化。

家庭承包责任制在所有制、生产、交换与分配等方面带来了哪些变化？它是集体所有制的合作经济，还是倒退到个体经济？下面就这两个问题加以探讨与回答。

一、家庭承包责任制所有制形式的特点

家庭承包责任制这一社会主义农业经营形式，以生产资料集体所有制为基础，以集体所有制关系中存在着一定范围的承包者生产资料个人所有制和农业基本生产资料的所有权与支配使用权的分离为特点，从而是一种复杂的与多层次的集体占有关系。这种所有制关系适应现阶段农村物质生产力性质所决定的劳动方式的需要。这种劳动方式乃是组织在合作经济中的联合劳动者的集体统一经营与家庭分散经营相结合、集中劳动与分散劳动相结合的社会主义农业劳动方式。

这里提到的劳动方式，是体现生产力的人的因素与物的因素，即

劳动者与生产资料相结合的形式。我们通常所说的农业生产与工业生产，工业生产中的手工业生产、工场手工业生产、机器大工业生产，以及粗放生产与集约生产，劳动密集生产与技术、知识密集生产，等等，均是指劳动方式的不同形式。劳动方式取决于生产力，首先是取决于劳动手段的性质。

由于生产是社会性的生产，因而劳动方式总是社会的劳动方式，它总是要体现一定的所有制形式，而这种所有制形式乃是维持、巩固与发展某种劳动方式所必需的。可见，生产力决定劳动方式，而劳动方式又直接制约着所有制形式。马克思说："随着新生产力的获得，人们改变自己的生产方式，随着生产方式即保证自己生活的方式的改变，人们也就会改变自己的一切社会关系。"[1]在人类历史上，原始人单薄的物质装备所决定的原始的协作劳动方式，需要有原始的氏族公社所有制形式；以手工工具为技术基础的小手工业生产方式，需要有个体私有制形式；而近代的机器大生产方式，需要有资本家私人所有制。这正如马克思所说的："手推磨产生的是封建主为首的社会，蒸汽磨产生的是工业资本家为首的社会。"[2]社会主义农业是联合劳动者所从事的社会化的农业，是摆脱了人对人的剥削与阶级压迫的自由人的"联合起来劳动的生产方式"[3]。这种实行联合劳动的社会化的生产方式，与个体农民所从事的以手工工具与个体劳动为基础的小农生产方式是根本不相同的，与发达资本主义国家个体农民以现代化的机器

---

[1] 马克思：《政治经济学的形而上学》，见《马克思恩格斯选集》第1卷，人民出版社，1972年，第108页。

[2] 马克思：《政治经济学的形而上学》，见《马克思恩格斯选集》第1卷，人民出版社，1972年，第108页。

[3] 《马克思恩格斯全集》第25卷，人民出版社，1974年，第686页。

体系为基础的现代家庭农业生产方式也是不相同的。

历史上的小农生产方式，是农业中的个体小生产，它是以生产资料个体私有制为基础。资本主义的农业生产方式（包括雇工经营的农场主和家庭农场）是农业中的大生产，它以资本家私有制或个体私有制为基础。实行联合劳动的社会主义农业生产方式，则以生产资料的公有制为基础。在社会主义农业发展的一个很长的历史时期，它将是以生产资料的集体所有制为基础。因为土地改革后的农村个体经济有如汪洋大海，只有将个体所有制改造为集体所有制，才能解除狭窄的私人占有关系对生产力的束缚，才能把私人劳动和私人经营的农业转变为社会主义的社会化的农业。

社会主义农业就其生产方式与经营方式说，并不是固定不变的，更不存在某种唯一的模式，因为农业的生产与经营方式是决定于农业物质生产力的水平和状况，具体地说，决定于生产单位拥有的劳动手段的性质与状况，农业中使用的生产技艺和方法，所加工的劳动对象的性质以及生产活动本身的性质。一般说来，手工工具产生的是家庭农业，农业机器产生的则是社会化的大农业生产，现代化的农业机器体系与技术综合体产生的将是生产者的数量与生产资料的积聚规模更大的大农业生产。此外，农业中种植业，林、牧、副、渔各业，因其对象和生产技艺有其自身的特点，也将在生产与经营方式上，显示出它们各自的特色。国内外的社会主义农业建设的经验，特别是新中国成立以来社会主义农业建设的经验表明：对于一个农业生产力水平低、社会主义农业的物质技术基础尚未强大的社会主义国家，农业中还要经历一个较小规模的生产与经营的阶段。在那里，组织在合作社中的联合劳动者的数量还不可能很多，合并起来共同经营的土地的规模还不可能很大，也就是说，这将是一种合作化的农业生产。当然，随着农业生产力的逐步提高，随着先进的、拥有强大生产能力的现代的劳动手段与现代科学被使用于农业生产之中，直接的联合劳动的范围（即合作社的规模）和生产规模将会扩大，农业的集约化程度将会提高，从而农业劳动生产率将大大提高。这种发展意味着，农业将由较小规模的生产转化为大规模生产。但是，这种发展只能逐步地进行，而不可能一蹴而就。特别是我国农村是在经济与技术十分落后的个体小生产的基础上实行农业合作化的，所以更不能操之过急。我国初生的社会主义农业，由于物质技术基础的限制，它的社会化的程度不可能很高，不可能一下子就建立起规模较大的农业合作社，不能一下子普遍地把大量的农户联合起来，把它们的生产资料合并起来，组成巨型的"农庄"和"谷物工厂"，实行大规模的农业生产。我国的具体条件与国情，决定了农业较小规模生产向大规模生产转变的长期性与逐步性，即这一转变不仅需要经历一个相当长的时期，而且需要有特殊的过渡形式。

我国当前农村生产力水平还较低，农业劳动手段主要还是手工工具和畜力动力，农业劳动主要是手工劳动；再加上经营管理水平不高，组织与指挥集体生产与经营的能力还较低，这就决定了采用大规模劳动协作的生产方式是不适合的。又由于农业加工对象是有生命的动植物，农业生产有一个自然过程，自然力的作用与动植物的生命活动的机制使农业生产偶然因素多，需要因时、因地、因作物制宜，机动与灵活地进行生产，因而主要的农活实行家庭式的分散经营，可以充分发挥小生产的机动性与灵活性以实现高产。我国人多地少，耕地每人平均只有一亩多，农村劳动力充裕，这就使劳动者与生产资料的结合可以采用家庭劳动方式，可以主要依靠家庭的劳动力来从事小规模的农业独立经营。此外，我国的家庭农业有几千年的历史，有丰富的农业生产经验与较高的技能，而这正是我国家庭农业生产方式仍然能表现出较高的劳动效率的主观因素。

可见，在当前我国农村生产力水平不高以及其他具体条件下，农业中以家庭为生产单位仍然是组织生产力要素的有效方式。在对个体农民的社会主义改造取得基本胜利与农业合作化实现以后，人们不但不能立即抛弃这种劳动方式，而且应该充分地运用它，发挥它对现阶段农业生产的积极作用。具体地说，我国的社会主义农业的生产方式，在一定的历史条件下，就不能是联合劳动者的单一的集体生产与经营，而要把联合劳动者的统一经营和一定范围内的家庭分散经营结合起来。当前我国的家庭承包责任制，就是这种包含着家庭分散经营的社会主义农业生产方式。实践证明，这种统分结合的、带有复合性的或双层的经营形式，既能充分地发挥农业联合体中的必要的统一经营的优越性，有效地利用社会劳动的生产力，又能充分地发挥劳动者个人家庭分散经营的优越性，有效地利用家庭劳动（或个人劳动）的生产力，因而它是适合我国现阶段农业生产力发展需要的生产方式。

联合劳动者的统一生产与经营，必须以生产资料的集体所有制为基础，而劳动者的家庭分散生产与经营，又必须使直接生产者有一定范围内的生产资料的个人占有制，并必须将农业的基本生产资料在一定时期内固定地交给经营者支配和使用。可见，包含着部分农民家庭占有关系的集体所有制，就是实现和维护这种社会主义农业生产方式的经济形式。

为亿万农民自己所创造，在实践中逐步完善与迅速推广的我国农村中的家庭承包责任制，在所有制关系上，体现了上述这种农业集体所有制的性质与特点。

第一，家庭承包责任制仍然是以生产资料集体所有制为基础，如农业的基本生产资料土地仍然是集体的财产（这是必须长期坚持、保持不变的）。土地集体所有权不仅是由国家的有关法令与规章加以明文确定，从而是法权上的所有制，而且，是经济上能够得到实现的所有制。土地的集体所有权表现为承包土地的农民要向集体上缴提留和按照集体的统一规划与安排从事某些必要的农田基本建设。生产资料的集体所有，还表现在作为农业命脉的水利设施、电力设施等均归集体所有。上述基本的农业生产资料的集体所有制，乃是集体范围内的统一经营的经济基础。因为正是由于土地、水利、电力等生产条件属于集体，因而才能通过"包"，使直接生产者承担社会与集体规定的责任，即使承包者按照集体的意志来进行农业生产以及产品的交换与分配，以实现统一经营。很显然，如果没有土地及其他基本生产资料的集体所有制，就不可能有社会主义的联合劳动，也就不可能有社会主义农业的生产与经营。

第二，家庭承包责任制的所有制关系中，还存在着一定范围内的生产资料的农民个人所有，如农民有用以从事日常的生产与经营所必需的各种农业生产工具、运输工具，像耕牛、拖拉机、船舶等。生产资料是进行生产与经营的物质条件，将一部分生产资料特别是劳动手段转归农民个人所有，由他们全权地支配、使用和调度，这是保证农民独立自主地进行分散的家庭生产与经营的必要条件。如果直接生产者对劳动手段没有所有权，他就不能适应农业生产中经常变化的自然条件（气候条件，作物生长状况，各种自然灾害的状况），机动灵活地进行生产，也就不能适应经济条件（如市场需求状况，运输状况等），机动灵活地进行生产与经营（如及时调整作物茬口，改变技术措施，及时出售农产品等），从而也就不能发挥家庭经营形式所具有的机动性、灵活性，以及对多变的自然条件和经济条件的适应性等优点。

第三，家庭承包责任制允许承包农民对土地拥有局部的支配权和使用权。实行农业生产责任制，虽是集体经济的经营管理形式的改变，不是所有制性质的改变，但也要引起所有权与支配权及使用权在一定程度上的分离。在家庭承包责任制的情况下，为什么土地要从原来归集体所有、由集体支配和使用变成承包家庭对它有支配权及使用权？这是因为土地是农业的基本生产资料，是种植业的最重要的生产条件，无论生产粮食或是其他作物，均要对土地实行耕作，林、牧、副、渔等业也离不开对土地的利用。而农业生产因自然条件多变，要求经常而及时地对土地采取耕、耙、锄、耘等措施。这样，承包土地的农民要有效地进行家庭生产与经营，必须以经营主体——承包者个人或家庭——对土地的一定程度的自主权为前提。如果不给他们对土地的一定的支配权和使用权，就不能充分发挥农民从事生产的积极性，生产者也就不能因时、因地、因各种客观条件的变化而机动地从事日常的农活，更谈不上在特殊情况下采取紧急措施，做到变不利条件为有利条件，实现增产增收。可见，对土地有部分的支配权和使用权，乃是保证承包农民卓有成效地从事农业生产活动的必要条件。

通过以上论述，可以看到现阶段农业集体所有制是以存在着较为复杂的所有制关系为特征的。它不仅存在着集体所有制与个体所有制这两个不同的层次，而且还存在着集体所有制内部的所有权、占有权、支配权、使用权的分离。这种复杂的情况也决定了人们不容易认清它的全貌和把握住它的本质特征。可见，人们关于包干到户性质的意见分歧，就客观原因来说，也就是由此产生的。人们提出这样的疑问：既然一部分生产资料分给农民，归他们个人所有，而某些基本生产资料又允许农民有部分的支配权和使用权，那么，难道没有引起所有制的变化？难道没有使集体所有制倒退为个体所有制？对这两个问题，既不能从所有制外表的某些变化，想当然地得出肯定或否定的答案，也不能基于某些简单的前提，由逻辑推理来得出肯定或否定的结论，而只有通过对包干到户的所有制关系的总和的分析，才能求得有说服力的科学解答。

二、家庭承包责任制在占有关系上的特征

（一）集体所有制占据主导地位，联合劳动者是占有主体

包干到户这种家庭承包责任制，农业的基本生产资料——土地、水利设施、电力设施等仍然归集体所有，而且长期坚持不变。集体占有的对象是农业生产资料中最基本和最有决定意义的部分，这也就决定了集体处在占有主体的地位，使联合劳动者集体占有成为家庭承包责任制占有关系中的决定性因素。事实上，正是由于党和国家采取了各种措施，保证这些基本的与关键性的生产资料在法权上与经济上归属于集体，由集体享有最高的支配权和按照社会主义原则来加以使用和进行承包，从而确保了家庭经营的集体所有制性质和保证了家庭经营的社会主义性质。这也正是当前在巩固与完善承包制经济中，要十分注意维护土地等基本生产资料的集体所有制的原因。

（二）承包农民对土地享有部分的支配权和使用权，但是集体的支配权和使用权仍然存在

家庭承包责任制是以生产资料所有权与支配权及使用权的部分分离为特征的。为了鼓励农民增加投资，培养地力，实行集约经营，国家曾规定土地承包期可以延长到15年以上，对于那些生产周期长的开发性的项目，如经营果树、林木，开垦荒山、荒地等，承包期可以

更长一些。但是这种情况绝不是实行分田到户和解散集体经济，因为土地承包是在不改变所有权的前提下，集体经济向承包者让渡土地的部分的支配权和使用权。尽管承包者能够长期不变地进行土地经营，但是却不能由此成为土地的私人占有者，而且承包者对土地的支配权和使用权也是有限制的和不完全的。如他们对承包的土地不能实行买卖、出租、典当、弃置或破坏，不准转作宅基地和其他非农业用地，不能像对待私有财产那样为所欲为地自由处置，等等。另外，承包者在使用土地上，还要服从集体对农业生产与农田基本建设等方面的统一安排；在农产品的分配与交换中，还要按照承包任务上缴提留和完成统购派购任务。可见，集体仍然在很大程度上掌握着对农业生产、农产品的交换与分配等方面的支配权力，从而保证承包户的生产与经营活动能体现集体的意志与利益，并使农业生产能够服从国家的计划指导与坚持社会主义方向。家庭承包责任制的统一经营，表明集体对生产资料的支配权和使用权仍然存在。

通过承包形式，把土地的支配权和使用权在一定时期内交给直接生产者，以充分调动农民的生产积极性，促使他们去改良土地和避免掠夺式的经营，这是我国合作经济中处理土地关系的一大创造。应该看到，这种土地关系的调整是以坚持土地的集体所有制为前提的。一方面承包农民由于对土地有部分的支配权和使用权，从而具有了经营主体的地位，成为一个独立的生产者与经营者；另一方面承包农民对土地的支配权和使用权，被集体所有制限制在一定的范围内，具有不完全的性质，不同于个体农民对土地有完全的、最高的支配权和使用权，这也就决定了承包农民经营主体地位和独立生产与经营的不完全性和相对性，而这些均是由作为家庭承包责任制基础的集体所有制所决定的。

（三）生产资料不完全的个人所有制

在家庭承包责任制形式下，还存在着某些生产资料归个人占有的情况。但是，这是被公有制经济所严格限制的不完全的个人占有。因为农民个人占有的生产资料仅仅是从事日常的农业生产活动与流通活动所必需的生产资料。尽管允许农民购置拖拉机、汽车等农业机器和运输工具，但是无论如何，在农业生产资料中具有决定意义的土地却总是集体的财产。另外，水利设施、电力设施等重要农业生产资料，也仍然是属于公共财产。最基本、最关键的生产资料所有权的缺乏，表明承包农民的生产资料个人占有还带有不完全的性质。这种情况也表明，实行包干到户这种家庭承包责任制，并未使集体所有制改变为个体所有制。完全的所有制体现了所有权、支配权和使用权（经营权）的统一。历史上的个体农民经济，一般乃是拥有真正的土地私有权和对土地有完全的支配权的个体经济，而家庭承包户，却只是对某些生产资料有所有权和掌握部分的生产经营权，这也就是家庭经营区别于历史上的个体农民经济之所在，就是说，尽管承包农民个人占有一部分生产资料与对土地有一定的支配权和使用权，但并没有使承包农民变为个体农民。

（四）集体所有制是在经济上得到实现的所有制

实行家庭承包责任制后，集体所有制绝不是名存实亡，而是在经济上得到实现的现实的所有制关系。它表现在承包农民除了必须向国家上缴农业税外，还必须向集体上缴公益金、公共积累和管理费。所谓"留足集体的"，即集体提留，正是集体所有制在经济上的实现。

毛泽东指出："矛盾着的两方面中，必有一方面是主要的，他方面是次要的，其主要的方面，即所谓矛盾起主导作用的方面。事物的性质，主要地是由取得支配地位的矛盾的主要方面所规定的。"[①]在家庭经营形式下，集体所有制中固然包含着某些个体所有制关系，但是它毕竟被限制在狭窄的范围内，并以某些因素、残余的形式而出现，而集体所有制乃是矛盾的主要方面，是占有的主体。集体所有制有如马克思所说的，是决定社会经济性质的"普照之光"，因此它决定了家庭承包责任制是社会主义的性质。

当然，如果从允许某些生产资料归农民个人占有，允许土地在一定程度上归农民支配和使用，从而使生产资料还不是纯粹的集体所有这一点来说，这种集体所有制带有一定的不完全和不成熟的性质。但是，在不发达的社会主义阶段，在社会物质生产力水平还较低，农业的物质技术基础还不够强大的条件下，不完全、不成熟的集体所有制关系的出现与存在，正是农业生产力的要求，是完全合乎规律的事情。

总之，实行包干到户这种家庭承包责任制形式，无疑在我国农村集体经济体制中引起了生产关系的重要调整，如承包者有了某些生产资料的占有权，有了对土地的一定程度的支配权和使用权，以及产品的分配形式也发生了变化，等等。但是这些变化都是被限制在集体所有制的范围内，它们并没有改变集体经济的性质，因而只是生产关系的局部调整。所以，这种调整绝不是集体经济向个体经济倒退，而是我国农村社会主义集体所有制的进一步完善与更适合农业生产力的性质。

三、家庭承包责任制的劳动形式

当前家庭承包责任制的农业生产方式，实行集中劳动与分散劳

---

① 《矛盾论》，见《毛泽东选集》第1卷，人民出版社，1967年，第297页。

动（家庭协作劳动与个人劳动）相结合，而以分散劳动为主的劳动方式。它一方面在一定范围内实行集中的众多生产者共同的劳动协作，另一方面又适应农业生产的特点，把农林牧副渔各业大量的日常农活，由农民自行安排，实行分散劳动，以充分发挥家庭分散劳动在农业生产中的积极作用。这是我国农业劳动方式上的一大创新。实行这种劳动方式，既有效地发挥了社会主义农业中不可缺少的简单劳动协作的优越性，又充分地选择了具有灵活性、机动性和在农业生产中十分重要的分散的家庭劳动与个人劳动的积极作用。特别是在我国现阶段农村的具体条件下，以农民家庭或个人的分散劳动为主，一方面能避免干活"大呼隆"和瞎指挥，以及动不动实行大规模集体劳动，搞"大兵团作战"所引起的人力的浪费；另一方面又赋予农业中的直接生产者以独立生产与经营的自主权，使社会主义公有制所固有的直接占有性得到充分的体现，从而使亿万集体农民可以因地制宜、因时制宜、因作物制宜地安排农活，在生产与经营中充分地运用他们的聪明才智。因而，一旦实行这样的劳动形式，就能使农活质量大大提高，劳动效率大大提高，不仅增加了生产，而且还解放出大量的剩余劳动力。正如农民所说的，"集没有少赶，戏没有少看，粮没有少打，钱没有少得"。可以说，通过这种劳动方式，我国的劳动密集型农业的经济效果才真正地开始发挥出来。

集中劳动和分散劳动，是人类改变自然对象、创造物质产品所采取的两种不同的劳动方式。这两种不同的劳动方式，都属于生产力的范畴，存在于任何社会形态之中。人们在生产中是采取集中劳动还是采取分散劳动，以及是什么规模和性质的集中劳动（如是简单的劳动协作，还是以分工为基础的劳动协作），这主要决定于生产力的状况，特别是劳动手段的性质与状况，也决定于劳动对象的性质。当然，它也要受到生产关系的制约。

由个体劳动转变为众多劳动者在一起共同进行的集中劳动，乃是近代劳动社会化的一个重要表现。众所周知，资本主义生产社会化，是以从属于同一资本的众多生产者的劳动协作，即集中劳动为特点的。随着资本的积累，生产集中而产生的现代化大生产，更是工厂中劳动协作规模的进一步扩大。

但是，如果认为生产力的提高与劳动社会化必然表现为分散劳动转变为集中劳动，由小规模集中劳动转变为大规模集中劳动，那是一种认识上的简单化。

我们要看到，个体手工业生产—工场手工业范围内的群体劳动协作—工厂范围内的群体劳动协作，这只是劳动方式进步的一个片断的形式，这一劳动集中化模式并不是人类劳动方式由低到高的全部发展过程的规律。

集中劳动并不是生产力水平高的必然标志。我们知道，在原始公社低下的物质生产力条件下，社会通行的倒是以简单协作为基础的或是自然分工为基础的集体劳动。在奴隶制与封建农奴制下，也是广泛地使用强制性的集中劳动，甚至是人类历史上罕见的最大规模的集中劳动。可以说，生产力越是低下，生产工具越是原始，生产方法（包括专业化分工）越是落后，人们为了获得更多的劳动成果越是要依靠扩大简单劳动协作的规模。相反，我们也可以看到另一种情况，即生产力的提高，劳动手段的现代化，劳动组织与生产方法的科学化，却引起生产单位中直接生产者的积聚量和集中劳动的规模的减缩；生产社会化并没有使生产单位的劳动密集程度提高与集中劳动规模扩大，倒是相反，它降低了劳动的密集程度，加强了技术密集程度，从而不仅不加强集中劳动形式，甚至还会引起分散劳动或个人劳动的形式。

如：自动化生产会减少生产单位的劳动者人数；机械化的资本主义农场，很大一部分是家庭农场；在使用现代化技术的情况下，中小工厂有增加的趋势。总之，劳动社会化并不是仅仅把分散劳动转化为集中劳动，它在某些部门与某些企业，为适应某种生产活动与某种技术条件的性质，以及特殊的生产方式的需要，也会产生家庭劳动与个人劳动的形式。但是，这不是技术落后与效率很低的小生产的分散劳动，而是以现代化技术为基础的高效率的分散劳动。

当然，生产的现代化，总是要有生产资料和劳动者的一定数量的积聚，因而劳动的集中化总是生产社会化的一个重要的表现形式。但是，劳动的集中化总是受生产力，特别是受劳动手段的制约。在生产工具还是手工工具的情况下，劳动集中化是限制在手工工场范围内，机器大生产才在工厂形式下扩大了劳动者的聚集。现代化大生产的企业更是以大规模的集中劳动为特征。可见，集中劳动的规模与劳动协作的方式，总是有其客观的物质基础，而不是听随人意。

上述劳动社会化的规律，也完全适用于社会主义的农业生产领域。这就是说，在农业生产还是以手工工具、手工劳动、畜力动力为技术基础的情况下，社会主义农业劳动方式不可能统统采取集中劳动，更不可能主要采取大规模的集中劳动，而是要采取集中劳动与分散的家庭劳动相结合的形式。当然，随着社会物质技术基础的增强和日益发展的劳动社会化，要产生使用先进农业机器体系的大规模的农业生产方式（如种植业、养殖业、畜牧业的机器大生产），从而要引起劳动的集中化，但是它不仅不会很快地消灭一切分散劳动的专业化的小生产与经营，而且还会在农业生产内部产生新的分散劳动形式，特别是像我国这样的地少人多的国家，更有利用分散劳动形式的余地。因而可以说，集中劳动与分散劳动相结合的劳动方式，将会在我国社会主义农业领域内长期存在。

基于以上论述，我们可以认识到，家庭承包责任制实行集中劳动与分散劳动相结合，正是劳动方式适应生产力性质的规律所决定的。这样的劳动方式，既发挥了集中劳动作为社会劳动的优越性，又发挥了分散劳动的灵活性，还发挥了我国家庭农业精耕细作的传统，它利用劳动密集型的生产以提高单产，充分利用了我国丰富的劳动力资源。

家庭承包责任制所实行的集中劳动与分散劳动相结合，而以分散劳动为主，意味着我国社会主义农业找到了一种合适的劳动方式。这一劳动方式将最有效地实现劳动者与生产资料的结合，保证农业生产力最迅速地向前发展。

有人认为，家庭承包责任制下的农民劳动是一种小生产的个体劳动，不是社会主义性质的劳动。

乍一看来，承包农民主要实行家庭分散劳动，似乎与个体经济中的个体劳动没有什么差别。但是，只要对家庭承包责任制的生产关系进行分析研究，我们就可以看到，集中劳动与分散劳动相结合，乃是我国现阶段的社会主义农业生产方式下的产物，是一种特殊的社会主义的劳动方式。无论是集中劳动还是分散劳动，在性质上都是社会主义的联合劳动。

联合劳动按照马克思主义经典作家的论述，具有以下三方面的特征：

第一，社会主义联合劳动是以生产资料公有制为基础。生产资料公有制使当家作主的劳动者根据生产社会化的要求，自觉地组织在自由人的联合体中（它的个别生产单位在现阶段就是国营企业或合作社企业），因而生产者的劳动，就成为自由人的联合劳动，即自愿从事的、平等的、互相合作的劳动。联合劳动的这一特征，使它根本不同于被压迫和被剥削的直接生产者的集中劳动。

第二，联合劳动是联合体的社会（或企业）有组织地进行的社会化的劳动。劳动者既然联合起来，他们的劳动就从属于社会意志，成为由社会来调节的有组织的劳动。"社会化的人，联合起来的生产者，将合理地调节他们和自然之间的物质变换，把它置于他们的共同控制之下。"①这种从属于社会意志的联合生产者所从事的有组织的劳动，使联合劳动根本不同于那种从属于私人意志的、盲目的、无政府性的小生产者的个体劳动。

第三，联合劳动是具有直接社会性的劳动。联合劳动既然是以生产资料公有制为基础，从属于社会的意志，并且由社会来有计划地组织与调节，因而它就是具有直接社会性的劳动。劳动的直接社会性，使联合劳动根本不同于小生产者所从事的离开了直接的社会联系的、孤立的私人劳动。

马克思和恩格斯所论述的社会主义联合劳动的上述特征，不仅体现在社会主义全民所有制企业中，而且在一定程度上也体现在社会主义集体所有制企业中。如农村社会主义集体所有制企业，乃是由部分劳动者联合起来组成的合作社。合作社集体农民的劳动是社会局部范围内的联合劳动，是由合作社集体来组织与调节的劳动，是集体经济范围内的直接社会性的劳动。在实行统一经营的农业集体经济中，农民主要采用集中劳动。其劳动的社会主义性质表现得十分鲜明。而在家庭承包责任制下，农民主要从事家庭分散劳动，人们就往往将承包农民的劳动看作是个体劳动。其实，这种劳动仍然是社会主义性质的劳动。一方面，家庭承包责任制并不取消一切集体的协作劳动，对一

---

① 《马克思恩格斯全集》第25卷，人民出版社，1974年，第926页。

些季节性很强的农活（如抢种抢收）、需要投入大量人力的农活（如兴修水利、农田基本建设），仍然要实行集中劳动。家庭承包责任制不是不分农活性质，不问是否农业生产所必需，不问是否能提高劳动效益，一律实行集中劳动，而只是在简单协作能够表现出它的优越性的场合，才利用这种集中劳动形式。因此，集中劳动的范围是缩小了，但是却使用得更加得当，更加有效了。特别是在家庭承包责任制下，技术性强的农活，如科学育种、植保、使用新技术等方面的劳动协作发展起来了，这表明集中劳动协作增添了新的内容和得到了新的发展。另一方面，就分散劳动来说，它在主体上和本质上也是社会主义的联合劳动。这是因为：（1）承包者均是同一集体所有制的合作社的成员，他们的生产活动是在生产资料集体所有制基础上进行的，他们要为国家和集体承担一定的责任。所以，这种分散劳动体现了社会主义公共的利益，是一种社会主义性质的劳动。（2）承包农民的分散劳动，总的来说仍然是有组织的劳动。这是由于承包者承担明确规定的提留任务及其他集体统一规定的责任，如某些生产按照统一安排进行，完成国家派购任务和履行各种商业合同，等等。这种情况意味着承包者所从事的主要农业生产活动均受到集体的控制与调节，农民所从事的家庭分散劳动基本上在集体所规定的界限内，从而仍然带有有组织的性质。当然，承包农民在按照集体的统一安排进行生产和完成上缴提留的前提下，有权独立经营，因而他们的一部分农活是不受集体调节的。这部分分散劳动，从属于市场调节和根据农民个人生活需要来加以安排，从而具有某些个体劳动的性质。但是这部分劳动的范围，是可以加以规定和调节的。集体完全可以通过承包内容的调整与责任制的完善，把它控制在局部的范围内。（3）承包农民的分散劳动仍然是具有一定的直接社会性的劳动。这是由于承包农民的分散劳动既然是生产资料集体所有制基础上的、有组织性的劳动，就已表明它具有一定的直接社会性。另外，在完善的家庭承包责任制下，集体经济组织通过各种形式将国家计划变为承包者的责任，成为他们自觉的活动目标，这样就使承包者独立自主地和分散进行的劳动被约束在承包合同规定的范围内，使这部分劳动体现国家计划的要求，从而成为具有一定直接社会性的劳动。这也正是承包户的家庭分散劳动根本不同于小生产者的私人劳动的地方。

可见，承包农民的劳动（这里是指属于承包经济范围的劳动），是具有社会主义性质的劳动；集中劳动和分散劳动相结合是社会主义联合劳动的一种具体形式，是家庭承包责任制这种有统有分的双层经营形式所要求的劳动方式。因此，把承包农民的劳动当作是私有的小生产者的个体劳动，是一种片面的看法；它忽视了对劳动的社会关系的分析，从而是一种不正确的观点。

四、家庭承包责任制的分配形式

家庭承包责任制在产品分配上采用包干分配方式，劳动产品上缴提留后（包括国家的公粮和集体的公益金、公积金与管理费）剩余归己。这种分配形式，取消了自从合作化以来在农村集体经济中长期实行的工分制的传统形式，是社会主义农村集体经济分配形式上的一大革新。

在包干分配下，承包农民成为一个占有者，他将独立经营的生产成果，上缴一部分给国家与集体后，其余的统统归自己占有。这种分配形式与历史上的小生产者的占有方式十分类似，因而人们往往很容易将它视为是个体经济的产品私人占有，而看不清它的社会主义分配的实质。

包干分配,乃是与我国现阶段农业集体所有制的性质相适应的社会主义分配的一种形式。

实行包干分配,首先要上缴提留,即"交够国家的,留足集体的",之后才进入劳动者个人分配,即"剩下都是自己的"。这正如马克思所指出的,社会主义个人消费品的分配,劳动者首先要"扣除他为社会基金而进行的劳动"[①],然后才实行消费基金的按劳分配。包干分配的分配方式,把社会扣除放在首位,劳动产品首先由社会公共占有,这就充分体现了包干分配的社会主义分配的性质。

包干分配并不削弱产品的公共占有性质,而是维护与巩固了集体单位产品的公共占有的关系。包干分配中,不仅将国家的公粮与集体的提留在数量上事先明确规定下来,而且事先将它作为承包任务落实到每一个承包者身上,把每一个直接生产者为形成社会基金而进行的社会劳动的范围与界限规定得清清楚楚。它既鼓舞了农民为社会而劳动的积极性,而且有效地保证了为社会而生产的产品的上缴。这已经在我国许多地区实行包干到户后,从公粮与集体提留任务不仅未受影响而且超额完成中表现出来。可见,家庭经营通过承包任务的形式,坚持与维护了社员与社会之间的社会主义分配,这也是使社员个人分配能够体现社会主义按劳分配的前提。

包干分配中的"剩下都是自己的",并不体现小生产者劳动产品的私人占有关系,而主要是按劳分配的一种特殊形式。马克思主义经典作家在阐明某种分配形式的性质时,从来是全面地分析消费资料的

---

① 马克思:《哥达纲领批判》,见《马克思恩格斯选集》第3卷,人民出版社,1972年,第11页。

分配关系，并且把消费资料的分配关系与生产条件的分配联系起来，也就是从考察产品分配中的人与人的关系的总和来阐明某种分配形式，而不是就分配谈论分配。《资本论》就是通过生产资料的资本家占有，通过资本对剩余价值的占有和劳动者对劳动力价值的占有，来揭示劳动者以工资收入形式参与分配的被剥削和被压榨的实质，揭露它的自由、平等的劳动力买卖的虚假外观。列宁在论述封建制下农民占有自己经营的私人经济中的产品性质时，也结合封建土地占有制，指出农民借生产资料的占有而占有自己的部分产品，不过是封建主为占有封建地租而保证农民的生活资料的一种形式。列宁说："因为土地属于耕作者的现象在实际上并非象你所设想的那样孤独地存在着，而不过是当时生产关系中的一个环节。这种生产关系就是：土地为大土地占有者即地主所瓜分；地主把这种土地分一块给农民，以便剥削他们，于是土地好象是实物工资，它为农民提供必需品，使农民能够为地主生产剩余产品；它是一块使农民为地主服劳役的土地。"[①]

根据这一分析，我们在阐明包干分配的性质时，就必须联系生产资料的所有制关系，联系家庭承包责任制下劳动产品分配中的全部关系，而不能仅仅只停留在农民对扣除提留后的劳动成果的个人占有这一形式上。

如上所述，包干分配中首先扣除上缴国家的公粮与集体的提留，这是产品的社会主义分配关系，它包括社会主义集体所有制在产品分配中的实现。上缴集体的提留，除了用于各种集体经营的生产事业的开支（包括管理费），还要用于文教事业和其他社会福利事业，这些

---

① 《什么是"人民之友"以及他们如何攻击社会民主主义者？》，见《列宁选集》第1卷，人民出版社，1960年，第54页。

都体现了集体所有制分配的性质。这是没有疑义的。家庭经营中，劳动产品扣除提留后的部分，是归承包者个人占有，但它在性质上主要是按劳分配关系。

（一）家庭承包责任制的个人分配的机制的特点

第一，集体按照单位土地的中等产量向承包者提取提留。为了进行土地承包，生产队要从本队的具体条件出发，找出与确定单位面积土地，例如1亩（丰度不同的土地则换算为平均丰度的土地），在劳动者使用平均的技术、平均的劳动熟练程度与劳动强度下，在承包期从事生产所获得的产量。这种单位土地的平均产量可以称为中等产量。这中等产量乃是集体范围内的社会劳动或平均劳动的体现；集体单位把这一产量作为联合劳动者必须完成的社会责任，即他们向社会承担的劳动义务。在承包经济中，按土地单位计算的中等产量正是计算与规定承包责任的标准。在包产到劳、包产到户的情况下，包产任务就是按中等产量来规定的。在家庭承包责任制中，尽管不再明确规定包产任务，但却对每单位承包土地规定了一定的提留数量，上缴提留与承包土地面积成正比。承包者要达到一般的分配水平，就必须按照平均的劳动耗费来进行生产，使生产达到中等水平，产量达到中等产量。可见，平均中等产量尽管是用来确定承包条件，即确定上缴提留量的，但在实际上它是对承包人的生产起着约束作用的经济范畴，能促使承包者按照社会平均劳动来进行生产。

第二，在家庭经营中，土地不论是按人口包、按劳力包，或是按"人劳比例"包，均按面积相对平均的原则进行初始的承包，使每个直接生产者或承包户在农业基本生产条件的占有上处于相对平等地位。

第三，在家庭承包责任制条件下，在一定范围内，承包者占有的土地大体相同，假定他们使用的生产工具大体相同，自然因素的作用对承包者也是相同的，在这种情况下，如果承包者拥有一个平均的劳动力（即平均的劳动熟练程度与劳动强度）和支付平均的劳动量（即他们都付出平均的社会劳动），那么，各个承包者都会得到一个中等产量。在扣除相等的提留量后，他们都得到一个形式上不列入社会储存而直接归自己占有的中等的自有产品。在这里，每一个生产者创造与贡献给社会同样数量的产品，在扣除提留后，又得到同样数量的产品。尽管生产者个人分配不是采取将劳动成果上缴社会与列入社会储存，再由社会进行按劳分配这种形式，而是采取承包者直接占有中等自有产品的形式，但是这只不过是形式方面的规定性，而按经济关系的实质来说，乃是承包农民对所提供给社会的劳动量，在扣除形成社会基金的劳动量后，又从社会领了回来。从这里也可以看见，包干分配使承包者表现为一个独立的经营主体和占有主体，他们直接占有自己的生产成果（在上缴提留的前提下）。但是这里的占有，实质是集体公有产品的分配，这种产品的直接为个人占有不过是按劳分配在承包制下的转化形式。

以上对包干分配的分析，是假定承包者拥有的客观条件（土地条件、劳动工具条件、自然条件等）与主观条件均是相同的。我们暂时舍弃承包经济中的复杂因素而考察纯粹的包干分配，来揭示这种分配关系的本质特征。但是承包经济实际状况要复杂得多，就拿承包者进行生产的主观条件，如劳动状况，生产过程中自然因素作用的状况，占有与占用的生产资料的状况，以及其他经济条件（市场条件、运输条件等）来说，是不完全一样的，因而这些因素均可能对包干分配发生影响。下面我们引入劳动者主观条件来进一步考察包干分配的性质。

实际上，每个农业劳动者的主观条件是不可能一样的，他们的农业生产经验、技术水平与劳动日数均是有差别的，因而单位土地面积上投入的个别劳动量是不等的。一种情况是承包者劳动比较熟练，劳动强度比较大和劳动日比较多，他付出了较多的劳动量，获得较多的产量，可以称为高位产量。这个高位产量等于中等产量加收入增量，在扣除提留后，他就获得一个高位自有产量，它的数量等于中等自有产量加收获增量。如将它换算为劳动，就是归个人的劳动量等于平均的归个人劳动量加超额劳动量。

另一种情况是承包者投入的劳动量不足，因此得到低于中等产量的农产品，即得到低位产量。低位产量等于中等产量减收获不足量，在扣除提留后，它就获得一个低位自有产量。低位自有产量等于中等自有产量减收获不足量。如将它换算为劳动，就是归个人的劳动量等于平均劳动量减不足劳动量。

在家庭经营中，生产好、收获多，个人占有的产品量就大，反之，生产差、收获少，个人占有的产品量就小。承包者占有的消费品因产量不同而不同，这在表面上是与个体小生产者的占有方式相类似。但是实际上在很多场合，或在很大程度上，之所以个人收入有差别乃是由于投入的劳动有差别，也就是上述两种情况。承包经济中个人占有产品的这种差别，实质上仍然是按劳分配，多劳多得。因为得到高位产量的承包农民，他得到的高位自有产量中的收获增量，来自其投入的超过一般社会平均水准的超额劳动量；而收获少，只得到低位产量的承包农民，他的自有产量之所以低于平均占有水平，在于其投入的劳动量较少。在这里，依然是按劳分配，即多劳多得、少劳少得。

可见，在上述条件下，"交够国家的，留足集体的，剩下都是自己的"，这种表现为承包者自己占有产品的包干分配形式，并不是个体农民对产品的私人占有关系，而是社会主义按劳分配在家庭承包责任制下的特殊形式。

必须看到，家庭承包责任制的包干分配，并不是纯粹的按劳分配，而是包含有某些其他属于社会主义性质的分配关系。以上对包干分配的分析，是以农民占用相同的生产资料为前提的。在这种情况下，承包农民的产量从而他们收入的差别，完全体现了投入的劳动量的差别。因而这种分配体现了多劳多得，按劳分配。但是也必须看到，由于承包经济赋予农民以经营主体的地位与职能，他们可以用自己的资金添置拖拉机、农业机具和化肥，增加对土地的投资，从而提高土地的单产，因此他们的增产中就有追加投资而带来的级差收益的因素。这样，那些投资多，增产大，从而增收的农民，他们的收入增量中也就包含了一部分由投资带来的这种级差收益。把由追加投资带来的级差收益（即级差收益Ⅱ）归生产单位占有，是集体所有制本身固有的要求，更是家庭承包制这种合作经济新形式的要求。因为只有这样，才能鼓励农民向土地投入资金，改良土壤，平整地块，修筑梯田，才能提高土地肥力和避免掠夺性经营，才能使社会主义农业扩大再生产拥有永不枯竭的土地资源。如何认识这种投资带来的级差收益归农民占有的性质，这是一个值得加以研究和探讨的新课题。我们认为，承包经济中集体农民的投资性级差收益具有下列新的特征：（1）农民的生产资金，主要来自自己的劳动收入，是由他的多余消费基金转化而来的，因而农民的自有资金，基本上是自己积累的劳动，是过去劳动在生产中的再次投入。（2）积累的劳动乃是物化劳动，它不创造价值，但它是生产力的物的要素，即以劳动手段的形式进入生产的，而劳动手段与农民的活动相结合，就成为创造使用价值，从而是提高劳动生产率的重要因素。可见，积累的劳动虽不增加价值，但是却参与使用价值的形成，在农业增产中起着积极的作用。（3）马克思指出，在使用更有效率的生产资料的情况下，劳动成为加强的劳动。他说："生产力特别高的劳动起了自乘的劳动的作用，或者说，在同样的时间内，它所创造的价值比同种社会平均劳动要多。"①在家庭承包经营中，我们也看到更先进的技术的使用往往是伴随着劳动的熟练程度与强度的提高，因而劳动的形成价值的力量也同时提高了。在承包经济中，我们可以看到投资与农民在土地上的智力性劳动的加强，伴随着农业新技术、新生产方法的使用，因此，农业生产中积累的劳动再投入生产，也意味着有一定的新的追加的活劳动投入生产。当然，追加的活劳动所引起的增产部分，不属于投资性级差收益的范畴。（4）在包干分配中，农民占有投资带来的增产收益，当然不是按劳分配（除了上述劳动得到加强而带来的增产部分），因为农民并未向社会提供追加劳动。但是由于积累的劳动参与使用价值的形成，成为农业增产的因素，因此农民占有这个增产部分，实质上乃是通过自己积累的劳动，增强活劳动的生产力的产物，它将体现这个新的劳动生产力的一个追加的提供给社会的，同时又从社会领回的一定使用价值的量。这种承包经济中特有的产品分配关系，体现的是社会主义的物质利益关系。

基于以上分析，包干分配中，农民投资带来的收入，不属于按劳分配，但是在生产资金是自己积累的劳动的情况下，投资收益归农民占有的分配形式，是仍然带有社会主义性质的。这种分配关系是家庭承包责任制条件下出现的社会主义分配的一个新层次。把这种收入分

---

① 《马克思恩格斯全集》第23卷，人民出版社，1972年，第354页。

配关系不加分析地视为是无酬地占有他人的劳动是不恰当的。①

（二）包干分配的特点

包干分配，作为社会主义按劳分配的一种特殊形式，具有以下两个特点：

第一，消费品个人占有的直接性与利益的直接性。包干分配把工分制下由集体对社员进行分配的形式，改变为承包农民对产品的直接占有，这是包干分配的一个鲜明特征。众所周知，集体经济中传统的按劳分配形式表现为社员生产的产品，均作为社会产品列入集体储存（这是经济意义上的集体储存，因为事实上并不是所有的生产物都要集中于仓库），然后由集体这个唯一的占有主体对社员按劳进行分配。在那里，经济总过程表现为集体经营—集体分配—个人享有消费品。在传统的按劳分配方式下，劳动者劳动的果实以及因付出较多劳动而带来的生产增量，均是通过集体分配这一中间环节，才能转化为归个人所有的消费品。因此，这种分配形式虽然体现了多劳多得的物质利益关系，但不是一种最直接的利益关系。而在家庭承包责任制下，劳动者不仅是一个独立经营者，而且表现为一个占有者。土地的收获物扣除提留部分后归承包者直接占有，多产多得，不再需要以集体分配为中介（这不是说不存在集体分配机制，而是不存在作为中介的集体分配机制）。在这里，经济总过程表现为承包农民独立经营——个人占有（以上缴提留为前提）。特别是超出中等产量以上的增产部分全部归个人占有，即多劳—多产—全部成为自己所得。显

---

① 为了揭示投资收益的本质关系，这里对商品价格因素引起的收入，例如承包者因占有投资增产部分而换取的货币形式的收入，未加以讨论。

然，这种产品归承包者直接占有的方式，体现了一种最直接的利益关系，它使生产活动中直接生产者的物质利益表现得更加清楚，更加看得见、摸得着。这种分配关系充分体现了社会主义的物质利益原则，它是与现阶段的集体农民的社会主义劳动性质相适应的。

第二，扣除社会基金以外的产品归劳动者按劳分配的充分性。在包干分配方式中，由于不存在消费品生产与个人占有之间的集体分配这个中间环节，因此它不仅无须再去勉强推行长期以来未能收到良好效果的评工记分形式，也无须去搞那种在劳动量测算上十分烦琐、复杂因而难以搞好的定额记分形式，而且还节约了为把农产品上缴集体与进行集体分配所花费的运输、保管、核算、分配等社会劳动，节约了集体行政管理费的开支。在目前集体经济的生产力水平还比较低，剩余产品还比较少的情况下，这是具有重要意义的。此外，消费品不经过集体分配过程而直接归个人占有，也就避免了个人占有份额被克扣、被浪费的现象，也免除了各种各样的"苛捐杂税"。这样，它就能在不减少社会基金的条件下，最大限度地扩大劳动者为自己劳动的规模，并把自己的劳动成果真正地与最充分地归劳动者占有，做到如马克思所论述的，"每一个生产者，在作了各项扣除之后，从社会方面正好领回他所给予社会的一切"[1]。正是从这一点来说，包干分配形式是大大有利于贯彻按劳分配原则的。

总之，消费品个人占有的直接性与利益的直接性和扣除社会基金以外的产品归劳动者按劳分配的充分性，正是包干分配形式不同于传统的工分制分配形式的特点，也是这种分配对现阶段农村集体经济具

---

[1] 马克思：《哥达纲领批判》，见《马克思恩格斯选集》第3卷，人民出版社，1972年，第10~11页。

有很大的适应性与优越性的原因所在。正是由于这些特点，才使得包干分配一旦实行，就能克服多年来工分制形式下一直存在和经过各种努力仍未解决的吃"大锅饭"与平均主义的现象。进一步贯彻按劳分配，使广大农民得到更大的实惠，成为促使其进一步发展农业生产和完善承包责任制经济的主要动力。

五、家庭经营基础上的农业扩大再生产与农业生产专业化

（一）家庭经营基础上的农业扩大再生产形式

以家庭经营为基础的合作经济在农村的普遍确立，带来了我国农业生产力的解放，推动了农、林、牧、副、渔各业的连年持续增长。这种情况表明，家庭联产承包制是我国社会主义农业扩大再生产获得更顺利发展的条件。

以家庭经营为基础的社会主义合作经济的扩大再生产，有以下两种形式：

一是粗放型。这是依靠增加农业基本生产资料——土地和增加劳动量来实现农业生产规模的扩大。我国地少人多，每人平均占有土地面积较少，家庭经营占有的土地规模具有很大限制，因此，我国农业必须采取集约经营而主要不是扩大家庭经营占有的耕地规模。但是，也必须看到，我国家庭农田规模还是小了一些，这对现代劳动手段与科学的生产方法的使用，会造成某些限制。为了有利于农业扩大再生产，适当地扩大农户的耕地规模，还是有必要的。为此，要允许和鼓励土地逐步向种田能手集中，也就是说，要允许农民转让承包，农民在承包期因无力耕种或经营他业而要求不包或少包土地的，可以将土地交给集体统一安排。此外，还可以适当扩大自留山，还要允许

和鼓励从事开发性经营的承包户承包较多的荒山等。采取这些措施，就为种植业、养殖业和林、牧各业的扩大再生产提供了必要的土地条件。另外，在家庭经营现有的物质技术基础上，扩大经营规模必须相应地要有追加劳动力的投入，为了适应这种家庭经营规模的扩大，还要允许农户按照政策规定雇请帮手，带徒弟。对于那些雇请工人超过规定人数从事开发性经营的承包户，在他们实行了一些有别于私人企业的制度时（例如税后利润中留有一定比例的积累作为公共财产；规定股金分红和业主收入限额；从利润中给工人以一定比例的劳动返还等），可以不按资本主义雇工经营看待。这个措施也就为家庭经营规模的扩大，准备和提供了必要的劳动力的条件。当然，这种扩大再生产只能逐步地进行，特别是要以农村家庭工业和小集镇的发展和农业劳动力逐步地向非农业部门的转移为重要前提。可以认为，经过一定的发展阶段后，我国家庭经营的土地将有适度的集中，而许多未垦殖的土地（包括荒山、河滩、海涂、水域、草原等）也将得到开发和利用；我国农村将出现具有适度规模的承包农户，他们能有效地使用一定的现代劳动手段，采用适用的技术和某些先进技术，进行集约经营。这样，我国农业的劳动生产率将大幅度地提高，农业生产包括农、林、牧、副、渔各业在祖国广袤的国土上的发展，将得到加强。

二是集约型。这是依靠劳动生产率的提高而实现农业生产规模的扩大。如上所述，对于像我国这样的地少人多的国家，农业扩大再生产，主要不是依靠扩大家庭经营的规模，而是依靠新技术，使用新农艺和实行科学管理。即采用集约型的农业经营。在这方面，家庭经营还有很大的潜力，如实行分工分业，采用专业化生产，改变"小而全"，就可以大大地增产，使用小型的、适当的现代农业机具，以代替手工工具和实行科学种田，就可以使劳动生产率倍增，特别是现代科学技术（包括农业科学、生物技术、微电子技术等）的应用与我国传统农艺的发掘，将为家庭农业经营开拓十分广阔的前景。由于我国的国情决定了农业的发展不能片面地追求扩大经营规模，不能模仿西方去普遍地建大型的农场，因而在较长时期内，应该以家庭经营为基础，依靠追加投资提高土地肥力，改进农业生产条件，逐步提高技术密集程度。特别是依靠我国亿万农民的生产与经营的积极性，依靠他们投入的劳动质量，依靠智力投入和科学的力量，来实现农业的持续增产和高产。以家庭经营为基础的集约经营需成为我国农业扩大再生产的主要形式。为此需要采取下列的措施：（1）鼓励农民投资改良土地（通过延长土地承包期，对土地投资实行合理补偿，对因掠夺性经营而降低土地肥力的实行合理赔偿等方法）；（2）允许技术、资金、劳力的自由流动，保护投资者的合法权益，鼓励资金集中起来投入农业生产；（3）动员和组织各方面力量搞好多种形式的服务，以促进科学知识的普及和现代科学技术的使用。我们要把以家庭经营为基础的集约经营作为主要的着眼点，要创造各种条件，充分调动亿万农民的积极性，发掘农村的各种经济潜力，促使农业生产力的各种要素（劳动力、土地、农业机具、科学技术、管理方法）尽快地提高、充实并有效地应用于家庭经营之中，促使农业生产在家庭承包的基础上，向着生产的深度进军。

总之，家庭承包责任制开拓了我国农业扩大再生产的广阔道路，只要我们把以家庭经营为基础的农业的粗放经营和集约经营两种形式的扩大再生产很好地结合起来，并以集约型经营为主，承包农民的生产规模就能逐步地扩大，农业的经济效益就能得到提高。

（二）家庭承包责任制基础上的农业生产专业化

实行家庭联产承包责任制和农村商品生产的发展，促进了农村的分工分业，即农业生产的专业化和社会化，这一发展趋势，首先表现为专业户的产生。专业户分为承包专业户和自营专业户。前者是农民向集体进行专业承包，如承包土地种植、牲畜饲养、果园、山林、鱼塘、花木等；后者是农民运用家庭劳动力和家庭自有生产资源（包括自留地），自行从事某一项或几项农业生产，把它们作为自己生产与经营的重点。农业生产专业化的进一步发展，表现为专业户的增长和专业户的地区集中，从而出现专业村、专业镇、专业市场等。在80年代中期，专业户约占全国农户的10％，在城市郊区，专业户占总农户的比重更高一些。如成都地区专业户1982年为162346户，1983年为247596户，增加了52.5％，占总农户的16.4％。

专业户是实行联产承包后，出现在我国农村经济中的新生事物，它的产生和兴起标志着我国农业发展的一个新阶段来临。专业户具有下述的特点：（1）专业户是一种商品率高的专业的商品生产单位。从全国来看，专业户的商品率一般在70％左右，较之自给、半自给生产，它是一种进步的经济形式。（2）专业户带头勤劳致富。他们依靠自己的"勤"（投入的劳动量）和"巧"（劳动技能），实现高产，提高了收入，首先富裕起来，带动广大农民走共同富裕的道路。（3）专业户带头钻研科学技术和现代生产方法与经营管理方法，带头将科学这一生产力要素应用于农业生产之中，成为科学技术的传播者和推广者。（4）专业户带头革新生产的物质技术条件和使用现代的劳动手段，促进农业生产技术改造的发展。可见，专业户乃是我国农村商品生产发展的带头人，是当前农村新生产力的代表。

一般说来，专业户还处在初生阶段，从事的还是一种小规模的商品生产。一方面，他们在经营方式上还带有传统的农民家庭生产的特点，大多数专业户尚未摆脱"小而全"的半自给经济的特征，从事非种植业的专业户目前多数还兼营土地种植，还不是严格的或完全的专业户，还处在由"小而全"向"小而专"，向较为完全的商品生产转变之中。另一方面，仍然是使用传统的手工工具和进行手工劳动，使用现代化劳动手段与先进技术还是很有限的，因此还是属于传统的农业生产方式。以上两方面决定了专业户还是一种家庭小规模商品生产与经营，不仅是生产规模较小，而且商品率也不高。为了推动农业生产更迅速地发展，促进农村由自给、半自给经济向较大规模商品生产转化，对专业户要肯定、保护和支持，要采取各种必要的和有效的措施，如首先要鼓励和促进土地向专业户集中，要鼓励与保护专业户向土地投资，保护专业户的合法权益，以及按照政策规定正确处理专业户的雇工问题，等等。总之，要从有利于农村生产力发展这一基本点出发，保护和支持专业户这一新生事物，使它更加完善，更加发展；要充分发挥专业户的示范作用，带动千家万户发展商品生产和加速农民的共同富裕。

当前，我国农村还处在分工与农业生产专业化的初级阶段，从事非种植业的承包专业户多数尚未与土地承包相分离，从而还带有兼业的性质。在今后种植业的劳动生产率进一步提高，剩余农产品数量进一步增大，从而有可能供应更多的非种植业的人口，以及农村各种专业生产有稳定市场的情况下，农业生产专业化将迈出它的第二步，即农村的一部分专业生产者将放弃土地耕作的承包，成为从事某一种或某几种生产活动的较完全的专业户。另一方面，专业从事土地耕作的承包者也将出现，意味着农业生产专业化的进一步发展。这种更完全的专业户，在所经营的土地上投下的资金，使用的机械化劳动手段与先进技术将逐步增大。尽管在很长时期内，合作社仍将实行以分散劳动为主的劳动方式，从而继续保持劳动密集的特征，但是也将逐步向资金密集与技术密集发展。我国农业生产将逐步摆脱缺乏分工的"小而全"的状况，走上分工细、专业化强、劳动效率与商品率高的现代家庭集约农业的轨道。

六、家庭承包责任制基础上的联合化

我国以家庭承包责任制为主要形式的农村集体所有制承包经济的形式，对我国农业生产力有很大的适应性。因为，以家庭生产为主的劳动方式对于生产力的性质有很大的弹性，如我们看到现代化的农业生产也可以采用家庭农场的经营方式与劳动方式。因此，可以设想，我国不仅在当前的手工工具与手工劳动的技术基础上要采用这种责任制形式，而且在将来农业中采用大量的机械化生产后，也未必就一定要排斥这种责任制形式。所以，对家庭承包责任制形式必须长期稳定，而不能轻易地进行变动。

但是也必须看到，我国初生的承包经济的具体形式也有不完善之处，需要不断地加以完善，并且随着农村生产力发展达到更高水平，将产生家庭承包责任制基础上的联合化，如农业生产局部环节的联合、产前与产后某些环节的联合将会陆续地出现。但是，这些新联合体具有下列特点：（1）它是适应家庭经营进一步地从事某种专业生产的需要而产生的新的经济联合体，如搞好家庭的专业化生产，需要有产前、产后与产中某些环节的社会化服务，因而必须要有这些方面的联合化。这种生产与经营在局部环节上实行联合，是适合农业生产力发展成熟的需要的，它和"一大二公"的合作社有根本的不同。（2）实行联合的内容和形式是基于农民的自愿，因而这种合作经济与那些由长官意志决定的，带有强迫性的合作社有根本的不同，它是农民真正自愿结合的合作经济。（3）这种新经济联合体不是又重新回到原先的"集中劳动、集中经营"的传统合作社模式，它将是有统有分，并且还要继续发挥家庭经营的积极作用。新联合体的以上特点，特别是它所采取的统分结合的新形式，表明它是家庭承包责任制的完善和发展，是农村合作经济的巩固和提高。这种集体所有制的合作经济在家庭经营中逐步完善，完全符合生产关系一定要适合生产力性质规律的要求。但是必须指出，农村的各种新经济联合体的出现，是以物质生产力的成熟发展为前提，因而人们切不可在条件尚未成熟以前，揠苗助长似的去加速这一过程。

还要看到，在上述农村集体所有制的发展完善中，不仅仅有集体经济组织形式的调整，有集体所有制的合作经济的分化与重建，而且还会出现新的个体经济，如在农业生产专业化、社会化的发展中，专业户放弃土地耕作承包和其他的承包，而以个体专业户身份在农村或在小集镇从事独立经营，就意味着新的个体经济的产生。当然，一些个体所有制性质的专业户将会重新联合。但是某一些分散的、需求多变以及需要特殊技巧的项目，则不一定要联合，它将长期以个体经营的形式存在，并对社会主义公有制经济起补充作用。

从以上所述集体所有制家庭承包责任制的发展中可以看出，由于实行多种形式的责任制，不搞一刀切，因而我国社会主义集体所有制的农业合作经济存在着多种经营形式，它实质上是一种成熟程度不等的、多层次的集体所有制。正是这种集体经济多层次的内在结构，使集体所有制关系最充分地适合我国农业多层次的生产力的状况。这也正是保证我国社会主义农业生产迅速发展的经济前提。

第六章

社会主义制度下的个体所有制

　　社会主义的实践表明，社会主义社会所有制结构中还存在着个体所有制，它是社会主义社会所有制体系中的附属成分，但又是具有稳定性和持久性的因素。特别是对于像我国这样经济不发达的国家，在社会主义初始阶段的所有制结构中，占据绝对优势的社会主义公有制与一定范围内的个体所有制同时并存，是保证社会主义社会的生产力获得迅速发展的重要条件。

第一节　个体所有制存在的必然性及其作用

　　社会主义制度下的个体所有制有两种，一是消费资料个体所有制，[①]二是生产资料个体所有制。而这里所要研究的个体所有制乃是生

---

① 参阅：《什么是"人民之友"以及他们如何攻击社会民主主义者？》，见《列宁选集》第1卷，人民出版社，1960年，第37页。

产资料的个体所有制，在农村是集体农民的自留地经济、家庭副业及其他个体经济；在城市是在手工业、商业、服务业及其他行业中的个体经济。

个体所有制经济或个体经济，是以生产资料个人所有和个人劳动为基础的生产与经营。恩格斯说："个体生产者通常都用自己所有的、往往是自己生产的原料，用自己的劳动资料，用自己或家属的手工劳动来制造产品。"①手工工具与手工劳动是个体所有制存在的物质技术基础。简单的手工工具是一种个人所能有效地使用与操纵的劳动手段。与手工工具相伴的，天然地是个人劳动。使用简单的手工工具的个人劳动方式，要求有个体所有制这种劳动者与生产资料相结合的社会形式。可见，个体所有制这种占有形式，归根到底决定于生产力的性质。只要劳动工具还未发展为只有集体的协同劳动才能加以运用的社会化的劳动手段，只要这种劳动工具还是劳动者及其家庭的劳动所能有效地加以利用，就会有个体劳动方式的存在，因而也就会有个体所有制的存在。这也正是个体所有制一直存在于原始公社瓦解以后的各个社会形态中的原因。

个体所有制经济不是一个独立的生产方式，它必须依附于各个社会形态中占支配地位的生产方式，并为这一社会生产方式服务。个体小生产在原始公社解体时期就已经存在，萌芽时期的公社成员的家庭私人园圃所有制就是依附于占主导地位的土地公有制，作为公有制经济的补充。个体所有制经济，在奴隶制社会和封建社会，以小农和小手工业和小商业的形式在城乡取得广泛的发展，并为奴隶制生产方式和封建制生产方式服务。以机器大工业为基础的资本主义生产方式摧

---

① 恩格斯：《反杜林论》，见《马克思恩格斯选集》第3卷，人民出版社，1972年，第310页。

毁了农民与手工业者的个体所有制，占领了他们原先的经济阵地。但是，资本主义生产方式并不是完全排斥一切个体生产与经营，而是改造旧的个体所有制经济形式，使它为资本主义生产方式服务。正如马克思说："小农经济和独立的手工业生产，一部分构成封建生产方式的基础，一部分在封建生产方式瓦解以后又和资本主义生产并存。"[①] 如当前国民经济为少数大垄断组织所操纵的发达的资本主义国家，在某些适于个体生产与个体经营的领域如小手工艺、商业零售、生活服务、农业生产等领域内仍然广泛地存在着个体所有制。在美国，80% 左右的农场是个体农户。在法国、瑞士、丹麦、德国等国家，个体农户在农场中占有重要地位。而且这种个体所有制也日益取得新的内容，如在这些发达的资本主义国家，个体经济已经不完全是以手工工具与手工劳动为基础，而是采用了不同程度的机械化与自动化，越来越以现代化的技术为基础。在某些领域个体生产也不再是规模狭窄、劳动生产率低下的小生产，而是具有一定生产规模和具有相当效率的中型或大型的生产，如现代农业领域中的家庭农户生产就与中世纪农业中使用落后的手工工具与畜力动力的个体农民生产不同，使用了现代化的农业机械和其他先进技术，并且自20世纪60年代以来，出现了单个农业劳动力平均占有的不变资本超过工业劳动力的趋势。据有关资料介绍，瑞士的普通农户经营30多公顷土地，有两台拖拉机、两台收割机、两台割草机、一辆小汽车、一辆吉普车、两辆摩托车、八台电动机，等等。这种使用大量农业机械和耕作较大面积土地的新个体农户，正如人们所说的，它已经不是"个体小农"，而是"个体大农"；它是依附于资本主义生产方式，带有资本主义性质的个体所有

---

① 《马克思恩格斯全集》第23卷，人民出版社，1972年，第371页。

制经济。总之，个体所有制作为劳动者与生产资料相结合的一种经济形式，它是很有生命力的，它能够为各个不同的生产方式服务。

社会主义是以生产资料公有制为本质特征，它不仅要消灭资本家私有制，而且要消灭生产资料的个体所有制及其残余，实现全部生产资料的归社会公共占有。《共产党宣言》中说："共产党人可以用一句话把自己的理论概括起来：消灭私有制。"①这里不仅指资本家私有制，而且也包括个体私有制。恩格斯说："社会主义的利益决不在于维护个人占有，而是在于排除它。"②很显然，马克思主义经典作家论述的成熟的和完全的社会主义是不存在生产资料的个体所有制的。但是，要消灭个体所有制经济，必须要有生产力的高度发展，要把手工工具的物质技术基础提高到大机器生产的技术基础，要以个体劳动完全为社会化的联合劳动所取代为前提。马克思与恩格斯一再指出，私有制的被消灭，"需要有一定的社会物质基础或一系列物质生存条件"③，需要"以生产力的巨大增长和高度发展为前提"④。并强调说："只有在废除私有制所必需大量生产资料创造出来之后才能废除私有制。"⑤"生产力的这种发展……之所以是绝对必需的实际前提，还因为如果没有这种发展，那就只会有**贫穷**的普遍化；而在**极端贫困**的情况下，就必须重新开始争取必需品的斗争，也就是说，全部陈腐

① 马克思、恩格斯：《共产党宣言》，见《马克思恩格斯选集》第1卷，人民出版社，1972年，第265页。
② 恩格斯：《法德农民问题》，见《马克思恩格斯选集》第4卷，人民出版社，1972年，第302页。
③ 《马克思恩格斯全集》第23卷，人民出版社，1972年，第97页。
④ 马克思、恩格斯：《费尔巴哈》，见《马克思恩格斯选集》第1卷，人民出版社，1972年，第39页。
⑤ 恩格斯：《共产主义原理》，见《马克思恩格斯选集》第1卷，人民出版社，1972年，第219页。

的东西又要死灰复燃。"①马克思主义经典作家的这些论述，不仅指资本家私人占有关系的被消灭，而且包括个体私有制关系的被消灭。而在不发达的社会主义阶段，社会的物质技术基础还难以发展壮大到足以取代个体经济的地步，因而作为所有制的一种特殊历史形式的个体所有制就不可能很快退出历史舞台。

在不发达的社会主义国家，现代化的机器大生产尚未使用于国民经济的一切领域，社会生产力表现出十分鲜明的多层次性，因而在所有制结构上也就会具有全民所有制、集体所有制和个体所有制等多种形式。以我国现阶段的所有制来说，由于在我国国民经济中存在着以现代化的机器大生产为物质技术基础的工业单位、农业单位和交通运输单位（其中一部分是在旧中国的官僚资本和帝国主义企业以及民族资本企业的基础上发展起来的），社会主义的全民所有制就是适应这种社会化的机器大生产所代表的现代生产力而建立起来的。在旧中国，城乡存在着汪洋大海般的个体农民经济与个体手工业经济。这种私有经济是以手工工具与手工劳动为基础。它们一旦组织起来，形成生产资料的联合和实行联合劳动，就能够从初步社会化的生产资料与社会化的劳动中形成一种新的生产力，社会主义的集体所有制就是适应这种联合的手工工具与联合劳动所代表的中间层次的生产力而建立起来的。在我国，除了占绝对主导地位的社会主义联合劳动以外，在某些经济领域内还存在着以手工工具与个体劳动为基础的小生产与小经营。个体所有制则是与这种低层次的生产力相适应的，是社会主义制度下的小生产的一种所有制形式。

---

① 马克思、恩格斯：《费尔巴哈》，见《马克思恩格斯选集》第1卷，人民出版社，1972年，第30页。

　　必须看到，个体所有制是实现把分散的、零星的、简单的生产资料与个体劳动有效结合起来的经济纽带。在现阶段的社会主义社会，由于还不能实现全民的生活资料供给制，劳动还是谋生的手段，因此在生产资料个体所有制的基础上，使直接生产者成为生产资料的支配者、生产活动的独立决策者、劳动产品的占有者。换言之，实现生产主体、占有主体与利益主体的统一，是使个体经济依靠自身力量顺利地进行生产与再生产，成为社会主义国民经济中能动的经济细胞的必要条件。具体地说：（1）实行个体所有制，把劳动手段归个人所有，由个人支配、使用和个人自行添置，这样才有利于维护工具，避免因滥用而引起的破坏，有效地实现劳动手段的再生产；（2）把劳动手段归直接生产者所有、支配和使用是个体生产者对生产与经营享有最充分的自主决策权的必要内容，这样才能使个体生产具有机动性与灵活性，也才能发挥个体经济对商品市场的适应性；（3）把劳动产品归直接生产者个人所有，这样才能有效地保证个人对社会付出的劳动与从社会取回的劳动在量上的一致性，才能有效地维护社会主义劳动者固有的独立的个人物质利益，避免在集体单位中因管理跟不上而往往难以避免的集体平均分配与个体劳动的矛盾。特别是在个体经营与个体劳动的情况下，生产与经营方式千差万别、劳动时间长短不一、劳动强度大小不同，因而劳动差别很大，提供给社会的劳动成果很不一致。实行个体所有制，将劳动成果归生产者个人占有，就能有效地保证劳动者的劳动耗费获得补偿，充分调动他们从事个体生产的积极性。总之，只有实行生产资料与产品的个体所有制，保证生产者的生产资料所有权、经营权与收益权的统一，才能使那种以零星与简单的劳动手段为基础的个体劳动在经济上具有吸引力，才能维持与发展个体劳动方式。反之，如果不承认个体所有制，不维护个体生产者的所有权与收益权，或者不给生产者生产与经营权，那么，这种个体劳动就失去活力而萎谢下去。这种情况，已经为我国社会主义建设实践中的经验教训所证明。

在社会主义制度下，容许个体所有制经济存在和获得适当的发展，有利于发挥个体劳动的积极作用。（1）有利于充分利用零星分散的生产资源，使它们由潜在的生产力转化为现实的生产力，如在农村适当发展自留地（包括自留林、自留山、自留塘），能使田边、地角、荒山、远岭、水面、河滩、屋前屋后的零星土地得到充分利用；"靠山吃山""靠水吃水"，做到有效地利用自然资源。在城镇适当发展个体经营，使宅内园地、街边巷角，企业的边角余料、多余物资均能用于物质生产，使自然资源与各种物质资源得到充分利用。（2）有利于充分地使用社会新增劳动力与闲散劳动力，以及某些熟练劳动者。适当发展城乡各种个体生产与经营，可以广开就业门路，充分挖掘社会劳动资源的潜力，生产出物质财富。可以通过私人设所诊病，私人教学、传艺等，使各种熟练劳动者（如医师、能工巧匠及拥有其他专长的劳动者）得到充分利用，并使他们的祖传技巧与专长得到继承。（3）有利于使用社会闲散资金。创办个体经济依靠劳动者个人或家庭成员的劳动收入作为资金，或向亲友筹借。它既不花费国家财力而创办起生产事业，又能把使用于个人消费的购买力转化为生产资金，使社会闲散的财力得到充分利用，以促进社会的资金积累。（4）有利于充分发挥小生产与小经营形式的优点，弥补国营与集体企业的不足。个体经济是小商品经济，具有分散、小型、多样的优点。它对市场适应性强，能根据市场需求的变化灵活机动地自行调整，发挥"船小调头快"的长处，更好地满足社会各方面不断变动的需要。特别是服务行业与商业中的个体经济，走街串巷、上门服务，给人们以许多方便。有效地利用个体经济，能做到以小补大，拾遗补阙，弥补国营经济与集体经济的不足，促进国民经济全面发展，使社会生产的需要，特别是城乡人民多方面的生活需要得到更充分的满足。（5）有利于增加劳动者收入，提高他们的生活水平。社会主义条件下，劳动者所从事的个体生产与经营，是一部分专业的个体生产者的唯一的收入来源。但大多数个体经营是作为劳动者的副业（如农村合作社社员的自留地和家庭副业），是他们的补充的收入来源。发展个体生产与经营，不仅保证了专业的个体生产者的生活需要的满足，而且为广大从事副业生产的劳动者开辟了货币收入的补充来源，对他们的收入的增长和生活水平的改善，起着一定的作用。

上述个体经济的作用表明，在生产、流通、服务以及文教、卫生等领域，保存和发展必要的个体生产与经营，有利于挖掘社会生产潜力，最充分和最有效地利用社会的物力、人力、财力等生产资源，促使社会主义社会这一低层次生产力的发展。在社会主义制度下，人们通过保证社会主义公有制经济占绝对主导地位，充分运用现代化大生产的现代生产力与联合劳动的生产力，又通过个体所有制经济的适当发展，最大限度地发掘和运用各种小生产与小经营的生产力，充分发挥个体经济对社会主义国营经济与集体经济的补充作用。这样，就能使社会主义社会多层次的生产力都能得到充分的利用，促使社会生产力最迅速地发展和物质财富与精神财富最大限度地增长。

对社会主义制度下的以个体所有制为基础的小生产与经营的作用，必须有充分的估计，要注意避免与克服那种只看到和只重视社会化大生产的作用，看不到和轻视个体小生产的作用的偏见。还要看到，个体生产由于具有体现充分的个人物质利益、充分的个人决策，以及生产与经营机动、灵活、易变，从而适应性强等特点，因而它往往能够在生产上做到注意维护劳动工具、节约原材料、讲究生产方法（如农业上精耕细作），最有效地使用它所拥有的有限的与简单的物质生产条件与人身生产条件（劳动力），使两者处于良好的结合状态，从而能做到以较小的劳动耗费取得较大的经济效果。因此，个体经营尽管有种种小生产所固有的局限性与软弱性，但是它却仍然能在发展社会主义生产与满足社会需要上做出积极的贡献和表现出充沛的活力，这已经从占有少量土地的农村自留地为市场提供了不少的农副产品这一普遍事实表现出来。近年来，鼓励农民从事家庭副业和发展城镇个体经济的措施也取得搞活经济、改善市场供应的积极效果。这些情况表明，不能把社会主义制度下的个体经济不加区别地视为是落后的、无足轻重的。要看到对于某些适宜采用个体劳动与手工生产的经济领域，个体经济恰恰是十分经济与十分合理的，如果恰当地发展与运用个体所有制经济，就能少花钱，多办事，从而获得较大的经济效果，例如我国各地农村拥有许多荒山、荒滩、荒沙，除了实行承包经营而外，一部分安排给社员作自留山种树种草，谁种谁有，这样就能以较少的劳动耗费，取得加速造林和草地建设的成效。另外，还必须看到，社会主义制度下的个体经济，具有革新与提高技术的可能性与余地，不再注定处于技术停滞与墨守成规的落后状况。在个体经济自主的再生产中，特别是在国家的扶持下，个体生产的技术基础也将随着社会生产力的发展而逐步地提高。这就是说，原有的手工工具将逐步为小型的机械所替代，原有的手工操作将逐步变成机器生产，原先那种主要依靠手工劳动，依靠劳动的技巧、熟练与强度来表现其效率的状况将逐步转变为主要依靠技术设备来表现其效率。这种发展趋势已经从我国城乡家庭小工业修理、服务等行业中许多个体户以及农村个体专业户使用拖拉机、汽车、机动船舶和其他电动工具或机器中表现出来。社会主义经济制度并不排斥个体所有制的发展。社会主义现代化大生产的发展，也不排斥个体经营的技术进步。社会主义社会多样性所有制结构的优越性，不仅表现在它能够保证大、中、小企业同时并举，机器生产、半机器生产、手工劳动同时并举，而且表现在它能够保证各类生产中的物质技术基础的共同提高，使个体生产也能逐步地实现技术进步。这样的所有制结构能使各类生产互相促进，各层次生产力齐头并进，做到毛泽东所说的"充分利用整个生产力"①。

要正确认识个体所有制在社会主义经济中的作用，还必须从社会主义国家的历史条件，社会生产力的具体情况及其要求出发。由于社会主义社会发展不同时期的经济条件，以及各个社会主义国家的具体条件不同，如现代化大生产的发展水平和在国民经济中的作用，社会生产力的各层次的状况与结构，社会主义公有制经济的积累能力，物质资源与劳动力资源的状况等因素不一样，因而个体所有制的作用就不可能一样。工业化水平低、公有制经济扩大再生产的能力还不够强大的国家，个体所有制的作用比较大。我国是一个幅员广大、人口多、资源丰富的社会主义大国，但是，工业化的基础还较薄弱，在一定时期内，单靠社会主义公有制还不能做到最充分地发掘与有效地利用生产资源，特别是还不能做到充分利用所拥有的充裕的劳动力资源。因此，我国不仅在城市中要充分发挥个体所有制经济的作用，而且在农村同样要发挥它的积极作用。由于农村实行联产承包之后，随着分工分业的发展，将会有越来越多的农民放弃土地承包，脱离耕地经营，成为个体所有制的自营专业户。他们依靠家庭的自留地和自有

---

① 毛泽东：《〈诸翟乡把大批兼营小商贩的农民吸引到农业合作中来了〉编者按》，见《中国农村的社会主义高潮》，人民出版社，1956年，第756页。

380

资金，离土不离乡，从事养殖业（家禽与其他动物饲养），家庭加工业和其他家庭手工业，家庭经济作物栽培如培育蘑菇、花木等。还会有不少人转入小集镇手工业、商业流通与服务业中从事个体经营。可见，在较长的历史时期内，我国个体所有制将在社会生产力的发展中起积极促进作用，并成为具有中国特色的社会主义社会所有制结构中持久与稳定的因素。这也表明，那种认为扶持和发展个体所有制经济只不过是一种权宜之计的观点，是不正确的。

第二节 社会主义制度下个体所有制的性质

正确地阐明社会主义制度下个体所有制经济的性质，是政治经济学社会主义部分的一项任务。对此，马克思主义经典作家不曾给我们留下现成的答案。而个体经济是"资本主义尾巴"，是"复辟资本主义的经济基础"等极左观点却在我国流行多年，说明对个体经济的性质人们至今还存在着许多模糊的认识。因此，进一步研究，从理论上阐明个体所有制经济的性质，是十分必要的。

在认识个体所有制的性质时，首先要区分基本的所有制形式与非基本的所有制形式。基本的所有制形式是决定某一社会经济形态性质的所有制形式，它是这一社会经济形态的所有制的主体。非基本的所有制形式，是这一社会形态的某些从属性的所有制形式，它依附于基本的所有制形式，并与后者一道共同组成社会的多样性的所有制结构。

个体所有制是一种从属性的所有制形式，它依附于各个社会形态中占支配地位的所有制形式，并打上这种社会经济形态的烙印。如在原始公社解体期产生的家庭园圃个体所有制，尽管它是促使公有制解体的因素，但在其产生初期，仍然是服务于和依附于土地公有制的。在奴隶社会，存在着独立经营的个体农民、手工业者和小商人的下层自由民的个体所有制，尽管它不体现蓄奴制关系，但是它却是有利于占支配地位的奴隶占有制的存在与巩固的，为发展奴隶制服务。这种个体所有制还带有某些奴隶制生产关系的性质。在封建制度下，封建主依附农民的家庭所有制，实际上是封建大土地所有制的一个必要环节。列宁说："农民在自己的份地上经营的'自己的'经济，是地主经济存在的条件，其目的不是'保证'农民有生活资料，而是'保证'地主有劳动力。"①我国秦汉以来中央集权的封建社会长期存在着小农个体所有制，它把直接生产者固定于土地，以便持续地为国家生产封建地租（通过赋税的形式），因而这种个体所有制是依附于和服务于封建的土地国有制的，并带有封建生产关系的性质。在资本主义社会，以机器大生产为基础的资本主义生产方式，一方面摧毁和消灭了一大批原来的个体经济；但是另一方面它又把原有的一部分个体经济和新产生的个体经济，直接或间接地纳入资本主义的生产与流通，为资本主义大企业服务。资本主义大企业占领了物质生产、商业、服务业的有利可图的主要领域，而把某些次要的领域让给个体生产者去经营。以商业为例，资本主义大垄断组织占领了商业中的主要阵地，特别是批发业，但在零售方面还存在着大量的个体经营，诸如个体花贩、个体报贩、个体加油站，等等。这种个体经济具有不同于封建社会的个体农民经济和个体手工业者经济的新的特点，它越来越成为巩固和发展大资本家所有制的外部条件，成为依附和服务于资本主义经济的个体所有制。而社会主义社会的个体所有制经济，是依附、从属

---

① 《俄国资本主义的发展》，见《列宁全集》第3卷，人民出版社，1959年，第158页。

和服务于社会主义生产方式的个体所有制经济，是受社会主义公有制关系制约与渗透的个体所有制经济，因此它理所当然地具有由社会主义生产方式所决定和赋予的特征。

大体说来，社会主义制度下的个体所有制的特征是：

第一，这种个体所有制主要并不是原来旧社会的或土地改革后的个体手工业经济和个体农民经济的简单的继续与直接的残存，恰恰相反，它是在社会主义公有制经济取代了个体私有制经济条件下的产物。这就是说，大量的个体所有制是在社会主义社会发展过程中产生的"新个体"，如合作社社员的自留地与家庭副业，就是与集体所有制同时产生的一个新的所有制范畴。

第二，这种个体所有制日益依附于社会主义公有制经济。尽管这种个体经济还是直接立足于生产资料与产品个体所有的基础之上，但是它已经不同于生产资料私有制的社会主义改造以前那种分散的、独立的个体经济，它的原料来源以及产品销售将会越来越依存于国营经济与集体经济；社会主义国家通过推行经济合同制来收购他们的产品，使个体经济在生产、交换等方面也将与社会主义公有制经济密切联系，日益地被纳入社会主义经济体系之中，成为其一个外围的有机组成部分。

第三，这种个体所有制带有某些不完整的性质。这种个体所有制经济活动的各个方面都受到社会主义公有制的制约。首先它在占有生产资料的范围上是有限度的，如集体农民个体家庭副业的重要条件——自留地，不仅在占地面积上是由国家的有关法规加以规定，而且只是使用权与收益分配权属于农民，其所有权则属于集体。除了一部分安排给集体种树种草的自留山可以继承和可以作价转让而外，经营自留地的农民不能将自留地出售、抵押和赠送给他人。这就表明集体农民的个体所有制具有不完整的性质。

第四，这种个体所有制经济的活动要服从国家的管理与调节。由于这种个体经济将日益纳入社会主义所有制体系之中，因而它的活动也要受到起决定作用的社会主义基本经济规律的支配，而不能完全自由活动。

归结起来，社会主义制度下的个体所有制经济，是依附与从属于占绝对主导地位的社会主义公有制经济的个体所有制经济，它具有某些社会主义因素，并且有可能在将来转化为社会主义性质的生产与经营。在社会主义公有制的制约、渗透与影响下，这种个体所有制已经没有了原来那种独立的和完整的个体私有制的某些特征，开始带有和将要带有某些社会主义性质。

对于社会主义制度下的个体经济的性质，我国经济理论界长期以来未予以认真而深入地研究。一谈到个体经济，人们总是将它视为是千百年来私有制社会中的那种完整的、独立的私人经济，或者是生产资料私有制的社会主义改造以前的体现小私有者自发势力的独立的个体经济。由于对个体所有制的性质认识不清，往往使人们产生个体经济是与社会主义不相容的糊涂观念。而"四人帮"更是竭力"论证"社会主义制度下的个体经济的"私有制"性质，说它"必然会产生资本主义"，是复辟资本主义的经济基础，它的存在和发展必定是"发展私人经济""冲击和破坏社会主义经济"，等等。对个体所有制性质的错误看法，从认识论上说，都是脱离具体的历史条件来孤立地谈论个体所有制的性质和重复马克思主义经典作家对私有制社会中个体经济的某些论述。这种脱离时间、地点、条件来论述个体所有制性质的方法，是一种形而上学的方法。

列宁说："在分析任何一个社会问题时，马克思主义理论的绝对要求，就是要把问题提到**一定**的历史的范围之内，此外，如果谈到某一国家，……那就要估计到在同一历史时代这个国家不同于其他各国的具体特点。"①把个体经济放到一定的历史范围内来考察，我们就可以看到，个体所有制从它在原始社会末期产生以来的很长的历史时期内，都不曾产生资本主义。例如，我国封建社会一直存在着个体小农与手工业者的个体所有制经济，在某些时期甚至还存在过十分发达的小农个体经济，但是它不仅没有产生资本主义，反而延续了中国的封建地主制经济。只是在近代商品经济有巨大发展的条件下，在一方面有私人货币资本的积累；另一方面劳动者被剥夺了一切生产资料，劳动力成为商品的情况下，个体所有制的小商品经济才通过两极分化不断地产生资本主义。而在社会主义制度下，公有制业已占据绝对主导地位，劳动者成为社会的主人，劳动力不再是商品并不允许作为商品，这种条件下的个体所有制经济就不再是历史上的那种曾经导致近代资本主义的个体经济，也不再是从资本主义到社会主义的过渡时期的那种"经常地、每日每时地、自发地和大批地**产生着**资本主义和资产阶级的"②个体经济，也不是"站在资本主义和社会主义间的十字路口的经济"③，而是依附、从属与服务于社会主义公有制的辅助性的经济。因此，看不到个体经济的新特征，把它当作是产生资本主义、瓦解社会主义的旧私有经济，完全是错误的。

在研究与阐明社会主义制度下个体所有制的特征时，我们不能脱离具体的社会制度，不能脱离它所依附的占主导地位的社会主义公有

---

① 《论民族自决权》，见《列宁全集》第20卷，人民出版社，1958年，第401页。

② 《共产主义运动中的"左派"幼稚病》，见《列宁选集》第4卷，人民出版社，1960年，第181页。

③ 《论列宁主义的几个问题》，见《斯大林选集》上卷，人民出版社，1979年，第448页。

制经济。要看到：（1）这种个体经济业已在产供销上或直接或间接地与社会主义公有制联结在一起，并对公有制经济起着补充的作用，越来越成为社会主义所有制体系中的一个外围的组成部分。（2）这种个体所有制经济还在不同程度上带有私有制残余的性质。这表现为它具有生产资料占有的私人性，生产与交换的自发性，个人收入有较大的差别性等个体私有制商品经济所固有的特征。毫无疑问，看不到个体所有制经济的这些作为私有制残余的特点是不对的；否认它有这些旧个体经济的特点，把它称为社会主义性质的经济，也是对个体经济的一种脱离实际的主观的拔高。然而也要看到，尽管个体经济还带有这些旧小私有经济的残余与痕迹，但并不妨碍它能够卓有成效地为社会主义经济的发展服务。（3）在社会主义公有制经济占据绝对主导地位条件下的个体经济，在性质上已经发生了或正在发生着新的变化，它已经不再是资本主义私有制经济中那种完整的个体经济，而开始带有或将要带有某些社会主义性质。如：在社会主义公有制经济的渗透与制约下，个体经济在生产、交换与分配等方面的自发性已受到限制；在找到与采取某些方式把个体经济的产、供、销与公有制经济更有机地联结起来的情况下，可以赋予个体经济的活动以某些计划性；在国家采取适当的管理与调节的措施下，可以使个体经济收入的私人占有性受到削弱，并使其逐步具有一定的社会主义分配的性质。个体经济在性质上既是小私有的残余，同时又带有某些社会主义性质，这正体现了过渡性的生产关系的特点。（4）个体所有制经济的上述性质，决定了它与社会主义公有制经济既相矛盾，又相统一的关系。作为附属与服务于社会主义公有制的补充成分，作为社会主义经济体系的一个外围组成部分，个体经济起着促进社会主义公有制经济发展的积极作用。看不到这种作用，甚至把它当作是公有制的破坏因素的观点是十分错误的。但是另一方面，个体经济作为私有制经济的残余，它与社会主义公有制经济之间又存在着矛盾。当然，个体经济与公有制经济的矛盾，一般地并不是资本主义与社会主义两条道路的对抗，也不同于合作化实现以前的个体私有者与工人阶级之间的矛盾，而是一种社会主义劳动者之间的非对抗性矛盾。社会主义国家完全能够在加强对个体劳动者的政治思想教育的条件下，通过采取经济手段和必要的行政管理等措施，来加强对个体经济的调节、管理与指导，有效地解决上述矛盾。

总之，社会主义制度下的个体经济，虽在不同程度上带有个体私有制残余的性质，还不是社会主义公有制经济，但它毕竟逐步具有社会主义的因素。这种性质上的新变化使它能够适应进一步巩固与发展社会主义公有制经济的要求，从而能成为社会主义公有制经济的得力助手与有效补充。在保证社会主义公有制占绝对优势的条件下，使个体所有制经济得到必要的发展，不仅不会削弱社会主义公有制，而且能够弥补公有制经济的不足，促进社会主义经济的巩固和发展。

我国对农业和手工业的社会主义改造取得了巨大胜利，但社会主义改造末期也曾发生过一些偏差，这就是农业合作化的步子过快，在城镇将一些还需继续存在的个体手工业、个体小商贩也实行了合作化。1956年，陈云在论述社会主义制度下继续保持社会主义公有制与个体所有制并存的必要性时指出：国家经营和集体经营是工商业的主体，但是附有一定数量的个体经营，这种个体经营是国家经营和集体经营的补充。遗憾的是，这一正确主张未能得到贯彻。尤其是1958年以来，在实际工作中进一步采取了取消城乡个体经济的"左"的做法。在十年动乱中，许多地方更是强制取消自留地、关闭集市，取缔个体经济。这些错误措施破坏妨碍了我国社会主义城乡经济的发展，影响了人民群众生活的提高。粉碎"四人帮"后，特别是在中共十一届三中全会以后，由于贯彻了党的一系列经济政策，特别是在农村维护农民的自留地与家庭副业，在城镇扶持必要的个体经济，从而使个体经济起死回生，出现了多年来未有的城乡个体小商品生产与经营的繁荣景象，大大搞活了我国社会主义商品生产与商品交换，促进了公有制经济的发展，并且带来了农民增加收入、城镇居民增加就业、人民多方面的生活需要得到较好满足的可喜局面。这些经验教训表明，个体所有制经济不仅不是与社会主义经济不相容，而且是社会主义社会经济结构中的不可缺少的环节，它将长期作为我国社会主义经济的必要补充。

在我国当前实现社会主义现代化的新时期，为了充分利用整个生产力，以加速社会主义国民经济的发展，必须在大力巩固与发展社会主义公有制经济的前提下，适当地发展个体经济，有效地运用它的积极作用。为此，要从我国各地区、各领域的生产力的具体状况与要求出发，寻找与规定个体所有制经济存在与发展的范围与数量界限。要看到我国是这样一个生产资源十分丰富而生产力水平还很低的大国，还存在着许多社会主义公有制经济还不能充分发掘与利用的潜力。无论在城市还是在农村，在饮食服务业、商业、交通运输业，还是在工业（如手工业、工艺美术）及其他文教医卫领域，个体所有制经济都拥有发挥其积极作用的余地。因此，对于个体所有制经济，我们不应该仅仅容许它存在，而且要予以鼓励和扶持（在它的必要发展范围内）。这不仅要在原材料供应、产品销售和信贷资金等方面提供方便，还要采取积极措施引导与促使个体经济加强物质技术基础，以提高它的生产力。当然，另一方面，还必须加强对个体经济的管理。但管理一定要采取适应个体所有制性质的方法，主要依靠经济手段，建立起包括税收、价格、信贷等的完备的经济调节体系，并辅之以必要的行政手段。同时还要建立和运用经济立法、经济司法，加强法律的规范和监督作用，不断提高对个体经济的管理水平，真正做到"管而不死、活而不乱"，把个体经济的活动纳入有效地服务于社会主义国民经济的轨道。